国家社会科学基金项目（09AZD003）阶段性成果

浙江省高校人文社科重大研究项目（ZD2009019）结题成果

本书获得杭州师范大学人文振兴计划之社会学学科建设出版经费资助

杭州市哲学社会科学重点研究基地"杭州师范大学社会建设和社会治理研究中心"资助

当代农民思想变迁与农村和谐有序发展研究

（浙江篇）

朱俊瑞　王光银　张孝廷 等著

中国社会科学出版社

图书在版编目(CIP)数据

当代农民思想变迁与农村和谐有序发展研究.浙江篇/朱俊瑞等著.—北京:中国社会科学出版社,2017.4
ISBN 978-7-5161-9534-5

Ⅰ.①当… Ⅱ.①朱… Ⅲ.①农民—思想史—研究—浙江—现代 ②农村—社会发展—研究—浙江—现代 Ⅳ.①B26②C912.82

中国版本图书馆 CIP 数据核字(2016)第 326896 号

出 版 人	赵剑英
责任编辑	冯春凤
责任校对	张爱华
责任印制	张雪娇
出　　版	中国社会科学出版社
社　　址	北京鼓楼西大街甲 158 号
邮　　编	100720
网　　址	http://www.csspw.cn
发 行 部	010-84083685
门 市 部	010-84029450
经　　销	新华书店及其他书店
印　　刷	北京君升印刷有限公司
装　　订	廊坊市广阳区广增装订厂
版　　次	2017 年 4 月第 1 版
印　　次	2017 年 4 月第 1 次印刷
开　　本	710×1000　1/16
印　　张	16
插　　页	2
字　　数	259 千字
定　　价	59.00 元

凡购买中国社会科学出版社图书,如有质量问题请与本社营销中心联系调换
电话:010-84083683
版权所有　侵权必究

目　录

序 …………………………………………………………………（1）
前言 ………………………………………………………………（1）
一　绪　论 ………………………………………………………（1）
　　（一）研究问题的提出 ………………………………………（1）
　　（二）样本选择及调研进程 …………………………………（10）
二　土地政策变迁与农民思想认识的适应性分析 ……………（19）
　　（一）土地政策变动与浙江农民思想认识的回顾 …………（20）
　　（二）新土地政策下的浙江农民思想变迁及回应 …………（30）
　　（三）完善土地政策，推动农民赋权体系建构 ……………（34）
　　（四）结论与政策性建议 ……………………………………（45）
三　浙江农民利益诉求嬗变与农村多元主体治理 ……………（48）
　　（一）农民利益诉求的两次转向 ……………………………（49）
　　（二）农民利益诉求的多元化嬗变 …………………………（62）
　　（三）基于利益诉求的嬗变构建农村多元治理路径 ………（70）
四　浙江农民政治民主意识变迁与乡村管理创新 ……………（79）
　　（一）农民政治自觉意识日益增强 …………………………（79）
　　（二）浙江农民民主参与意识变迁 …………………………（86）
　　（三）农民政治意识变迁下的浙江乡村管理创新 …………（101）
五　农民法制意识与维权观念变迁 ……………………………（118）
　　（一）农民法制意识强化：从权利的不自觉到自觉 ………（119）
　　（二）农民多元化利益维护意识的增强 ……………………（125）
　　（三）农民维权态度变化：从被动到主动 …………………（129）
　　（四）维权方式的理性化：从非正式维权到制度化维权 …（134）

（五）维权活动的有效性：从低认同度到高满意度 …………（141）
六　农民生活观念变迁与乡村社会精神共同体的构建 ………（147）
　（一）物质生活方式的品质化追求 ………………………（151）
　（二）精神文化生活方式的多元化 ………………………（163）
　（三）社会公共服务需求意识的提高 ……………………（181）
　（四）农民生活方式存在的问题 …………………………（188）
　（五）乡风文明的理念引导：从生活共同体到精神共同体 ………（198）
七　从自治到善治：观念变迁下的农村和谐有序发展 ………（203）
　（一）新中国成立以来农民思想观念的变迁 ……………（203）
　（二）农村和谐有序发展道路的治理实践 ………………（208）
　（三）推进农村"善治"的策略性建议 …………………（218）
　（四）结语 …………………………………………………（227）
参考文献 ………………………………………………………（229）
后记 ……………………………………………………………（237）

序

中国发展的问题，归根结底是中国农村发展的问题；中国特色社会主义道路建设的问题，归根结底也是中国农村如何坚持社会主义特色的问题。众所周知，思想引导工作是经济工作和其他一切工作的生命线，是团结全党全国各族人民完成各项任务的中心环节。党提出的建设社会主义新农村的重大目标是今后农村发展的方向和中心任务，思想政治工作在这一目标的实现中起着不可忽视的作用。

农村思想政治工作是党的思想政治工作的重要组成部分，是推动社会主义新农村建设的有力保证。农村思想政治工作成效如何，将直接影响到党的路线方针政策在农村的贯彻落实，影响到农村的和谐稳定以及社会主义新农村建设的进程。新中国成立特别是改革开放以来，我国的农村已经从封闭发展走向开放发展、从单一发展走向多元发展、从稳定发展走向快速发展、从对政府的依附性发展走向政府引导、自主独立的发展道路。农民是否真正达到了实现农村经济社会有序发展所必需的思想转变要求呢？学界和政府都在力图给出答案。

毛泽东同志在新民主主义革命时期就曾指出："掌握思想教育，是团结全党进行伟大政治斗争的中心环节，如果这个任务不解决，党的一切政治任务是不可能完成的。"在构建社会主义和谐社会、全面建设小康社会以及社会主义新农村建设进程中，更需要思想政治教育为其提供思想保证、价值观念、舆论环境、文化条件，打好社会基础和群众基础。

目前我国正处在机遇和矛盾并存的关键时期，农村社会结构发生了深刻的变化，开放性和流动性大大增强，农民有了很多对社会的新认识，农村复杂性也明显增强。面对农民这个庞大群体，只有首先建设和谐农村，才可能很好地建设社会主义和谐社会。因此，在这种社会转型期，尤其需要通过思想引导工作在思想多样、多变、多元中统一他们的思想，在各种社会矛盾交叉多变的条件下凝结力量，为建设和谐社会提供精神保障。

随着农民收入的大幅提高，农民生活水平和质量已实现了本质性飞跃，农民思想变迁呈现出多维性，特别是在当前整个中国社会发生深刻变革的大背景下，农村社会各个阶层的政治、经济利益诉求日益强烈，各种社会矛盾显性化，农村加快发展面临困局。要全面建成中国特色的社会主义农村，就必须有效化解各种潜在的社会风险，调节冲突，实现社会各层面的和谐，构筑安定和谐的农村社会发展局面。从这个意义上说，在更高的思想理论层面建构农村和谐有序发展的长效机制就成为学界必须研究的一个问题。

朱俊瑞教授主持的国家社会科学基金重点项目成果分为三本专著出版，分别为《当代农民思想变迁与农村和谐有序发展研究（浙江篇）》《当代农民思想变迁与农村和谐有序发展研究（江西篇）》和《当代农民思想变迁与农村和谐有序发展研究（新疆篇）》，共计 60 多万字，采用了大量的问卷调查，组合了政治学、社会学、历史学、经济学等不同学术背景的成员，分析到位，相信能为该领域的研究提供更广阔的思路。

向朱俊瑞教授及其团队表示祝贺。

是为序。

李培林
2016 年 10 月 19 日于北京

前　言

　　新中国成立60多年来，中国社会在政治、经济、文化生活以及社会心理等方面，发生了巨大的变迁。这一整体性的社会变迁也被称为社会转型。社会变迁或者转型对传统乡村生活与农民心理的冲击是革命性的。在中国广大农村，整体性社会变迁在带来乡村经济结构和社会关系的嬗变与调整的同时，也深刻影响到农民的思想观念，进而改变乡村社会的经济政治生态、治理格局和乡村结构以及社会关系。

　　在革命时期，中国问题的核心是农民问题。同样，作为一个农民占主体的国度，社会主义现代化道路的核心问题仍是农民问题，以及与农民问题密不可分的农村问题、农业问题。没有农民和乡村的现代化转型，中国的社会主义道路是不完整、不成功的。"三农"问题的关键是农民问题，农民是我们的衣食父母。农业的繁荣和农村的发展，归根结底要依靠广大农民的自觉行动。

　　新中国成立后，在中国共产党的领导下，广大农民接受了共产主义思想，走上了社会主义道路。通过互助组、合作社，实现了农业的社会主义改造，走上了农业集体化道路。在经历了"大跃进"和人民公社阶段，尤其是"文化大革命"之后，高度集中的经济合作方式在农村越来越成为生产力发展的阻碍，不能满足农民的切身利益和要求，因此，对广大农民而言，这一体制也逐渐失去了吸引力，农民开始在思想上背弃了农村的计划经济体制。

　　中国的改革开放首先从农村开始。1978年以后，家庭联产承包责任制在全国范围推广，农民开始对农村最主要的生产资料——土地——的使用有了支配权，这极大地激发了农村社会的活力。随之而来的乡镇企业的异军突起，在根本上改变了农民的经济和社会生态。20世纪90年代，党和政府在农村推行了一系列惠及"三农"的政策,如取消农业税、建立农村合作医疗制度、以农业公共服务均等化改革为主旨的新农村建设,等等。改革开放带来的社会经济大环境的变化以及政府改善农村民生的举措都在农民头脑中产生着影响,从而引发农民思想观念的变迁。这些头脑中的东西,对于正在开展的新农村建设和农村的有序发展有直接影响。建设社会主义新农村是我国新时期农村发展的重大任务,党的十六届五中全会以来,我国农业和农村的发展迎来了新的历史性机遇。新农村建设的内涵表现在五个方面:一、生产发展。建设新农村首先要振兴农村经济,加快农村经济发展,增加农民收入;二、生活宽裕。在生产发展的基础上,使农民的财富增加,过上相对宽裕的生活;三、乡风文明。精神文明也要有新进步,形成良好的社会风气,邻里之间在生产上要相互帮助,生活上要相互关心;四、村容整洁。通过新农村建设改变农民的生存环境,这是建设新农村的外在表现;五、管理民主。管理民主就是落实和完善村民自治、民主选举和民主监督机制,实现农民的自我管理。改革开放以来中国共产党的农村政策,有一个基本点和共同点,就是改革。这个政策没有变,变化的是改革过程中农村政策的取向。胡锦涛同志强调:"从传统农业向现代农业转变既要靠政策、靠改革、靠调动广大农民的积极性,又要靠科学技术。"[①]

改革开放以来,浙江在缺乏自然资源、没有工业基础、没有政策支持、没有外资推动的情况下,依靠浙江人民自身和各级政府的努力,经过30年发展一跃而成为全国范围内的经济大省、市场大省、资本大省,通过内源性力量推动的市场化变革实现工业化和城市化,社会、经济和文化事业全面发展,人民群众的物质文化生活水平显著提高,生活方式和生活面貌也发生了根本性的改观。由于城市和工业的带动,浙江农村的发展呈现出一个整体均衡的态势,且一直走在全国前列。近几年的县域经济排名中,浙江一直遥遥领先。经济的高速发展,使得浙江农村社会发生了巨大变化,从而给农民思想的现代化变迁和转型,提供了适宜的土壤和温度。反过来,这一现代思想的转型,又对农村的和谐发展发生作用,内外因的结合,形成了有序发展的独特道路。

---

① 胡锦涛:《扎扎实实促进粮食增产农民增收》,《人民日报》2004年4月14日。

研究浙江省农民的思想变化情况并与本课题所涉及的新疆和江西省进行比较,必将有利于加强学界对农民思想的关注,进而推动农村有序发展的实质进程。

一 绪 论

（一）研究问题的提出

在中国，农村人口占绝大多数，"三农"问题是国家发展的核心问题，农村秩序建设是国家发展的前提和基础。没有农村的和谐有序发展，中国的现代化是不完整的；而没有占人口大多数的农民的思想观念的与时俱进和现代化变迁，中国的发展和进步是无法想象的。因时而动，农民思想变迁不仅受到社会大环境的制约，而且直接作用到现实世界，对外部社会环境起着推动和制约作用。基于此，农村发展问题一直是学界关注的焦点之一。以农民思想变迁为进路研究农村社会的和谐有序治理以及可持续发展，有着深刻的历史背景以及紧迫的现实需求。

1. 历史维度中的乡村治理体制

自鸦片战争以来，伴随着传统中国向现代中国的转变，乡村治理体制也逐渐实现了根本性转变，即从"皇权不下县"到"政权下乡"。20世纪初的清末新政，国家政权力图深入乡村基层社会，加强对农村社会的控制，基层治理开始国家化、行政化、权力化。国民政府时期，实行地方自治性质的县、区、乡、保甲体制。1949年新中国成立后，延续了县、区、乡体制。后来，随着农村集体化运动的推进，逐渐建构起一套"政社合一"的乡镇治理体制——人民公社制度，国家权力一直延伸到农户，公社社员同时是国家政权体系的一分子，实现了真正意义上的"政权下乡"。

人民公社组织将多种功能集于一身。原来由家族组织和负责的社会教育、治安、司法诉讼以及收缴赋税都收归公社，家族功能日渐萎缩。原来由单一家庭负责的私人生产、劳动都归于公社组织。每一位村民被严格地束缚在公社组织内,参加由公社组织安排的统一劳动、统一分配,固着在农村从事集体农业生产经营。国家委派的公社干部把握着党、政、财、文大权,实行统一管理,从而为利用行政手段管理经济提供了组织保障,同时又为行政机构全面干涉农村社会经济生活的各个领域奠定了组织条件,形成了一种全权全能主义的农村基层治理体系。

应当肯定,"政权下乡",特别是"政社合一"的人民公社制度,推进了国家的一体化,国家的动员和整合能力大大增强。农业的集体化使得农村社会纳入到了国家体系之中,集体化思想开始植入中国农村社会,从某种意义上讲也推进了农村的现代化进程。然而,由于特殊的现代化道路,使20世纪中国的"政权下乡"带有很强的传统国家特性,这就是国家的治理体制仍然是围绕便于从农村汲取资源的总体目的而建构的,而且由于国家的一体化能力增强,使其资源汲取能力大大提高。由此遇到了一系列独特的困难和问题,陷入了现代化进程中的"乡村困境"。

20世纪80年代初,"在农民自发突破和国家自觉领导的双重推动下,农村兴起了以家庭联产承包责任制为主要内容的经济体制改革"[①]。家庭承包经营制的推行,极大地调动了农民群众的生产积极性,并直接导致了人民公社制度的解体,进而也导致农民的思想发生了巨变。"其结果不仅是农村经济管理体制发生变革,同时也带来农村政治社会体系的重大变动,并产生新的问题"[②]。一方面,家庭承包经营制取代了人民公社时期的生产经营方式;另一方面,与新的农村经济体制相匹配的农民思想引导模式尚未建立,由此导致了一系列的新问题。农村社会因长期沿袭的严密控制体系的突变而"失范",出现了一定程度的失序和混乱。针对这一情况,中共中央1982年一号文件在批转《全国农村工作会议纪要》的前言中指出"最近以来,由于多种原因农村一部分社队基层组织涣散,甚至陷于瘫痪、半瘫痪状态,致使许多事情无人负责,不良现象在滋长蔓延。这种情况应当引起各级党委的高度重视,在总结完善生产责任制的同时,

---

① 徐勇:《中国农村村民自治》,华中师范大学出版社1997年版,第25页。
② 同上书,第26页。

一定要把这个问题解决好"①。

与此同时,农民群众在经济体制改革中创造了村民自治的乡村基层治理形式。随着家庭承包经营制的兴起和人民公社制度的解体,一些地方的基层组织体系处于基本瘫痪状态,农民群众自发地创造了自己管理自己的组织形式。1980年年底,广西宜山和罗城两县的农民在自己推举的带头人的组织下,率先选举成立了中国最早的村民群众自治组织(当时名称不统一,有的叫"管委会"、有的称"议事会"、有的叫"治安领导小组"等),制定了基于民主选举、民主管理和民主监督原则的村规民约。之后,四川、河南、安徽、山东等部分地区也陆续出现了类似的组织形式。逐渐形成了"乡政村治"的新格局,村民自治因此成为中国乡村治理的基础。

30多年来,村民自治在全国各地有声有色地推进,村民们通过直接选举村民委员会,表达自己的利益和要求,积极参与到基层公共生活中。这一地方民主政治形式的发展,有力地推动了中国广大农村"民主选举、民主决策、民主管理、民主监督"的制度化进程,成为有中国特色政治体制改革的一个重要标志。② 党和国家领导人充分肯定了村民自治这一伟大创举。一再强调扩大基层民主,保证人民群众直接行使民主权利,依法管理自己的事情,创造自己的幸福生活,是社会主义民主最广泛的实践。党的十六大强调了"完善村民自治,健全村党组织领导的充满活力的村民自治机制"的重要性。③ 2005年12月31日,中共中央、国务院专门下发了《关于推进社会主义新农村建设的若干意见》,明确提出了加强农村民主政治建设,完善建设社会主义新农村的乡村治理机制的重要任务。党的十七大报告再次强调:"要坚持中国特色的社会主义政治发展道路,坚持党的领导、人民当家作主、依法治国有机统一,坚持和完善人民代表大会制度、中国共产党领导的多党合作和政治协商制度、民族区域自治制度

---

① 中共中央文献资料研究室编:《三中全会以来重要文献选编》(下册),人民出版社1982年版,第1061页。

② 刘亚伟编:《无声的革命:村民直选的历史、现实和未来》,西北大学出版社2002年版,第4页。

③ 江泽民:《全面建设小康社会,开创中国特色社会主义事业新局面——在中国共产党第十六次全国代表大会上的报告》,人民出版社2002年版,第33页。

以及基层群众自治制度，不断推进社会主义政治制度自我完善和发展。"①十七大报告首次将"基层群众自治制度"纳入了中国特色社会主义政治制度的范畴，这意味着村民自治制度在我国社会主义民主政治发展和中国特色社会主义政治文明建设中的地位得到了进一步提升。②

2. 新中国成立60多年来乡村社会变迁

中国农村地域辽阔，各地的自然和人文环境均存在一定的差异。然而，在人民公社体制下，通过强势推进行政整合，实现了广大农村社会的同构化。尽管由于环境和条件的不同，各地农村不同程度地存在着发展水平上的差异，但在社会关系模式上几乎谈不上区别，呈现为典型的同构性社会。③

改革开放以来，随着以下放权力为主要内容的农村改革的深入，农村社会逐渐获得了自我发展和自主管理的权利，有力地推动了农村经济社会的自主自由发展。农村社会日益呈现出多样性和非等同性，同构性的农村社会逐渐分化，形成若干不同的农村社会结构类型。农村社会的分支化④，突破了农村社会结构的同构性，构成了农村经济社会发展的非均衡格局。主要表现为：

其一，区域的差异化

20世纪70年代末以来的农村改革，导致了原来的人民公社体制的解体，开始了各地农村的自主发展过程。一方面，不同区域的农村经济社会发展水平差异进一步扩大；另一方面，农村社会结构在变迁中也日益呈现出多样性。农村社会的区域差异，无论在发展水平和程度上，还是发展模式和方式上均比过去更为明显。

---

① 胡锦涛：《高举中国特色社会主义伟大旗帜，为夺取全面建设小康社会新胜利而奋斗》，《浙江日报》2007年10月15日第一版。

② 金姗姗、卢福营：《村民自治：中国特色的农村基层群众自治制度》，《浙江师范大学学报》2008年第1期。

③ 卢福营、刘成斌：《非农化与农村社会分层——十个村庄的实证研究》，中国经济出版社2005年版，第227页。

④ 农村社会分支化是本课题主要成员卢福营在研究农村社会分化时提出的一个概念，主要是指同构性的农村社会逐渐分化，形成若干不同的农村社会结构的过程。参阅卢福营、刘成斌：《非农化与农村社会分层——十个村庄的实证研究》，中国经济出版社2005年版，第228页。

首先，在农村经济社会发展水平上，不同农村区域之间的差异日益增大。过去人们较为关注的东、中、西部三大区域之间的差距在改革以来不断拉大；按照行政区划来区分的不同省区、不同县域之间的农村经济社会发展差距也逐渐显现；改革开放以来逐渐形成的各经济区域之间的发展差异也日益明显。

其次，在农村经济社会发展方式上，各地农村在自主发展过程中逐渐形成了自己的特点，呈现出区域差异。例如，东部地区农村非农经济发达，不仅城镇，而且相当部分乡村都成为吸纳中、西部农村剩余劳动力的重要载体，因此成为目前中国农村劳动力流动的主要流入地。而中、西部地区则由于农村非农经济的欠发达，成为非农劳动力的输出地。不仅如此，即使同一区域，农村经济社会发展模式也有很大不同。20世纪80年代以来，各地农村涌现了众多富有特色的农村经济社会发展模式。如温州模式、苏南模式、珠江三角洲模式、耿车模式、阜阳模式等。

值得一提的是，在"十一五"规划纲要中，中国首次提出将国土空间划分为优化开发、重点开发、限制开发和禁止开发四类主体功能区。根据不同资源环境承载能力和发展潜力，逐步形成各具特色的区域发展格局。国家将根据主体功能区的定位，在财政、产业、投资、土地、人口管理以及绩效评价和政绩考核等方面，制定分类管理的"差别化"区域政策。这是我国在谋划科学发展时确定的区域发展新理念和新政策，具有划时代的意义。可以预见，这种区域发展政策的调整，有助于合理分配社会公共利益，制定和解决特定区域内的特定目标和特定问题，保障不同区域的居民能够得到均等化的公共服务。这一政策将加强不同区域经济社会发展的特色，导致不同区域经济社会发展模式差异的进一步显现。

其二，村庄的多样化

由于受资源、环境、人力资本、社会资本等多种因素的影响，村庄之间的发展必然出现差异。不过，我们所要强调的是，20世纪80年代以来的农村改革与发展，导致了村庄的分化。原来同构性的村庄逐渐差异化，分离出多种村庄类型，形成了经济社会发展水平和模式不同的多类村庄并存、发展的村庄结构。

本课题组成员卢福营在一项实证研究中，根据调查所获资料，以非农

化的方式和水平为标准,将现阶段中国农村的村庄分为四种类型:①

(1) 城村,即处于城市近郊或者城乡接合部的村庄。在城市化过程中,不少原来的村庄在城市扩张中被并入到城市,但其社区管理体制和人员管理办法并未完全纳入城市管理体系,由此成为一种独特的非城非乡的过渡型社区——城村。

(2) 镇村,即坐落在小城镇的村庄。通过乡镇企业和小城镇的发展实现国家的工业化和城市化,这是当今中国选择的一种富有特色的现代化发展路径。唯其如此,在中国的非农化进程中涌现了一大批生长于广袤乡村大地的小城镇,小城镇所在地的村庄便因此成为具有丰富特点的新型社区。

(3) 工业村,即改革开放以来农村发展过程中兴起的以非农业为主体、经济实力雄厚的村庄。它是工业和企业制度与村落社会相融合而形成的一种新型村庄社区,是乡村中的非农村庄,或叫非农社区。

(4) 农业村,即以农业为主,村民主要以农业为生的村庄。这类村庄是被赋予更多传统意义的农村社区。

上述四类村庄的非农化程度和方式各有差别,具有明显的社区特色。其中,前三类村庄均已经由非农因素占主导地位,故统称为非农类型村庄。不过,这三类非农类型村庄的非农化方式存在着一定差别。

城村的非农化主要表现为城市化,是城市化的结果。镇村则是农村工业化和农村城镇化结合的产物,其非农化过程具体表现为工业化和小城镇化。工业村的非农化主要表现为工业化。20世纪80年代以来,一些村庄抓住机遇,借国家的政策激励,大力发展村办集体非农经济和各种形式的个私非农经济,形成了各式各样非农经济发达的村庄。我们称之为"工业村"。这些非农类型村庄成为中国特色的新型社区形式和村庄类别。

农业村是一类相对传统的村庄,基本还以农业为主,是真正意义上的农村。但当今的农业村和传统村庄已经不可同日而语,它已经受到非农化的冲击和影响。这类农业村大致可以分为两种:一种是继续保持传统的种植、养殖业,以自给型农业经济为主导的村庄。这种农业村在今天往往辅

---

① 卢福营、刘成斌:《非农化与农村社会分层——十个村庄的实证研究》,中国经济出版社2005年版,第6—7页。

之以大量剩余劳动力的外出务工，务工收入占农村社会成员家庭收入的重要部分，甚至是主要来源；另一种是以市场和利润为取向，经营商品性农业的村庄。

3. 新中国成立以来农村社会阶层分化

农村社会成员结构的变迁是与经济社会的发展紧密相连的，它既是经济社会发展的结果，同时本身又是经济社会发展的表现。20世纪80年代以来，中国社会转型速度加快，伴随着改革的逐步深入和经济社会的高速发展，农村社会成员开始急剧分化和多向重组，促使中国农村社会成员结构由简单向复杂转变。具体表现为：

其一，纵向的分层

在人民公社体制下，广大农村实行单一的集体所有制，农村社会成员的生活消费品按劳分配与按需分配相结合，收入差别很小；农村社会成员的社会身份不是由经济条件所决定，而是由政治条件和政治表现所决定；传统的血缘关系和地缘关系尚存在，但每个人的社会地位不再由先赋性条件所确立，血缘和地缘关系特别是地缘关系在社会结构中的重要性大大下降；组织上政社合一，人民公社及其下辖的生产大队和生产小队既是农村的经济组织，又是农村基层政权组织，统摄其辖区内的政治、经济、社会、文化、军事活动，直接影响到农村社会成员的身份和权利。如此，农村社会成员结构由原来的地主、富农、中农、贫农、雇农等变为只有干部与群众两个层次。除极少数的农村干部之外，数亿公社社员之间已不再具有明显的社会等级差异，呈现出高度的均质性。"文化大革命"期间，在"左"倾思想指导下，阶级斗争扩大化，群众中又被人为地分离出一个由"地、富、反、坏、右"组成的"敌人"群体，构成为农村社会中的最下层。

20世纪80年代启动的农村改革，使得农户有了生产经营的自主权，农村社会成员有了自由流动的可能，村社区有了自主选择发展道路的权利，从而为农村社会成员的分化提供了体制前提。家庭承包经营制的推行，极大地解放了农村劳动力，使长久隐匿于集体劳动之中的农业劳动力剩余问题日益显化，形成一股强大的势能，推动农业剩余劳动力向外转移。于是，随着限制农村人口流动的政策的逐步松动和放开，以及市场机制被引入农村，农村社会成员形成了多元性的社会流动。通过流动，部分农村社会成员改变了社会资源和社会机会的占有状况，转换了社会角色和社会身份。借助于社会流动，部分农村社会成员实现了社会地位的转变，逐渐从传统的农民中分离出来，形成了一系列新的社会阶层。农村社会成员因占有社会资源和社会机会的差异，分化为社会地位不同的多个社会阶层。

在一项农村社会分化的研究中，我们从农村社会成员分化的基本原因出发，运用阶层结构多维分析法[1]，将现阶段的中国农村社会成员大致分为三个阶层系列：[2]

第一，根据对生产资料所有权和经营权的不同组合划分的产权阶层系列。按生产资料所有权和经营权的不同组合进行分类，现阶段我国农村社会成员已分化为家庭承包劳动者、乡村集体劳动者、个体劳动者、私营企业主、受雇民工等阶层。

第二，根据职业类型划分的职业阶层系列。按是否从事农业生产，宏观地把当今农村社会成员分为农业劳动者、非农业劳动者、兼业型劳动者等阶层。

第三，根据工作和生活所在地的社区性质划分的社区阶层系列。按工作和生活所在地的不同，把农村社会成员分为城市农村劳动者、小城镇农村劳动者、乡村劳动者等阶层。

其二，横向的分派

改革以来，均质性的农村社会逐渐为异质性社会所取代。随着农村社会异质性的增强，农村利益的多元化，以及利益分配格局的调整，农村社会成员因利益差异而重新分化组合，形成众多通过特定关系联结的、具有

---

[1] 阶层结构多维分析法是卢福营于1990年代初提出的一种阶层分析方法。简单地说，就是依据社会成员的内在特性和利益关系，从不同的角度选取多种坐标，把社会成员分成若干个阶层系列，并进一步对处于不同系列的各个社会阶层的社会地位、社会作用、演变趋势等进行具体分析，从而揭示社会阶层结构的特点和演变规律，把握阶层间的相互关系，以期正确处理它们之间的矛盾，充分发挥全体社会成员的积极性。参阅卢福营：《社会主义初级阶段阶级阶层划分再探——现阶段我国社会阶层结构之多维分析》，《浙江师范大学学报》1991年第3期。

[2] 参阅卢福营：《转型时期的大陆农民分化》，《中国社会科学季刊》（香港）2000年春季卷；卢福营：《农民分化过程中的村治》，南方出版社2000年版，第20—29页。

共同利益和现实功能的派系。①

从某种意义上说，农村社会的分层是一种纵向的社会分化，即分离为若干不同的等级，是一种等级性差异化；农村社会成员的分派则是横向的社会分化，即分离为若干并列的派系，是一种类别性差异化。

在当今中国农村，联结派系的纽带是多元的。有利益关系、业缘关系，也有传统的血缘关系，以及因共同兴趣、共同组织、共同学习等所形成的类缘关系。各因素在派系形成、发展和运作中的地位和作用客观上存在着种种差异。在当前正向市场经济迈进的农村社会中，利益无疑是派系的最终诉求和终极定位。

从某种意义上讲，现阶段中国农村社会成员分化过程中形成的以利益表达为宗旨的派系，可以视为一种"非社团性利益集团"。② 派系成员具有共同的利益诉求，但还没有按社团或机构的方式有效地组织起来。

总之，农民思想的引导总是在特定的治理环境下运作的，不同的治理环境势必对乡村治理形成不同的深刻影响，导致乡村治理的差异化。随着农村社会的分支化，不同区域、不同村庄的治理结构与过程呈现出丰富的地方特色，乡村治理的一致性为多样性所取代。

4. 乡村治理的浙江本土实践

20世纪80年代以来，浙江的发展在全国处于领先地位，逐渐形成了国内外闻名的"浙江现象"。尽管我们不认同社会变迁是一种线性发展轨迹的观点，在社会多元分化和非均衡发展的背景下，浙江的今天并不一定是相对落后地区的明天，各地都有可能选择适合本地的独特发展道路。但是，浙江先行一步的发展经验对于其他地区的发展仍然具有相当的借鉴价值。

---

① 卢福营、孙琼欢：《论现阶段农村基层政治生活中的派系》，《天津社会科学》2005年第1期。

② 阿尔蒙德等认为，从组织角度出发，利益集团可以分为非正规性利益集团、非社团性利益集团、机构性利益集团、社团性利益集团四类。非社团性利益集团是指建立在共同意识到的种族、语言、宗教、地区和职业利益的基础上的，或者是以家族关系和血缘关系为基础形成的，还没有按社团或机构的方式有效地组织起来的利益集团。参阅［美］阿尔蒙德等：《比较政治学：体系、过程和政策》，上海译文出版社1987年版，第202页。

应当肯定，浙江的变化首先表现在经济的飞速发展和区域经济特色上，特别是农村经济的发展成为推动浙江经济社会发展的基本因素。然而，农村经济社会的发展势必给乡镇治理嵌入新的变量，对乡镇治理结构和运行机制形成深刻影响。在30多年的发展中，浙江的经济社会发展和政治民主建设逐渐形成了独特的区域特色，这已是不争的事实。富有区域特色的浙江经济、政治实践，不仅要求我们对当代浙江的经济现象进行深入研究，也需要理论界对浙江的政治现象，包括乡村治理结构和运行机制作出专题研究：一方面，发现和提炼浙江乡村治理的区域特色，丰富浙江精神的内涵，为其他区域的乡镇发展提供可资借鉴的地方经验；另一方面，为浙江的乡镇发展实践提供理论指导，进一步推动浙江的全面、协调、可持续发展，提前实现现代化。

应当看到，改革开放以来，富于改革和创新精神的浙江人在乡镇发展实践中创造了丰富的经验。如永康村干部的大学培训、台州的民主恳谈、武义的村务监督委员会制度、新昌的乡村典章、嵊州的民情日记、绍兴县首先推行的农村工作指导员制度、柯城区航埠镇的"两监督一赔偿"制度、常山的民情沟通日制度，等等，这些乡镇发展的典型经验富有创意和特色，有的甚至突破了原有的制度架构，需要从理论上进行梳理和总结。在此基础上，进一步发现这些创新的机制，深入分析这些经验赖以形成的社会基础，以便有序地推广各地干部和农民创造的成功经验，并为有关部门加强和完善对农民思想的引导提供政策建议。

（二）样本选择及调研进程

1. 杭州市萧山区衙前镇的调查

根据研究任务，我们在浙江省选择了三个调查地点、杭州市萧山区衙前镇所属的全部12个村落（社区），即衙前村、凤凰村、明华村、山南富村、项漾村、新林周村、四翔村、螺山村、吟龙村、南庄王村、杨汛村和毕公桥社区。

本次调查我们主要采取问卷法、结构式访谈法和非参与式观察相结合的方法。问卷法涉及大量样本，有助于对萧山区衙前镇乡村治理全局性的把握；结构式的访谈可以为乡村治理模式的内在机制提供一个个真实的生活故事;非参与式观察的方法使本文有机会记录乡镇政治生活的一个个片断,这三者的结合使得本文的调研活动从深度和广度上都基本达到规范研究的要求。

在为期 12 天的调研时间内①,本课题组 6 人向外发放了 540 份问卷,回收 513 份问卷,其中有效问卷为 495 份。回收率达到 95%,有效回收率达到 91.6%。个案访谈方面,我们深入到村干部和农民家庭当中进行入户访谈,共取得个案访谈案例 60 个(每村 5 个)。除此之外,我们还走访了与村镇治理密切相关的镇政府等权力机构,并与其负责人进行了广泛的交流和深入的探讨。整个行程中,我们共整理文字材料 5 万余字,视频资料 7 个多小时,照片 100 多张。

表 1—1　　　　　杭州市萧山区衙前镇的调查样本情况

性别比	男　0.555	女　0.445		
年龄比	40 岁以下 0.6275	40—60 岁 0.295	60 岁以上 0.08	
文化程度	小学　0.162	初中或中专 0.688	高中或大专 0.136	本科及以上 0.014
婚姻状况	未婚　0.360	已婚　0.624	其他　0.016	
政治面貌	群众　0.648	团员　0.193	党员　0.159	
家庭年收入	3 万元以下 0.398	3 万—8 万元 0.398	8 万—12 万元 0.139	12 万元以上 0.065
职业	打工者　0.282	个体户或企业家 0.194	干部　0.060	其他　0.464

2. 杭州市五县市的中心镇调查

小城镇居民与自然村落的农民有些区别。从全国总体来看,改革开放以来,我国城镇化稳步发展,尽管目前已初步形成了京津唐环渤海城市带、长江三角洲城市带、珠江三角洲城市带以及中部地区类似长株潭

---

① 调查分两个阶段,第一阶段为 2009 年 5 月 12 日—17 日;第二阶段为 2009 年 7 月 4 日—10 日。

城市带等城市集群发展之盛象，但总体来看，我国城镇化水平与工业化水平相比，仍明显滞后，不仅远低于发达国家，而且也低于世界平均水平。从第六次全国人口普查数据来看，全国总人口为1370536875人，其中居住在城镇的人口，为665575306人，占49.68%；居住在乡村的人口为674149546人，占50.32%。2010年，我国城镇人口占总人口比重从2009年的46.6%上升到49.68%。但据统计，发达国家城市化率一般不低于80%，人均收入与我国相近的马来西亚、菲律宾等周边国家，城市化率也在60%以上。城镇化发展水平偏低，制约着我国国内需求的扩大，影响着产业结构的升级。特别在我国已进入建设中国特色农业现代化道路的关键时刻，人口红利之视窗正在徐徐谢幕，中国社会正在跑步进入老龄化，全球金融危机及经济转型之压力犹存。在此背景下，我国开展了农村城镇化，着力破除二元结构，形成大都市城市带与中小城镇互动发展、城乡社会经济统筹协调的新型城市化格局。根据出台的"浙江省小城市培育建设标准"，小城市具体标准包括5大类45项，其中有：建成区面积8平方公里以上，户籍人口6万以上或常住人口10万以上，年财政总收入10亿元以上，农村居民人均纯收入2万元以上，第二、三产业从业人员比重90%以上，教育、文化、体育、卫生设施较为完善等。小城市参照基本相似中等城市的标准进行规划建设，按照城市的理念实施服务管理，比照城市经济和人口规模要求，推进集聚集约发展和人口有序集中。与中心镇相比，小城市的人口和产业集中度更高，社会管理和公共服务能力更强，政府职能配置和运行管理更有效。为有力地推动小城市建设，浙江省政府拟每年安排10亿元专项资金，用于支持小城市培育试点。通过3—5年的试点，在全省形成一批布局合理、特色明显、经济发达、功能完备、环境优美、生活富裕、宜居宜业、体制机制灵活、辐射能力强、带动效应好、集聚集约水平高的现代化小城市。

但这些被迫城市化的居民从一定意义来说仍是农民，他们的思想变迁情况及对农村未来发展的影响也是当今我们研究农村问题迫切需要了解的，为此，本课题组部分成员选择了有代表性的杭州市43个镇进行了抽样调查，具体如下。

表 1—2　　　　　杭州五县市已列入浙江省级中心镇调查名单

所在地	（2007 进入的）	（2010 进入的）
萧山区	临浦镇　瓜沥镇　义蓬镇	临浦镇　瓜沥镇　河上镇
余杭区	塘栖镇　余杭镇　瓶窑镇	塘栖镇　余杭镇　瓶窑镇　良渚镇
桐庐县	分水镇　横村镇　富春江镇	分水镇　横村镇　富春江镇
淳安县	汾口镇　千岛湖镇（县城）	汾口镇　威坪镇　千岛湖镇（县城）
建德市	乾潭镇　梅城镇　寿昌镇	乾潭镇　梅城镇　寿昌镇　大同镇
富阳市	大源镇　新登镇	大源镇　新登镇　场口镇
临安市	昌化镇　於潜镇　太湖源镇	昌化镇　於潜镇　太湖源镇　高虹镇
杭州市	19 个	24 个

作为省会城市的杭州，目前正在努力构建网络化大都市格局，要真正形成从杭州主城区中心到次级县域中心再到中心镇乃至中心村四个中心的网络空间布局，形成城乡区域互为资源、互为市场、互为补充、互促共进的良性发展，包括五县市在内的"东快西慢、东强西弱"的城市化格局要得到进一步的突破和平衡，必须探索适合各县市特色的农村城镇化模式并获得农民认可。2007 年，在浙江省列入"十一五"重点培育的省级中心镇中，杭州 19 个，其中五县市占 13 个（表 1—2）。2010 年，浙江省住房和城乡建设厅公布的第二批列入"十二五"规划重点培育的省级中心镇中，杭州有 24 个，其中 17 个在五县市，由此可以看出杭州市农村城镇化的战略意图十分明显。

3. 浙江省永康市的四村调查

永康市位于浙江省的西部，是农村民营企业较为发达的地方。进入 2000 年后，永康市决定开发新的工业园区，花村的土地随工业园区的开发陆续被征用。到我们调查时为止，该村 1000 多亩土地被征为工业开发用地。有些村落通过土地出让获得了一笔资金。同时，工业区的开发为村落和农民提供了千载难逢的发展机遇。我们根据永康组织部提供的介绍和部分资料，以及永康市东（阳）永（康）公路沿线和城区民营经济较为发达的空间布局特点，经与永康市委组织部相关领导协商，最后确定了龙山镇的龙村、古山镇的古村、芝英街道的芝村、西城街道的花村为本项研究的调查样本村。

本项研究的资料来源主要有三类：一是文献资料。大致分为以下部分：（1）国内外学者的相关研究成果；（2）地方志、族谱、介绍地方经济社会发展情况的相关出版物、新闻媒体和相关网站的介绍和宣传报道等；（3）成文的村规民约和制度章程、户籍资料、工作总结、会议记录、统计报表、通告、各类档案资料等；（4）国家相关法律和法规、各级党政部门下发的文件、领导讲话等；（5）干部和村民的私人记录、民间契约文书、碑文、捐献记录等；二是口述资料。主要来源于我们的田野调查，包括对村干部的个别访谈、对村民的个别访谈、对各级政府官员的访谈、座谈会、旁听会议等记录，以及参与村庄治理活动（部分研究人员曾被安排担任调查村的村主任助理，进行参与体验式研究）的体会，等等；三是影像资料。包括摄影和录音资料等。

4. 调查的样本基本情况概述

萧山区衙前镇总况

萧山区衙前镇位于萧绍平原腹地，区域面积 19.8 平方公里，常住人口 2.47 万人，外来人口 4 万余人。镇域内有建制行政村 11 个、社区 1 个。104 国道复线、萧绍运河、杭甬铁路、杭金衢高速公路贯穿全境，距杭州萧山国际机场 8 公里，离中国轻纺城 15 公里。

衙前历史悠久，革命传统光荣。1921 年 9 月，中国共产党领导的第一个农民运动——衙前农民运动就爆发在这里，整个 20 世纪 20 年代，衙前都是浙江和东南地区引人注目的政治活动中心。

2008 年，全镇完成工业总产值 357.8 亿元，实现农业总产值 9277 万元，农民人均年收入达到 16000 元，人均 GDP 达 1.9 万美元，国内生产总值 53.6 亿元，完成增值税税收 3.05 亿元，地方财政收入 1.63 亿元，[①]综合经济实力位居全省百强乡镇第 3 位，全市、全区第 2 位。先后被命名为"浙江省历史文化名镇""浙江省教育强镇""浙江省卫生镇"和"杭州市文明镇"。

工业经济是衙前的金名片。全镇有 600 多家企业，平均每百名衙前人

---

① 衙前镇政府：《衙前镇政府汇报材料》（内部资料），2009 年 2 月。

就有3家企业,每平方公里年工业产值12.5亿多元。其中,年产值在亿元以上的企业有20家,建有博士后工作站2个,国家级企业技术中心1个,形成了化纤纺织和钢结构两大支柱产业。该镇先后被命名为"中国化纤名镇"和"国家钢结构产业化基地"。

表1—3　　　　　　分村基本情况介绍（2006年数据）

村（居）名	人口（人）	村民小组（个）	工业产值（万元）	耕地面积（亩）	人均净收入（元）
螺山	1844	18	14649	782	12981
杨汛	1622	12	16236	606	12578
南庄王	1418	10	1224	652	12738
新林周	2352	18	22212	944	13056
衙前	2954	24	54265	971	13601
吟龙	1653	15	7167	334	12769
项漾	3189	33	91399	2014	13061
四翔	2408	24	45597	1237	13000
明华	1908	14	12330	920	13854
山南富	2212	20	21939	558	13323
凤凰	2077	15	30691	856	15082
毕公桥社区	1071	7			

资料来源：http://www.dangan.xs.zj.cn/069/moban/1/ReadNews.asp?NewsID=135。

代表性村落介绍

杨汛村：位于衙前镇西南隅,距萧山区中心8.5公里。东北邻新林周村,南临西小江,与绍兴市杨汛桥镇隔江相望,西接螺山村。村北靠杭甬铁路,螺东公路东西向穿村而过,交通比较便利。杨汛村面积为1.2平方公里,总户数428户,人口1634人,其中女性为848人,男性为786人。全村有劳动力895人,有的从事工业,有的从事农业、牧业、渔业生产,有的从事建筑业,有的从事商贸服务业。2008年村民人均收入达15815元,农村经济总收入25138万,村级可用资金突破180万元。杨汛村共有大小企业15家,以纺织业为主,主要生产化纤布和针织布。2006年全村实现工业产值 2.17 亿元；2007 年全村实现工业产值 2.7 亿元。全村最大的企业是杭州城盛布业有限公司，此外还有家庭作坊 30 家，分布在村庄建设区内，主要为绣花加工和纺织加工；全村有耕地面积 606 亩，其中内地 483 亩，围垦 123 亩。内地几乎全是苗木，围垦有苗木 30 亩，其他为蔬菜。杨汛村在大螺山有 70 亩的山林，山上有 10 亩竹园和 2 亩茶园，目前有 30 亩山林地被租给镇人民政府建造生态公墓。养鱼主要为西小江的网箱养鱼，规模不大。2007 年全村农业收入达 758.8 万元。2008 年全村农业收入达 858 万元；全村从事的"三产"主要为布业等，此外还包括商品返销、运输业及餐饮业等。

明华村：位于萧山区衙前镇最南端，其东、西、南三面与绍兴县钱清镇接壤，北与四翔村隔河相望。104 国道萧绍运河与杭甬铁路贯穿全境，水陆交通方便。村辖 7 个自然村庄，全村总人口为 1932 人，共有企业 19 家，农户 485 户，耕地面积 1311.2 亩，其中围垦 164 亩。2007 年，全村实现工农业总产值 3.7335 亿元，村级集体收入 382 万元，农民人均收入 15054 元；绿化面积达 28760 平方米；建造公共厕所 16 座，清除露天粪坑，卫生厕所普及率达 100%，其中"三格式"无害化户则达 100%；设置有垃圾箱及流动垃圾筒；村主干道路安装路灯共 148 盏；村公共活动场所、老年活动室、健身设施等筹建完毕。

凤凰村：位于衙前镇东部，萧山市以东 14 公里处，是衙前的经济和文化中心，因村庄坐落于凤凰山麓而得名。全村区域面积为 2.444 平方公里。萧绍运河穿村而过，萧山至瓜沥、头蓬的公路通过村区。1992 年，有内地耕地 450 亩，围垦耕地 50 亩，以种植水稻为主；山林 154 亩，水面 40 亩。全村共计农户 252 户，人口 814 人。2005 年，全村实现工业总产值 12 亿元，村级可用资金 1027 万元，农民人均收入达到 12560 元。

项漾村：位于衙前镇中东部，与衙前镇政府新办公大楼毗邻，由原项家、项甬、优胜、草漾 4 村合并而成。村区域面积 2.692 平方公里，农户 902 户，总人口 3189 人，内外耕地面积 2112 亩，企业 95 家，综合性市场 2 家。2005 年全村实现工农业总产值 6.1 亿元，村级可用资金 494 万元，农民人均收入 11799 元。在公共服务方面，2000 年村投资 800 万元兴建了 1 万平方米的农民公寓；全村参加合作医疗率为 100%，参加社会养老保险率达到 45%；占全村 60% 的村民享受每人每月 25 斤大米、食油和煤气的定量免费供应；全村女55岁、男60岁以上的老人每人每年享受600元养老金。

浙江永康4个样本村的基本情况

龙村：龙村地处永康市东北角，距永康城区约20公里，03省道（东永公路）贯穿而过。全村共有村民小组16个，现有农户612户，人口共计1918人，耕地620亩，统计资料所载的年人均纯收入近万元。

龙村所在的龙山镇是永康市东部的工业重镇，以铸造业和五金加工业为主，以五金工具出口产业为特色，工贸结合，商企并重。全镇有大小企业1600多家，年产值500万元以上的企业43家。其中超亿元的企业1家，超千万元的10多家，7家被评为市级百强企业。目前，龙山镇已形成了以铝材、电动工具、五金工具、汽摩配件、日用五金制品、服装、绣品为支柱的多门类发展格局，众多产品远销国际市场。

龙村是一个典型的工业村，是永康市最早办企业的村庄之一。20世纪70年代以前，龙村与中国其他村庄一样，是一个以农业为主的典型村落社会。尤其在农业学大寨时期，该村是个远近闻名的农业模范村，村集体经济以农业为主。20世纪60年代后期70年代初，龙村人开始关注村落工业发展问题。当时的村党支部书记陈某带领村干部在村里办了一个麻袋厂，专门生产抗洪救灾用的麻袋（把棉花秆儿的皮剥下来，放在锅里煮烂，用碱烧后再编织成袋），成为该村工业发展的起点。改革开放以来，民营非农经济在龙村得到了较快发展，截至2004年年底，全村共有个私企业100余家，链条、铝业、农机、摩配、健身器材、五金等行业已经形成一定规模。

古村：古村地处永康东北部，距永康城区约16公里，03省道（东永公路）沿村而过。据统计，全村人口为1148人，共429户，分为12个村民小组，共有耕地面积360亩。2004年村集体资产达到3200多万，村集体固定年收入达140多万元，村民人均收入1万元左右。

古村所在的古山镇始建于明朝，已有600多年历史，一直隶属于永康管辖，是永康市五金制造业的重要发祥地。改革开放使古老的古村萌发了蓬勃的生机，形成了以制造、加工摩配、不锈钢制品、衡器、防盗门、电动工具等为主的具有鲜明五金特色的区域经济，涌现了星月集团、正大公司、中信实业等一批技术力量雄厚、产品竞争力强的龙头企业和骨干企业。

在历史上，古村曾是一个农业村，村民主要以种田为生，但作为永康市五金产业的发源地之一，这里的村民很早就有从事五金冶炼和加工的传统。改革开放以后，一些村民开始尝试从事废旧金属的回收与加工，由此逐渐发展成为现在的小五金行业。20世纪80年代中期，该村规划和建设了村庄的工业园区，极大地推动了村庄工业经济的发展。从经济形态上看，古村已经发展成为一个典型的工业村，大部分村民经商办厂。该村现有大小企业30多家，从事个体经营的有100多户。

芝村：芝村隶属于永康市芝英街道，位于永康市中部，距永康城区约12公里，03省道（东永公路）沿村而过。该村现有人口1324人，农户482户，分为11个村民小组，共有耕地面积320亩。

芝村与其所在地区的其他农村一样，由于人多地少，历史上就有从事五金手工艺的传统。解放后，特别是在人民公社时期，村民从事非农经营受到不同程度的限制，全体村民被强制性地整合在集体经济组织内，实行集体劳动、共同生活。村民们特别是其中的年轻人只能偷偷地外出从事五金营生。20世纪80年代以后，实行土地家庭承包经营的芝村村民获得了农业生产经营的自主权和从事五金手工艺的自由权。男性村民纷纷操起传统的老本行，转向五金加工和经营，芝村先后兴起了保温杯、防盗门、滑板车、日用不锈钢制品等五金制造业。随着改革开放的发展，该村村民的经营范围不断拓展，逐渐形成了以五金业为主的具有鲜明特色的村落经济格局。

花村：花村地处永康市郊区，位于城区西侧。现有人口1250人，地域面积4.11平方公里。

与永康东部的龙山、古山、芝英等地农民从事百工的传统不同，花村所在的永康西部地区，土地特别是山地较多，历史上以务农为主，没有从事百工的习惯。在永康，这一带属非农经济不发达的相对贫穷落后地区。改革以来，一些村民开始种植经济作物或从事养殖业，出现了一批有一定规模的种养专业户。更多的村民则在永康市域非农经济迅速发展的大背景下，就地转移到当地的企业务工，并利用工余时间兼管农业生产。村域内企业较少，只有几家规模较小的家庭工厂。花村村民所办的4家规模较大的企业均在村外。村级集体经济较为薄弱，迄今村干部还通过租用村民的民房作临时办公场所。

二 土地政策变迁与农民思想认识的适应性分析

近代以来，农民的土地问题始终是国内学术界关注和研究的焦点问题之一。在20世纪二三十年代，以陈翰笙和费孝通为代表的经济学家和社会学家对中国农村土地问题的调查与研究赢得了国际学术界的尊重；新中国成立后几十年内发生的土地改革、农业合作化运动、人民公社和社教运动等都与土地存在密切关系，为学界研究提供了跌宕的历史画卷和丰厚的研究资料。尤其是改革开放以来，随着土地制度及其改革的发展，学界开始将目光集中在土地和农民的关系上，从土地所有制变化与农民思想变迁这两方面进行一系列研究，这些研究采取的多是从宏观的角度自上而下地俯视问题。本课题认为，在国家土地政策变迁的环境和条件下，关注农民自己对土地问题的看法，无疑是深化土地问题研究的重要视角。本章力图通过分析新中国成立以来土地政策的变动，以及农民在思想观念上对土地问题的认识、调整及适应，揭示中国农村变迁和农民思想观念变化的内在机理和逻辑关系。

农村的土地改革走向应该既能延续传统，又能面向未来。构建一个土地与农民思想关系的新逻辑关系。在这个意义上，对土地政策变迁与农民思想观念的适应这类命题进行再审视，就不仅仅是一个历史意义上的史料诠释，更是一个从起点到落点都要立足于当下现实的透视。本章不仅注重探讨土地政策变化引起的农民思想变化之复杂机制，还更为关注如何去分析其在长时段变化中农民思想观念所起的独特作用，尤其是要重视以下几方面的研究：一是土地政策变动与浙江农民思想认识的回顾；二是新时期浙江农民对土地权利的认知与觉醒；三是新土地政策下的浙江农民思想变迁及回应。

（一）土地政策变动与浙江农民思想认识的回顾

新中国成立后的农村土地政策，经历了从国家有限管制的产权结构到人民公社时代国家全面管制的产权结构，再到改革开放后以家庭为单位的产权结构以及新时期的土地政策的变迁。在这一系列调整过程中，中国农民的土地思想也随之发生变化，由土改时期的认同，到合作社运动时期的认知及适应，再到人民公社期间的迷茫与调整，到如今家庭经营制度时期与农民思想的再解放。在一个经历多种土地制度形态和土地政策变迁，且已经习惯性地以权力作为土地配置方式的主导的社会中，以个人权利为本位的产权如何与农民的传统土地认知相兼容，在一个新的历史基点上形成一种农民关于地权的思想认识的共识，这将是今后农村土地制度变革所面临的一个基本问题。而浙江地区由于工业快速发展，对土地的需求量大大增加，而土地资源的有限性越来越制约着手工业的进一步发展，这使得农民在土地问题上愈发敏感，更加关注土地政策的变化，生活基本秩序的观念也受到深刻影响。

1. 土地秩序的重构与浙江农民的认同

土地秩序一般意义上是维护农民土地权利的政策用语。从学术层面上分析，土地秩序主要是指农民在土地拥有、土地使用、土地开发、土地流转、土地出让和土地收益等各项权利中，借助法律和政策保护免遭侵犯，维护自身土地各项权益保持正常或良好的运转的一种状态。新中国成立初的土地改革，废除了几千年的封建地主阶级土地所有制，实行农民土地所有制，这是一个翻天覆地的历史变革，解决了土地归农民所有、并由农民自己直接自主经营这个农民世代梦寐以求却从来没有真正实现过的历史难题。这场改革无疑是一场深刻影响当代中国农村社会与农民思想意识变迁的大革命。土地改革，彻底消灭"封建地主土地所有制"，建立农民土地所有制，并在此基础上进一步实施农业和农村的社会主义改造，建立社会主义乃至共产主义的土地制度，农民翻身解放当家作主和变革土地关系所释放的能量，可以说是农村生产力的一次大解放。当时的土改工作中，党和政府采取了多种方式对农民进行"阶级教育"，目的主要是改变农民对土地的思想认识，试图在农民中确立一种以阶级伦理和平均主义为基础的新的土地秩序观。这种秩序观的建构得益于土改运动对农民思想观念的影响，并使农民更加认同与支持新生政权。

土改时期的浙江省，同全国其他省市一样，轰轰烈烈地投入了这场改变留存几千年的土地秩序的变革之中。1950年1月，中共浙江省委发出了《为准备土地改革加强调查研究工作的指示》。不久后，又召开了两次全省调查研究会议，要求各地政府对当地的土地状况、阶级关系、租佃关系作全面、系统的调查研究。1950年4月，省委出台了《关于土改准备工作的计划》。1950年6月17日，《浙江日报》登载了浙江省人民政府《整理土地暂行办法》，并通令各地遵照执行。随后各级政府积极响应。

浙江的土地改革同全国各地的土地改革一样，是一场对农民的思想状况产生了深远影响的经济大变动。当时，农民把分配土地形象地称为"土地归家"[1]"土地重回老家"[2]。一个"家"字说明农民一直就把土地看作生活的一个组成部分，看作家庭的一个组成部分，看作自身的一个组成部分；而"归"和"回"则更深刻地表明，浙江农民把土地视为财富。"土地是黄金，土地是宝贝，泥土翻了身，稻谷像黄金，只有分到了田我们穷人才能翻身"[3]。"经过了土改的农村，气象是焕然一新，农民的觉悟普遍的提高了。"[4] 在土地改革之后，农民的生产积极性空前高涨，有的农民分得了土地后第二天就去买来小麦籽赶种春花，有的甚至在分得的田地附近搭起草棚，准备迎接第二年大生产运动[5]，例如，下雪天赶着牛犁田、七十三岁的老人挖塘泥等类似故事层出不穷[6]。土改是对农村生产力的一次巨大解放，农业生产获得迅速发展。例如，萧山县1948年的水稻亩产只有121.5公斤，1952年飞跃至290公斤；1948年的棉花亩产只有

---

[1] 《桐庐三合乡第五村妇女土改后给毛主席写信》，《浙江日报》1951年1月16日。

[2] 《建德新昌江山等地农民庆祝土改胜利》，《浙江日报》1950年12月30日。

[3] 陈观寿等：《秋征密切结合土改准备工作武隆白牛两乡缴粮无一尾欠》，《浙江日报》1950年11月27日。

[4] 罗子为等：《三个半月来在土改中的见闻与感想》，《浙江日报》1951年1月30日。

[5] 郑京照等：《土改后的高照、千秋两乡农民纷纷制订生产计划》，《浙江日报》1950年12月29日。

[6] 《土改完成之后》，《浙江日报》1951年1月11日。

10.5公斤，1952年跃升至15.5公斤；1948年的络麻亩产为200公斤，1952年则达到了227公斤。①

农民们对拥有土地以各种方式表达他们内心的激动与欣喜，他们或给晚辈取名"土改"以示纪念②，或写信表达感激之情："我们是萧山县新泰乡第十村的农民，都在土地改革中分得了土地，我们都翻身了，我们都在心底里感激着毛主席的恩情。"③ 在这封信里，农民把全村的耕地面积计算到了"一千八百三十四亩四分一厘三毫"，其数据之精确，从侧面反映出农民对属于自己的土地的热爱与珍惜。土改是对传统社会土地观的一种瓦解，并为农民确立了一种新的土地观，农民通过中国共产党对土地重新配置，产生了一种新的基本认识与评价，并通过这种新土地观支持与认同新的政权。

2. 合作化与人民公社化运动中农民对阶级序列的认知及适应

土改运动结束不久，便是农业合作社运动的发展。从1954年开始，中国共产党实施的土地政策转向实行土地入股的互助合作，即以土地入股为主的股份制的合作形式，以适应当时农业农村发展的需要，1955年以后逐步转为高级农业合作社。这就是农业合作化运动。

中国共产党在合作化运动中通过多种方式和方法加强对农民群体的整合，并进一步促进农民对新生政权的认知、了解与认同。其中采取的重要方法之一就是在合作化运动中对农民的阶级身份进行认定与划分。在对农民群体实行阶级成分划分的时候，不仅有从中央到地方多层次政策文本的支持，而且几乎动用了所有各个层次的党政组织体系，甚至直接下派工作队，创建新型村级组织——贫农团和农会等，试图通过加强农民对阶级序列的认知及适应，唤醒村民阶级意识，更好地进行阶级斗争，从而彻底改造了乡村社会结构与社会关系模式。

加入合作社的资格条件在阶级身份的区分方面主要有三种类型：一是贫农、下中农；二是中农；三是地主、富农、反革命分子、"坏分子"

---

① 沈迪云主编：《萧山市志（简本）》，方志出版社2001年版，第147—148页。
② 施泽群等：《杨阿郎给孙儿取名"土改"》，《浙江日报》1951年2月5日。
③ 《毛主席的恩情说也说不完》，《浙江日报》1951年12月7日。

"四类分子"；入社资格条件上的总体阶级政策是："依靠贫农，巩固地团结中农，发展互助合作，由逐步限制富农到最后消灭富农剥削。"1955年至1956年对农民的阶级身份划分与认定有所松动，1957年又重新成为不信任阶级并回到"阶级敌人"的位置上，时时处于被监视和丧失社员资格的境地。在入社的措施上，党和国家采取了依据政治觉悟分期分批加入的方式。"这几部分人（指贫农和下中农）中间的积极分子，让他们首先组织起来。这几部分人中间暂时还不积极的分子则不要勉强地拉进来。等到他们的觉悟程度提高了，他们对于合作社感到兴趣了，然后再分批地把他们吸收进合作社。"① 对于中农的入社资格条件是由紧到松的。1955年规定："除开若干已经有了走社会主义道路的觉悟、真正自愿加入合作社的，可以吸收他们入社以外，其余暂时都不要吸收，不要勉强地把他们拉进来"，而"只有等到农村中大多数人都加入合作社了，或者合作社的单位面积产量提高到同这些富裕中农的单位面积产量相等甚至更高了"，即中农既有合作意愿也在外在不利制度环境下不得不加入的情景下才允许他们加入。② 毛泽东于该年7月建议："向全体农村人口进行一次大规模的社会主义教育……其中的主要锋芒是向着动摇的富裕中农，对他们的资本主义思想进行一次说理斗争"③，在合作化时期，"富农加入了地主、反革命分子和'坏分子'行列，称为'四类分子'"④。反革命分子和"坏分子"也作为社会主义革命和建设的破坏者受到更多的政治批判。反革命分子主要有11类，1952年中央在回复华东局一个关于富农政策的请示报告时指示道："对现在已参加了互助组或农业生产合作社的富农分子，如果他是带雇工入组入社的，则应坚决向农民解释清楚，经过组员社员多数通过，把他清洗出组出社。"⑤

对于不同阶级成分的农民入社资格条件的严格与否、顺序先后的分析，本身就意味着社员与非社员、社员与社员之间政治社会地位和待遇的

---

① 《毛泽东选集》第5卷，人民出版社1977年版，第168页。
② 同上书，第191页。
③ 毛泽东：《一九五七年夏季的形势》，1957年7月。
④ [美] R. 麦克法夸尔、费正清编：《剑桥中华人民共和国史——中国革命内部的革命（1966—1982年）》，俞金尧等译，中国社会科学出版社1992年版，第665—666页。
⑤ 《新中国成立以来重要文献选编》第3册，中央文献出版社1992年版，第160页。

差异性。"除开国家委托代办的收购与贷放等实行社员与非社员一律平等待遇外,凡是由合作社自办的事业,社员都有优先权"①,不可否认的是,合作社社员与非社员相比确实享有更多的权利,综合初级社和高级社社员主要有下列权利:参加社内的劳动,取得应得的报酬;提出有关社务的建议和批评。毛泽东的一份指示就是明证,他指出:"首先应当依靠党团员……第二应当依靠非党群众中比较更积极一些的分子……第三才是依靠一般贫农和两部分下中农的广大群众。"② 地、富、反、坏"四类分子"所享受的政治社会待遇最少,政治地位也较低。在没有加入合作社之前就无须奢谈其他社员享有的待遇了,即使成为社员或候补社员之后,他们享受的权利与其他社员仍然有很大的区别,即没有被选举权,不能担任社内的任何重要职务,作为候补社员还没有表决权和选举权。③ 阶级分类这种社会分类方式及其偏向"革命群体"的经济、政治和社会待遇的建构激发了农民的政治热情,促发爆炸式、大众型政治参与的兴起,进而将"革命阶级"有效地整合到国家的政治体系中。但是,这场运动也让农民对于中国共产党的土地政策认知有了一定程度的模糊、迷茫和不定——通过合作化运动很快地又把分到农民手中的土地收回归公,因此也深深影响到农民的思想和行为。

当时的农民认为:"集体的土地就是大家的土地,大家的土地就不是我自己的土地",这是农民常有的一种推理方式。④ 在这种情况下,他们认为土地不是自己家的,所以他们不关心土地的利用、保护,也不太关心土地的投入—产出效率。"他们认为工分是个人的,赔产是全队的",形成了"无人看田头,农活退落后,只要工分拿到手,不管产量有没有"的现象,因此"队长急煞,社员宽煞,农活粗糙,产量不高"。⑤ 高级社"不好的地方:一、生产搞得不够好,社员劲头不大;二、会开得太多,社员不满意;三、误工多,有些社员不爱护公共财物,农具破坏率很高;

---

① 毛泽东:《关于农业合作化问题》,1955年7月31日。
② 《新中国成立以来重要文献选编》第3册,中央文献出版社1992年版,第160页。
③ [美]莫里斯·迈斯纳著:《毛泽东的中国及后毛泽东的中国:人民共和国史》,杜蒲、李玉玲译,四川人民出版社1990年版,第200页。
④ 张乐天等:《当代浙北乡村社会文化变迁》,上海远东出版社1995年版,第67页。
⑤ 姚友仁:《"包产到户"的办法合乎社员的要求》,《浙江日报》1957年2月15日。

四、生产多、分配少（即增产不增值）"①。

时有相当数量的农民已经对耕作土地的低收入产生了不满情绪，转而想跳出农村，脱离农业，谋求更高的收入。有些虽然没有进城找工作，但也在想其他办法增加收入。哪怕政策不允许，仍然有很多农民为了生计甘愿冒险进行"资本主义投机行为"②。坎山区黎明农业社会计宋鹤龄写信给《萧山报》反映坎山区凤凰乡十三村出现的情况："由于党支部放弃领导，忘掉了这个小村子，社员们就各人自找发财门路。这一下，做投机生意的越来越多。特别是黎明二社，有一半以上的社员，到江边缺水的沙地区，贩来大批原麻，加工精洗后卖给收购站，大发'横财'。甚至，社长杨传林（青年团员）、副社长王世保带头干这件事。有些群众看到人家做投机生意发财，也没心思生产。"③

65岁的妇女陈某："低级社（应该是初级社——访谈者注）、高级社的时候，白天劳动，晚上开会、学习，接受教育。因为老百姓的思想转不过来，上面要来做思想工作。萧山派五六个人做思想工作，一起工作、一起劳动、一起学习。他们的工作思路很好的，都想要百姓富起来。""那时候的人没什么积极性，就做一天和尚敲一天钟的状态，出现很多磨洋工的现象，出勤不出力，所以我们效率很低。"④ 新林周村78岁的李奶奶："集体劳动，人多搞不好的，出工不出力，都是磨洋工。太阳不下山，大家不可以回家，反正都是在那等太阳下山，也不好好做。"⑤ "有一些人甚至觉得：合作化了，我的土地和其他生产资料都归公了，我是'公家人'了，于是一切都要由公家充分供给，实行供给制。从前家庭内次要劳动力和小孩多半吃稀的，现在一律要吃干的。从前在农闲时节吃得较少，现在也和农忙时节一样多吃。吃完了就伸手向社里要，社里不给就吵闹。他们觉得吃多了是净赚，吃少了就吃亏。"⑥

---

① 嘉斌等：《农村变好了，还是变坏了》，《浙江日报》1957年6月8日。
② 《我们的村子谁来管？——本报记者的调查》，《萧山报》1954年12月11日。
③ 《我们的村子谁来管？——本报记者的调查》，《萧山报》1954年12月11日。
④ 访谈者：林如。被访者：陈某，新林周村，女，65岁，曾长期担任村妇女主任，现个人经营小店铺。2009年5月12日下午。
⑤ 访谈者：张洪斌。被访者：李某，新林周村，女，78岁，小学文化。2009年5月12日下午。
⑥ 《粮食问题和思想问题》，《浙江日报》1957年8月6日。

这场合作化运动中实施土地集体化造就了土地归公与农民深重的恋土情结的矛盾，农民在内心深处是舍不得与土地分离的，再加上满怀希望的农民们在集体的土地上辛勤耕耘，可最终收获的却不是丰收的喜悦，而是一季又一季的失望，因而也对集体拥有的土地产生了"总是富不起来"的厌倦之情，南庄王村74岁的老党员王大爷："大农业合作社大家一起劳动，对农民扣得太紧，不能外出做生意，农民总是富不起来。"①

这种厌弃反映的不是农民对土地的真实情感，而是他们心中的不满情绪找不到发泄对象后对土地产生的一种消极的厌倦情绪。当然，农民们厌弃的只是归集体所有的土地，这种厌弃并不影响他们对自家自留地的钟爱。虽然对集体土地感到厌弃，但是在面对其他集体时，他们对自己集体的土地还是有一种归属感，这时候他们能够意识到"土地是我们队里的土地"。只是这种所有权意识只有在与其他集体进行对比时才会显现出来，因而是模糊的、淡漠的，缺乏对土地的主人翁般的认同感。这是农民对土地的"虚幻的集体土地所有权意识"②。

在合作化运动期间，国家主要采取政治教育和示范引导，借助于各级党政宣传体系的持续性、强化性政治宣传，以试点、示范为策略的引导，并需要合作社提供稳固而有效的制度平台和组织依托。党和国家在合作化运动中始终扮演着主导性的角色，掌控着合作社发展的范围、规模和速度。正是在土地改革过程中，党和国家才真正前所未有地进入乡村社会，嵌入农民的日常生活中，并借助一系列的政治符号和价值体系进入农民的内心世界和意识深处，正是土地改革促使中国共产党及其国家体系与农民之间建立起强有力的政治关联，并将农民纳入其政治体系和意识形态之中，进而推进乡村社会政治性整合机制的转型。在很大程度上，这种新型国家整合机制的建构是以农民身份系统的颠覆与重建为基点的，即通过合作化运动中"阶级成分"的划分从根本上改变了农民与国家的政治的关系。

---

① 访谈者：周靖旻、龚凌燕。被访者：王某，南庄王村，男，74岁，党员。2009年5月12日下午。

② 朱冬亮：《新中国成立以来农民地权观念的变迁》，《马克思主义与现实》2006年第6期。

1960年年初至1962年,党在农村又以整风整社的方式进行了第三阶段的社教运动。在1960—1962年间,中央政府连续出台了《中共中央关于农村人民公社当前政策问题的紧急指示信》《农村人民公社工作条例(修正草案)》《关于讨论和试行农村人民公社工作条例修正草案的指示》《关于改变农村人民公社基本核算单位问题的指示》和《农村人民公社工作条例(修正草案)》(即《农业六十条》)以指导农村土地工作。1963年5月2日至12日,中共中央在杭州召集由部分中央政治局委员和大区书记参加的小型会议,即"杭州小型会议",讨论农村社会主义教育问题。在农村搞"四清"挖资本主义的根子,挖修正主义的根子,通过所谓的"大兵团作战"及不断的反右倾,使"四清"运动发展到高潮。

"杭州小型会议"后,浙江抢占先机迅速响应中央号召,在中央发出《关于继续抓紧进行"五反"运动的指示》后,省委出台《关于"五反"运动情况和今后部署的报告》,要求县以上党委分农村社教和城市"五反"两条战线,组织工作组,正确执行党的"五反"政策,揭开本单位、本系统阶级斗争盖子,由领导到一般、自上而下地"洗手洗澡"。1963年5月下旬,浙江又推出第二批38个单位展开活动,进一步强化了农民的社会主义观念和意识。

人民公社化运动对农民实施的阶级身份的认定与划分,主要有以下结果:一是强化了农民的阶级身份。农业合作化运动中初级社转高级社带有很强的急迫性,农民更为明显地与政治因素联结在一起。正如陆益龙指出的,人民公社这项制度变迁"与其说是一种经济制度的变迁,不如说是一种政治运动的结果,或者说是追求政治认同的结果"[①];二是弱化了农民的自主权和参与。由于党和政府的强大的控制能力,通过一系列的运动实施对农民的控制,在这种情况下,农民在一定程度上丧失了自主权。

3. 家庭经营制度与农民的再解放

1978年年底,安徽省凤阳县小岗村的18户农民,在"包产到户"的契约上,摁下手印,在中国广大农村掀起了家庭联产承包责任制的序幕。

---

① 陆益龙:《嵌入性政治与村落经济的变迁:安徽小岗村调查》,上海人民出版社2007年版,第124—126页。

1980年5月，邓小平说："安徽肥西县绝大多数生产队搞了包产到户，增产幅度很大。'凤阳花鼓'中唱的那个凤阳县，绝大多数生产队搞了大包干，也是一年翻身，改变面貌。有的同志担心，这样搞会不会影响集体经济。我看这种担心是不必要的。"① 1980年9月，中共中央召开省、市、自治区党委第一书记座谈会，专门讨论了加强和完善农业生产责任制问题。会议讨论了《关于进一步加强和完善农业生产责任制的几个问题》，对承包制做了充分的肯定与鼓励。1982年第一个中央[一号文件]指出："各种责任制，包括小段包工定额计酬，专业承包联产计酬，联产到劳，包产到户、到组，包干到户、到组，都是社会主义集体经济的生产责任制。不论采取什么形式，只要群众不要求改变，就不要变动。"② 1983年第二个中央[一号文件]再次指出："联产承包制越来越成为农业生产责任制的主要形式，它采取了统一经营与分散经营相结合的原则，使集体优越性和个人积极性同时得到发挥。这一制度的进一步完善和发展，必将使农业社会主义合作化的具体道路更加符合我国的实际。"③ 据统计，1982年6月，以"双包"为主体的联产责任制在生产队总数中占到了93.7%，1983年这一比例升至99.4%，至此形成维持至今的农村土地经营方式的基本格局。④

家庭联产承包责任制的有效实行使农民获得了一次再解放。农民的人身自由和相对独立的自主经营权利得到进一步扩大。例如，浙江杭州下辖的萧山，在1980年农副产品的商品率首次达到50%，1982年又达到69.1%；大批劳动力开始从田间生产向多种经营转移，一部分农户富得较快。1983年年底，萧山衙前公社的养猪标兵钱阿凤、螺山公社的种茉莉花标兵郭张兴作为"两户（专业户、重点户）个人标兵"，受到萧山县的隆重表彰。"两户"中有种植业、养殖业的内行，有劳务生财的能工巧匠……农村"两户"一开始就以商品生产者的面貌出现。他们的生产经济效益好、商品率高。与此同时，在联产承包责任制的刺激下，衙前的专业户、重点户在行业结构上更加多样，由单纯的种种、养养发展到加工、

---

① 《邓小平文选》第2卷，人民出版社1994年版，第315页。
② 《新时期经济体制改革重要文献选编》上，中央文献出版社1998年版，第95页。
③ 同上书，第169页。
④ 李文：《中国土地制度的昨天、今天和明天》，延边大学出版社1997年版，第116页。

购销、劳务、运输等各个方面，家庭工业也进入快速发展阶段。

对于"50年代初的土地私有制、人民公社化、家庭联产承包责任制这三种方式，农民认为哪种更好"的回答结果如下表：

表2—1　　　　　农民对土地经营方式的认识（$N=476$）

私有制	人民公社	家庭联产承包	其他
12.6%	12.6%	62.6%	12.2%

注：数据显示，62.6%的调查对象认为，家庭联产承包责任制是更好的方式。我们的入户访谈也得到了与此一致的结果。

南庄王村74岁的老党员王大爷："承包对村里影响很大。搞土地承包，农民就到集体土地上耕种，劳动力得到解放了，还可以到外面做生意。现在自由了，你能力强自己致富，那多好啊。"①

项漾村59岁的私营企业主项某："以前是出工不出力，现在效率提高了。以前生产队的时候，20天也种不下去的地，后来分给我自己，我2天就种掉了。"②

明华村方某："家庭联产承包好啊，自己愿意种田的去种田，愿意打工的去打工，愿意挣钱去挣钱，集体的时候是搞不来的。"③

实行家庭联产承包责任制以后，尽管分得的土地并不是农民的私有财产，土地所有权仍然属于集体，但是集体化时期模糊的利益关系由此清晰起来，农民拥有了生产和分配的自主权，因而迸发出强烈的生产积极性。农民把满腔热情重新倾注到土地之上，这一次，他们的付出得到了切实的回报。1982年后，衙前公社和螺山公社的粮食总产量和平均亩产节节攀升，1984年两乡的粮食总产量分别达到127231担和97708担，平均亩产分别达到2060斤和2320斤。④平均亩产显著提高的最主要原因在于家庭

---

① 访谈者：周靖旻、龚凌燕。被访者：王某，南庄王村，男，74岁，党员。2009年5月12日下午。

② 访谈者：刘娟。被访者：项某，项漾村，男，59岁，党员，私营企业老板，年收入12万元以上。2009年5月13日下午。

③ 访谈者：周靖旻。被访者：方某，明华村，男，40—60岁之间，小学文化，家庭年收入在8万—12万元之间。2009年5月14日下午。

④ 衙前镇志编纂委员会：《衙前镇志》，方志出版社2003年版，第365—366页。

联产承包责任制下农民表现出的巨大的生产积极性。相应地农民的年人均收入也有了大幅度增长。

联产承包责任制发展也引导着农民思想观念的转变。衙前的广大农民开始觉悟到，土地带给他们的财富是有限的，其他产业却能带给他们无限的财富。致富的关键在于能力。农民慢慢形成商品经济观念，立足于土地但不被土地束缚，开始走向新的更为广阔的空间。例如，衙前本地的绝大多数劳动力离开土地，离开传统农业，投身于工业、商业、建筑业、服务业等非农产业。从农业转移出去的人数逐年增多，甚至多到了不得不从外地招工以弥补农业劳动力缺额的地步。据记载，萧山衙前农业劳动力的大量转移在并乡扩镇后的1994年达到最高峰。是年，全镇劳动年龄内人数为14012人，投入工业劳动（包括建筑业）的达10319人，占总劳动力的73.7%，余下26.3%的劳动力从事农林牧副渔各业，农业劳动力已是明显不足。

从20世纪80年代开始，浙江省农民就率先"洗脚上田"，务工经商，在全省迅速形成了百万农民创业、千万农民就业的局面，家庭作坊、私企和民营企业在浙江迅速崛起，吸纳了大批农民。20世纪80年代，农村开始出现新的专业合作社，到90年代，农民专业合作社已颇具规模。这些合作社多数由种养大户或者村干部发起和组织，向农户提供信息、技术、销售、供应、加工等方面的服务，是农民群众适应市场经济要求的一大创造。随着合作社的逐渐发展，家庭作坊、私企和民等营企业也在浙江迅速崛起，吸纳了大批农民，在农村工业化的进程中形成了独特的集群经济的发展模式。产业集群经济的迅猛发展，是浙江农民收入长期保持第一的秘诀之一。

（二）新土地政策下的浙江农民思想变迁及回应

十七届三中全会出台的新土地政策是一项具有全国意义的宏观政策，代表和反映了"三农"的普遍要求。新时期农村土地流转的新政策必然对农民的思想状况产生重大影响。基于自然地理、经济发展、风俗文化等因素的差异，浙江在贯彻新土地政策过程中，力图走出一条具有地方特色的道路，希望通过新土地政策培养农民土地情感的新认同，深化对自我身份的再认识，促进农民生活更加和谐幸福。

1. 新政策下的农民土地情感的认同

土地与农民之间的联系不但是一种地缘联系，而且是一种血缘联系。土地是农民的命根、农业的源头和农村发展的根基，世世代代的农民依靠土地而生存和繁衍，土地成为农民赖以生存的信心和保障，无论是在传统的农业社会还是现代社会，农民都保持着浓郁的乡土情结。党的十六大以后，党中央国务院提出了把"三农"问题作为全党和全国工作重中之重的基本要求，明确了统筹城乡发展的基本方略，制定了"多予、少取、放活"和"工业反哺农业，城市支持农村"的基本方针，从2004年开始，中央连续颁发了五个关于"三农"问题的重要文件，其目的就是通过一系列"多予、少取、放活"的政策措施，保障农民平等权利。党和国家相继出台了一系列惠农政策，废除了在中国延续多年的农业税，对种粮农民进行粮食种植补贴，加大对"三农"的投入，提高粮食价格，免除农村义务教育阶段学生的学杂费。农村政策的重大调整使粮食生产出现了重要转机，各地种粮农民首次享受到了直接补贴的好处。特别是党的十七届三中全会提出土地承包关系长久不变，强调按照依法自愿有偿原则，允许农民以转包出租、互换转让股份合作等形式流转土地承包经营权，发展多种形式的适度规模经营，使农民对土地的权利得到进一步明确。这种以产权明晰、用途管制、节约集约、严格管理为原则的土地改革思路赋予了农民更加充分而有保障的土地承包经营权，使农民能够享有更大的使用和处理土地的权利，减少了现行土地产权关系中内含的不确定性。为了确保农民的土地权利落到实处，党和国家对农村土地流转作了"三个不得"的规定，即土地承包经营权流转，不得改变土地集体所有性质，不得改变土地用途，不得损害农民土地承包权益。这进一步加深了农民对土地情感的认同，农民对土地价值的再认识也得到进一步提升，主要表现为：一是农民的自我保护土地意识很强，由于新地政策，农民在对待土地表现出的经济理性会更加凸显出来，尤其在对待征地（占地）补偿方面，农民的自我保护与对土地的保护意识十分明显，同时对待耕地的保护意识也十分明确；二是农民在对待土地时表现出强烈的经济理性意识。由于土地收益是影响农民土地意识的主要因素，所以农民在经营土地时也体现出生存理性，自家的生计需要是农户经营土地时必定考虑的。在新土地政策下，农民对于土地所有权归属依然存在概念上的模糊，不少农民存在土地私有化的意识倾向，但在新土地政策中还没有找到充分的支持性根据。但是，土地流转政策的实施已经大大地加强了农民的土地权利意识。新时期，农民对土地的使用权十分重视，千方百计地要巩固土地使用权，同时尽力争取获得更多的土地处理权。

2. 新政策下的农民自我身份的再认识

自新中国成立以来，中国农民身份主要发生了四次转型，一是农民身份的阶级化；二是农民身份的结构化；三是农民身份的社会化；四是农民身份向公民化趋势发展。早在1950年8月20日，政务院公布了《关于划分农村阶级成分的决定》，全国农村全部开始划成分，农村居民被划分为"地主""富农""中农""贫农""雇农"等政治性身份，成为确立政治经济地位的主要依据。改革开放后，从1981年到1988年，中国第一产业从业人员占从业人员总数的比例从68.11%降到59.13%。国家统计乡镇企业就业人数从1978年的2827万人增长到1992年的1.06亿人，到2006年增长到1.468亿人。[①] 中国农民阶层经过30年的改革开放已经分化为"农业劳动者阶层、农民知识分子阶层、个体劳动者和个体工商户阶层、私营企业主阶层、乡镇企业管理阶层和农村管理者"等阶层，[②] 可以看出，新时期农民阶层主要由农业劳动者群体、农民工群体、私有私营者群体、雇工群体、乡镇企业管理者群体、乡村管理者群体、农村知识分子群体和其他从业人员群体等构成。

在浙江等地区，虽然一个农民可以同时有几种职业身份或其他复杂的身份，比如自由职业者、经营土地者、个体大户、私营企业主老板村长、老板书记等，但对这些农民来说，依然是把土地作为最重要的生产资料来看待的。土地是他们的最后依靠，没有了这最后的依靠，他们的内心总是不踏实。与这种担心不同，也有部分农民担心将来形势政策发生变化，希

---

① 国家统计局数据库：《1952—2006年全国分城乡历年就业人数（年底数）》，国家统计局网站。

② 陆学艺：《"三农论"——当代中国农业、农村、农民研究》，经济管理出版社2002年版，第18页。

望有点土地以作退路。例如丈夫在外经商的王女士表示："当时还是蛮单纯的,觉得政府征地就不用种地了。如果有土地,我们六月就要出去割稻子,所以我们认为征地还是好的,而且每个月还补贴买米的钱。但是现在想想,还是觉得有土地好。政府的补贴虽然给我们,但是我们有这个能力了,所以对这个补贴也不太在乎了。当时有地的时候也只是有口粮地,一家人就可以忙完,不需要邻居或亲戚帮忙的。我们也不知道以后的形势怎么发展,没有土地了,我们还是有些担心。"① 还有一些农民,他们也是舍不得抛开土地的,不过其原因不在于担心自己将来的生活没有保障,不是看到了土地作为生产资料的重要性,而是看到了土地的潜在价值和附着在土地上的巨大收益："小孩子以后不转户口,现在是有户口有土地,土地值钱。"

在本地私营企业打工的言某表示："我们现在没有土地,但骨子里还是认为我们是农民。以前我们觉得当农民不好,总想跳农门,但是现在觉得很好。像我们现在都在上班,不是说不去种地就不是农民,我们还是农民。像我们的话非农转到农都很难。如果我女儿考大学,我不会把她户口转出去的,但是我女儿在土地征用的时候,户口已经被迁出去了。如果有农村的户口的话,我会尽量保留的,因为农村并不比城市差。像我父辈的话,觉得当农民很不好,但是现在时代变了,住在农村比城市好多了。"②

南庄王村74岁的老党员王大爷说:"原来农村人最喜欢城镇户口,现在农村户口不一定喜欢城镇户口。现在可以到城镇去落户但是不想去的也有。我孙子本来可以到萧山落户的,现在不要去,反正都是一样的,有些还是农村好。为什么呢?农村一个有土地分给你,还有一个,农村造房子土地比较宽,没有城镇那么紧,农村土地卖完以后给你钱的。我现在自己还有土地,现在都给村里了,村里拿去了,一年1200块钱一亩地。我家有一亩七分地,相当于一年收入两千块钱了。"③

---

① 访谈者:邵琴芬、杨柳、洪坤。被访者:王某,南庄王村,女,42岁,家庭主妇。2009年5月12日下午。

② 访谈者:杨柳。被访者:言某,明华村,女,46岁,大专文化,在本地私营企业务工。2009年5月14日下午。

③ 访谈者:周靖旻、龚凌燕。被访者:王某,南庄王村,男,74岁,党员。2009年5月12日下午。

42岁的家庭主妇王女士表示:"小孩子以后不转户口,现在是有户口有土地,土地值钱。"① 一方面,当地人基本不再从事农业生产,基本不依靠农业收入,与土地日渐疏离,而且距离越来越远;另一方面,他们又不舍得完全抛弃土地。新时期浙江农民对待土地的心态虽然十分复杂,但珍惜土地这一点具有广泛的一致性。

(三) 完善土地政策,推进农民赋权体系建构

土地政策变动是与农民赋权的发展紧密联系在一起的。农民作为组成中国公民的最大群体,其基本权利发展状况不仅受到中国共产党和政府的高度重视,同时也受到世界各国的高度关注。新中国成立以来,农民的权利发展是由简单到多元、低层次到高层次、单一到全方位地发展和深入的动态过程。根据我国土地政策的变动,了解农民权益的发展和变动具有重大的现实意义。

1. 土地政策变动与农民赋权的发展

新中国成立以来,我国土地政策主要经历以下四个发展阶段:

第一阶段是新中国成立后的头三十年(1949—1979年),以农民的当家作主和政治参与为核心的"赋权"体系的初步建构。在这段期间,中国农民的"赋权"主要靠党与政府的外在推动与行政指导,以群众性政治运动的模式,来领导农民实行政治行动和满足农民利益诉求。这种农民政治参与模式,以人民公社制度为平台,主要是为了保障党和政府对广大农村实施有效与稳定的控制,与农民内在的、自主性的各项权利诉求仍然存在一定的距离。广大农民在人民公社制度下的政治生活,主要体现为不停地参加各种政治运动,是一种典型的运动式的"政治卷入"。其权利发展与获取模式具有灌输式和教育式特点。

第二阶段是改革开放后的头二十年(约1979—2000年),是以"放权"给农民来发挥农民的主体性为核心的"赋权"体系的强化。在这期

---

① 访谈者:邵琴芬、杨柳、洪坤。被访者:王某,南庄王村,女,42岁,家庭主妇。2009年5月12日下午。

间,中国的公民赋权运动首先在广阔的农村社会进行拓展,导致农民政治参与的形态、动机及效应等和传统相比较发生了根本性的变化,并对中国公民权利的发展也产生了深远的影响。在这段历史中,发生了两大具有深远的决定性意义的变革:一是废除人民公社制度,实施村民委员会。20世纪80年代初,农民最先创造了村民民主自治,谋求自身权利发展。1983年,中共中央、国务院发出了《关于实行政社分开建立乡政府的通知》,特别提到要在乡村建立村民委员会;1987年11月的六届全国人大常委会第23次会议通过了《中华人民共和国村民委员会组织法(试行)》,该法从1988年6月1日起在全国推行,随即广大农村民主自治获得了快速发展。到1992年全国各地都实行了基层民主选举,这对广大农民的权利发展起到了巨大的推动作用。二是确立家庭联产承包责任制,推动农村市场经济的发展。从20世纪80年代初家庭联产承包制度实行以来,农民有了生产经营自主权和对劳动产品、劳动力自由支配的权利,农民的生产资料和生活资料有了最基本的保障,减少了对国家和集体的依附,从而增强了农民行为与思想的自由。特别是农村市场经济的发展、市场逻辑和商品主义法则不断强化着农民的个体意识,使农民的价值观日益理性化、世俗化,民主、自由、平等的公民意识也逐渐加强。

第三阶段是本世纪头几年(约2000—2010年)的税费改革阶段,以"减负"和"让利"给农民为特色,是突出农民期待发展以民主诉求为核心的"赋权"体系的深入发展时期。改革开放以来,虽然农民在权利发展方面取得了重大进展,但是在获取权利的同时,农民也背负了沉重的负担,各种税收压在农民身上,使农民很难在经济上实现真正的富有,更谈不上在政治方面发挥主人翁的主体作用。中国共产党和政府清醒地认识到这个重大问题,并深入实际地尝试解决这个问题。尤其是2005年12月29日,国家主席胡锦涛签署命令,废止了1958年6月3日通过的《中华人民共和国农业税条例》,从2006年1月1日起执行。2006年2月17日,国务院总理温家宝以国务院459号令,停征了除烟叶税外的农林特产税;同时废止了《屠宰税暂行条例》。这些重大方针政策从根本上卸下了农民身上的经济包袱,同时提高了农民投入到农业生产的积极性。在新中国历史上,可以说是继土地改革、联产承包责任制之后的"第三次革命"。

第四阶段是近年来(2010—)的综合改革阶段,是为实现和保障农民的权利,以给农民提供全方位"服务"为核心的"赋权"体系的全面发展时期。随着改革发展的推进,城乡分割的二元结构体制对农民各项权利产生的消极影响越来越大。农民生产经营的自由受到各种权利匮乏的制约。农民缺乏享有国民待遇的平等权、土地财产权、市场竞争公平权、社会公共产品享有权等,从而使农村生产力发展受到极大的阻碍,农业建设缺乏必要的制度基础,广大农民的创造性、积极性和主动性难以充分发挥出来。因此,赋权于农民必将成为新一轮农村改革必须解决的核心问题。党的十七届三中全会作出了在新形势下推进农村改革发展的决策,其各项改革部署无一不体现了"赋权于农民"这一基本精神:建立统筹城乡发展的制度,旨在财政、户籍、教育、文化、卫生、医疗、就业、社会保障、公共设施建设等各领域打破现行城乡分割的体制,促进并实现城乡经济社会发展一体化,这就意味着在制度上赋予广大农民同城市居民同样的平等民权;建立农业支持保护制度,加快发展现代农业,大幅度增加财政对农业的投入、补贴,推进农村经济组织创新,大力发展农民专业合作组织,健全农产品价格形成机制、调节机制和保护措施,赋予广大农民农业生产经营的市场公平竞争权;建立现代农村金融制度,创新农村金融体制,加大农村金融政策支持力度,引导金融资本和社会资金投向农村,健全农村金融体系,赋予广大农民同城市居民一样拥有金融资源的信用权;建立承包土地流转的制度,对农民承包土地依法确权,完善土地承包经营权,并与国有土地经营权具有相同的、平等的流转功能,赋予农民承包土地拥有相应的合法财产权;建立农村完善的民主管理制度,加快农村教育、文化、科技、医疗卫生、社会保障等各项社会事业,加强农村基础设施和环境建设,赋予广大农民同城市居民同等的对社会公共产品的享有权。

随着统筹城乡发展的深入推进,浙江省在国家执行非常严格的耕地保护和利用制度,在18亿亩耕地红线划定的情况下,根据"占补平衡"原则,结合浙江实际积极推进中心村的土地综合整治及流转利用。例如,杭州下辖五县市为了深化土地节约集约利用,加快推进农村土地综合整治,在宅基地置换、复垦和综合整治方面,创造了很好的经验。五县市都能很好地结合当地实际发展情况,创造性地采取种种激励措施推进行政村特别是中心村的土地综合整治。如桐庐在全县开展"三置换",在耕地越来越少的情况下，通过中心村建设和改造，缩小农村宅基地占地规模，消除空心村，将腾出的土地重新作为耕地，并进行专业而科学的用地规划与使用，这对农村城镇化进程中促进农村发展极为重要。

在萧山衙前问卷调查中，对于"农民是否赞成在现在的土地集体所有、家庭承包政策下实行土地经营权的自由流转"这一问题的回答如表所示：

表 2—2　　农民对实行土地经营权自由流转的态度表（$N=477$）

赞成	不赞成	不知道
59.7%	20.7%	19.6%

注：调查数据显示，大多数的调查对象都赞成对土地经营权实行自由流转。

80多岁的周某曾经担任过十多年的生产大队长，还担任过十多年的村党支部书记。他说，十年前村里种地的还很普遍，现在都种苗木，临村就有一个全国苗木基地，所以本村也开始种植苗木："种水稻，一亩算它产1000斤，也就1000多块钱，还不算化肥农药钱和花费的功夫。街上又有卖粮食的，所以几乎都不种田，种苗木。"[①]

村民王某表示："地自己不种了，都承包给外地人种苗木，租金900块一亩。种粮食，1500斤一亩，虽然粮价提高了，但扣除农药、化肥、劳力，净收入还不足900元。"[②]

衙前农民之所以赞成土地流转，种地太辛苦只是原因之一，而且不是主要原因。更为主要的原因在于，一方面，土地自由流转后产生的经济效益更好，土地流转出去了，自家收入反而更高了；另一方面，土地流转出去以后，可以腾出更多的时间和精力从事非农产业，创造更多的财富。一举两得，何乐而不为呢？

南庄王村74岁的老党员王某表示："现在土地农民也不种了，都租给人家搞苗木了。如果现在还可以承包土地我也不愿意承包的，太辛苦，

---

① 访谈者：王海峰、孙美艳、李红霞。被访者：周某，新林周村，男，82岁，党员，曾任村党支部书记多年。2009年5月12日下午。

② 访谈者：徐皓。被访者：王某，新林周村，男，66岁，群众。2009年5月12日下午。

还是做工开店做生意好。"①

衙前村的傅女士是一位私营企业主，年收入十几万元："衙前村现在田地都集中收拢了。村里面都给年纪大的人，女的50岁以上，男的60岁以上，买失地保险，410元每人（每月）。然后，年轻的，50岁以下的，每人每年800来块钱口粮。现在田里都不用做的，像以前那样就要割稻子啦，插秧啦，很辛苦的。现在不用做了，收入比以前还高。现在随处都可以赚钱了，这里经济比较发达。"②

关于"您认为您的承包地被政府征用对您是好事还是坏事"这一问题，57.9%的调查对象认为这是一件好事。

表2—3　　　农民对承包地被政府征用的态度表　($N=478$)

好事	坏事	其他
57.9%	15.5%	26.6%

吟龙村75岁的胡某："地被征了是好事。有些人怕地被征了以后没饭吃，我想只要经济发展了，国家自然会有补贴给你的。地被征的人钱反而更多了。"③

但是在访谈中我们发现，这一过程中也存在一些问题，例如，原有的耕地保护成为变相的耕地破坏，因为复垦和整治出来的耕地更多的是劣等地，真正腾挪出来的耕地是货真价实的农保地，如果作为指标被置换为建设用地，那么不仅农民的利益受到损害，农保地制度也面临实质性的挑战；再者如果上级政府将腾挪出来的耕地不占用，那么这些用地的归属又是一个现实问题，在政府提供复垦等补偿金后，这些土地如果留给村集体，那么如何流转以保持土地的增值和市场化使用也具有一定的挑战性。在访谈中，我们也发现新的城市剥削农村的迹象，即村里通过低价征收上来的土地，被镇里和县里作为建设用地或是工业用地，特别是工业用地价格非常之低等问题；还存在农民流转意愿不强，被动流转现象严重的问

---

① 访谈者：周靖旻、龚凌燕。被访者：王某，南庄王村，男，74岁，党员。2009年5月12日下午。

② 访谈者：周靖旻。被访者：傅某，衙前村，女，高中文化，党员，私营企业主，年收入12万元以上。2009年5月13日下午。

③ 访谈者：吴卫国。被访者：胡某，吟龙村，男，75岁。2009年5月14日上午。

题。土地流转中出现了被迫流转现象,主要是指在现实的土地流转中并非农户自愿的流转,侵犯了农民对于土地的使用权。另外,在土地流转过程中,农民缺乏议价能力,无法影响土地流转价格,这也是一种被动流转。

2. 浙江农民通过土地置换实现对发展权益的探索

党的十七届三中全会通过的《中共中央关于推进农村改革发展若干重大问题的决定》,提出了建立规范的农村土地管理制度,其中土地流转是很重要的内容。截至2008年年底,浙江的土地流转面积占家庭承包耕地的28.9%,三成农民参与了土地流转。由此可以看出,农民依靠土地流转致富的需求十分旺盛,然而依靠传统的转包、出租流转方式,农民真正获得的收益很低。为加快土地流传工作,推动土地置换发展,近年浙江出台了《浙江省农村土地承包经营权作价出资农民专业合作社登记暂行办法(2009)》和《关于积极引导农村土地承包经营权流转促进农业规模经营的意见(2009)》给予指导。根据省委意见,浙江各地也陆续出台优惠政策,例如2009年1月,诸暨市出台《关于加快推进农村土地承包经营权流转实施意见》,意见规定,今后三年每年投入500万元财政资金,对流转双方进行资金补助。义乌市还成立市级土地流转服务中心和乡镇土地流转服务站,实现流转双方供求信息的对接。2009年3月浙江省工商行政管理局和浙江省农业厅联合提出允许农民建立土地流转的专业合作社,农民的土地承包经营权可以作为资本入股合作社,把地交给合作社种,就可以享受合作社的盈利分红。这个政策也意味着,入股的农民收益,不再仅仅是每亩100斤稻谷的收入,而可能根据合作社的盈利增加许多。浙江各地绝大部分市县出台了土地流转政策,54个县、810个乡镇和9036个村建立土地流转服务中心,提供信息发布、合同签订、合同鉴证、政策咨询、价格指导、纠纷协调等服务。各地结合自身发展实际创造了很多新鲜经验,例如桐庐的"两置换"路径、富阳的"土地增值"探索、临安的"土地流转"实验、建德的"占补平衡"之路和淳安的"公司运作模式"等都很具有特色。

1. 桐庐的"两置换"路径。2010年12月31日,杭州市出台了《关于农村住宅置换城镇产权住房土地承包经营权置换城镇社会保障的若干意见》(市委办〔2010〕18号档),在五县(市)所辖的20个中心镇实施。

随后，桐庐县委、县政府出台了相应的《关于实施桐庐县农村住房置换县城公寓房的试行办法》（县委〔2010〕44号档），在全县范围内实施"两置换"政策。一是通过宅基地置换公寓房，按照以人为本、自愿置换、优先置换和土地节约集约的原则；二是通过承包地置换社保，采取不要承包经营土地用于置换社保或是承包地继续予以保留置换社保的方式。

2. 富阳的"土地增值"探索。随着城市化和非农产业的发展，耕地面积由于被征用、开发等原因逐年减少，2010年，富阳市人均拥有耕地面积已不足0.5亩。对于富阳市的农民来说，土地的保障功能也越来越弱。如何盘活有限的土地，通过土地流转和实现市场化增值给中心村村民带来收益，高桥镇的洪庄村及富春街道的秋丰村，对此进行了富有成效的探索。工业企业的集聚和工业的发展有效提升了洪庄的土地收益，因而令村民不仅分享到土地增值的收益，也有效解决了村民的就近就业问题。而村集体在获得30%的土地增值所得后，将其投入中心村道路、绿化等基础设施建设，这又促使了更多的企业落户洪庄，并带来更多的人口集聚。目前洪庄村暂住流动人口达到了500人。而人口的集聚又带动了产业的转型，村里的第三产业也发展起来了。

3. 临安的"土地流转"实验。临安在推进"两个中心"的建设中正在探索土地流转方式，在中心村建设中充分发挥村集体组织的作用。以宅基地流转加农保地流转的中心村建设模式，不仅有效地化解了中心村建设中的征地搬迁矛盾，而且也较好地考虑了农户的未来收益。如何做到在保护临安生态环境的前提下造田造地，同时提高土地的集约利用方式，是一个非常现实的问题。

4. 建德的"占补平衡"之路。自实行耕地占补平衡考核制度以来，建德连续13年实现耕地占补平衡。在县城中心、中心镇和中心村建设都需要大量用地指标的情况下，建德市加大了土地开发整理的力度。2009年建德市完成全市补充根底后备资源调查，调整完善山地开发整理项目政策，建成标准农田15公顷，完成造田造地260公顷。共投入5642.4万元，完成建设用地复垦项目49个，新增耕地74.8公顷，并带动下山移民1239户、3624人。

5. 淳安的"公司运作模式"。淳安"两个中心"的推动更多地是按照依法、自愿、有偿原则，鼓励农民行使流转土地承包经营权，政府以公司化和更为市场化的方式引导中心镇和中心村发展。临安县政府在2011年3月注资2个亿组建了淳安县新农村建设开发有限公司,为全县城乡统筹重点项目提供最优质的融资、管理、协调等服务。全县将有大量资金通过该公司运作投入以土地综合整治和农民集聚点建设为重点的城乡统筹项目。这种以公司运作模式来促进资源整合、推进城乡统筹项目的农村城镇化路径,更多地遵行了市场的规律,可以最大限度地整合资金、项目资源,实现封闭式运作,把资金、项目集中起来,重点投向中心镇、旅游风情小镇、中心村、特色村建设,确保建一个成一个;而且,还可以把全县服务乡镇的工作力量引导到一起,形成一个互动、集中的办公体系,在推进基础设施建设的同时,促进生态农业、生态工业和旅游为龙头的服务业这三者相互协调发展。

浙江省的土地流转形式多样,截至2009年12月底,在转包、租赁、转让、互换基础上,已经建立了土地股份合作社217个,作价入股面积达14.62万亩,62.9%的合同按全省统一流转合同文本签订。流转后用于种粮的面积为201.12万亩,流转土地非粮化率降至68.3%。[①] 农村土地流转在农业现代化进程中的地位和作用不言而喻,且对农民权益影响重大,决不能对其放任自流,必须予以规范。为此,需要从政策法规、限制行政强制、强化村民自治、优化管理服务等方面努力,以加强农民的赋权建设。

3. 浙江农民法治赋权的建构

新中国成立60多年来,农民权利争取过程基本上是一个行政赋权的过程。也就是说,农民之所以能获得以上提及的权利,从某种程度上来看,不是必然的权利,而是具有政策指导性的权利。而在新时期,在实施新地政策情况下,要加强农民的法治赋权的建设,用法律来赋权农民并给予制度化支持。法治赋权不仅可以用法律保障农民的各项权利,还可以用法治约束公共权力,尤其是约束侵犯农民的各种权力行为。尤其要建立健全科学有效的机制把对农民的行政赋权和法治赋权结合好,推动农民权利发展。

2006年,浙江作出建设"法治浙江"的战略决策,以此作为全面落

---

① 注:浙江在线新闻网站2009年12月30日。

实依法治国、建设社会主义法治国家基本方略的总载体,这也为新时期农民的赋权建设提供了强大的支持。2007年,浙江省委提出的"创业富民、创新强省"总战略中,明确把法治建设作为重要内容,从依法执政、依法行政、公正司法、基层基础等方面,为推进科学发展创造良好的法治环境。2009年,浙江省委提出通过法治建设"促增长、促民生、促和谐"。围绕经济社会发展的大局,以法治的思路和办法来化解难题、助推发展、提供服务。2011年,浙江省委又作出加强"法治浙江"基层基础建设决策,健全长效机制,进一步提高法治化水平,以"服务大局"为重要使命,以"法治为民"为本质要求。同年出台了《关于加强"法治浙江"基层基础建设的意见》。这也是我国关于加强基层法治建设的首个系统性、规范性文件,对于推进基层依法治理、提高基层社会管理法治化水平、保护农民的各项基本权益具有重要意义。随着法治浙江的深入发展,农民的赋权自觉意识也得到进一步提高,例如,南庄王村的74岁的党员王某认为:"农村里假冒产品少的。如果买到一般就算了,不必要闹纠纷。如果买到大的东西,要去讲理。如果真要遇到了(村干部侵犯了自己的权利);那就不管他是村干部、镇干部,到法院去告,维护自己权利嘛。"① 杨汛村党员夏某在被问到"如果村干部有损害你利益的行为,你会怎么办"时回答说:"首先会想到上级政府,向镇政府、信访办投诉。"②

现代农民面对自己权益受侵害的情况更多选择的是理智面对,首先他们会想到最方便的途径——通过协商来取得合理的解决方式。在萧山衙前镇调研的过程中我们发现随着教育的普及和农民受教育群体的扩大,农民的维权意识随着受教育程度的提高而越发强烈。在回答"您认为农村人和城里人应该享有一样的权利吗"一题时,选项的分布情况见下表:

---

① 访谈者:王艳丽。被访者:王某,南庄王村,男,74岁,党员,小学。2009年5月12日下午。

② 访谈者:周婧旻。被访者:夏某,杨汛村,男,40岁以下,党员,初中,干部,年收入3万—8万元。2009年5月13日上午。

二 土地政策变迁与农民思想认识的适应性分析

表2—4　农民对农村人和城镇人是否有一样的权利表（$N=360$）

	应该享有	不应该享有	不知道
小学	60.0%	0.0%	40.0%
初中	80.0%	0.0%	20.0%
高中	90.0%	0.0%	10.0%
本科	100.0%	0.0%	0.0%

从上表可以看出，无论文化程度高低，大部分人的选择都是应该享有，即认为农村人和城镇人应当享有一样的权利，但是横向对比开来，可以得出这样的结论：随着文化程度的升高，权利意识逐渐增强。

在访谈中我们了解到当地发生过这样一件典型案例："交通村300亩土地没有通过村民代表大会，以每亩3600元的价格卖掉了，老百姓没有享受到任何补贴，发动起来告到萧山，告到省里，又告到中央纪委。中央纪委因浙江省纪委没有解答不受理。后来我们到萧山区政府去静坐，萧山区政府管了，但现在到处做工作，要我们不要上访了。最后的结果是我们达成了协议。"[1]

农民和城镇居民相比有很浓重的乡村集合意识，村里某个人或者某些人的权利受到侵犯，在大家都认为应该维权的情况下更容易产生集体行为。在维权开始为农民所知的今天，农民们集体维权的行为也更易出现。"组织起来抵制地方社区组织的种种非政策甚至非法行为，已经成为农民自觉或不自觉的行动趋向。"[2] 衙前村的村支书告诉我们："就我们村来说，民告官的事情这当然是有一点，这有一点也是很正常的。"[3]

在计划经济时代，这简直就是不可能的事情，但是就现在来说，维权观念日益普及，村民和村官对这类事已经"见怪不怪"了。明华村普通村民毛某说："村民维权思想比以前都要强了"，"乡里老百姓之间有冲突哦，如果自己解决不好啦，那就得到村干部这里解决咯，村干部出面为他

---

[1] 访问者：周婧旻。被访者：凤凰村村委会成员，男，党员，60岁以上。2009年4月27日上午。

[2] 国务院发展研究中心农村部、农民日报编辑部联合课题组：《矛盾·引导和历史的契机——关于196封农民来信的初步分析》，《农民日报》1998年12月8日。

[3] 访谈者：王艳丽。被访者：衙前村村主任，男。2009年5月13日下午。

们调解。如果调解不好，那只有打官司了。"①

衙前镇中学的何老师说："真正触及到很大利益的，我会去（维权），但如果只是几块钱的话，就觉得没有必要。这个也不是说没有维权这个观念。如果为几块钱损失更多，就没有必要。"② 南庄王村的王某说："我的维权意识对比过去有提高了，私人财产、私人隐私，都是自己要维权。"③ 提到新林周村的王某说"现在维权意识强，现在和干部都是要签协议的"④。衙前村的村支书说自己的维权观念比以前相对提高了一点。衙前镇中学的徐老师说："现在农民的维权观念比以前提高了不止一点啊。以前这个词听都没听过，现在天天电视上放维权，学校里收费不合理他们也会来问，基本上都知道维权是怎么回事，别人侵权了也知道去哪里能找到人给解决……经济越发展，人们的思想观念转变得越快，法治意识肯定是越来越强的。万一遇到什么事情，他们都会用法律的手段维护自己的权益。"⑤

随着新地政策的实施和农民权益不断得到发展，当前关于农民赋权体系建构主要要做到以下几点：

一是加强农民权益保护的法律援助机制。法律援助中心是国家设立的负责组织、指导、协调、监督及实施本地区法律援助工作的专门机构，省市及各区、县均应设立法律援助机构。暂未设立法律援助中心的区县，由各区县司法局指定职能部门代行法律援助中心职能。因此，法律援助中心应加强法律援助这方面事项的宣传，使农民真正获得有效的法律援助途径。

二是加强农民权益保护的宏观立法支撑。保障公民权利是建设法治国家和法治社会的核心要求。农民权利的法律保障无疑是法制建设不可回避的问题。

---

① 访谈者：龚玲燕。被访者：毛某，明华村，男，40岁以下，党员，高中，年收入3万以下。2009年5月14日下午。

② 访谈者：王艳丽。被访者：何某，毕桥社区，男，40岁以下，本科，教师，年收入3万—8万。2009年5月14日上午。

③ 访谈者：龚玲燕、周婧旻。被访者：王某，南庄王村，男，74岁，党员，初中，年收入8万—12万。2009年5月12日下午。

④ 访谈者：徐皓。被访者：王某，新林周村，男，66岁，群众。2009年5月12日下午。

⑤ 访谈者：龚玲燕。被访者：徐某，衙前镇中学，男，教师。2009年5月14日上午。

三是对农村土地承包经营权给予必要的民法保护,填补财产权利保护规范的缺失。财产权是以财产为内容并体现为一定物质利益的权利,是公民的基本权利之一。农村土地承包经营权,作为农民财产权利的重要保障,正越来越引起人们的重视。

四是健全法律体系,保护农民权益。建议在完善修改已有法律的基础上制定《农民权益保护法》,建立起以《农民权益保护法》为核心的包括农民在政治、经济、社会等多方面的权利保障体系,并进一步明确具体,而不是对现行宪法、法规规定的权利进行简单的重复或者扩延。如对农民的土地权益,财产权益,民主政治权利,参与社会事务的权利,土地征占的法律依据和程序、补偿问题,土地的生产经营决策权、流转的权利,医疗、养老、受教育、社会保障、就业权利,工资待遇,人身安全,民工子女免费就近上学等问题都应有较为完整的立法规定。

五是落实和完善法律体系,保障农民权利。实现从2004年开始,连续数年的"中央一号档"都以"增加农民收入"为主题,对农民的权利给予了较大的呵护,农民在政治上、经济上、社会上的权利和地位有了较大幅度的提高。希望不仅在政策的框架下而且在法律的框架里,保障农民权利,实现农村经济大发展,依法解决"三农"问题,依法建设社会主义新农村。

农民权益保障向来是一个备受关注的问题。农民权益问题具有反复性的典型表现,一些地方发生的农村群体性事件,使农村潜在的不稳定因素和社会危险因素显性化。这表明建立农民权益保障的长效机制具有紧迫性。总而言之,农民权益的保护问题是一个非常复杂的社会工程。实践中,我们应将法律援助机制的微观运作和对农民权益保护的宏观立法支撑有机地结合起来,突出立法,强化司法,巩固法律援助。

(四)结论与政策性建议

虽然社会工业化发展的步伐一直在加快,但农民与土地的关系仍然是唇齿相依,只有地政稳定,农民的思想状况才不会掀起波澜,社会才能够和谐安定。当前"城乡统筹""三农"问题的核心仍然在土地问题上,可以说关于农民问题的焦点、难点、重点、分歧点也在土地问题上。例如土地权益保护、征地补偿、农民市民化、城乡一体化和制度等因素的变迁都对农民的思想状况产生重大影响，尤其是当前的征地及征地补偿的方式对农民思想、心理和观念产生显著性影响。

当前，随着土地流转趋势的加快，农民的土地逐步资本化是发展的显著趋势。伴随着社会工业化和城乡一体化的发展，土地的功能也在悄然发生着变化，从过去纯粹的生产性功能，逐步演变为生产性功能和财产性功能的结合，并且后者所占比重不断增加。党的十七届三中全会提出的一系列农地制度改革方针，保障了农民灵活处置所拥有的土地承包权。农民可以通过土地流转使自己所承包的土地转化为经营资本，并通过流转进行重新配置，使土地得到合理利用，这使农民对土地的价值获得了再认识。再者，一些地方尝试推行"土地换保障"来解决农民的生活保障问题。"土地换保障"确是一种进步，但不能通过行政力量强制实施，要通过社会保障体系的建立健全来保护农民的合法权益；在实施过程中不应混淆"补偿"和"保障"的置换方式的选择，并立足改革开放以来的农民与土地的关系以及农民和土地权益关系的变化慎重推行"土地换保障"的政策发展。

农民对土地认识的根本问题还在于权利问题。农民需要通过对土地的拥有、经营和发展获得各种收获和效益。农民在土地上的权利表现为有占有权、使用权、收益权和处分权；农民可以通过上述的权利来实现社会救助、社会保险和社会福利等社会保障等权益，从而实现自身的生存、发展、平等和自由。首先，农民可以通过土地实现自身的生存权。因为土地和社会保障都能在一定程度上起到抵御生存风险的作用，土地是大自然赐给农民的最宝贵的自然资源，农民不仅可以依靠其获得繁衍生息，还可以依靠土地实现共同体的社会救助，即社会成员之间的互助共济。其次，农民可以通过土地实现自身的发展权。土地和社会保障都能够对人的发展权起到一定程度的作用，如果说土地除了为人们提供生存保障之外还能够为农民提供实现进一步发展的物质保障，那就存在两种情况：一是农业的生产剩余在满足人们基本生存所需的生活资料之外还能有富余；二是指改变土地用途或土地利用强度，出售、支配和交换等获得土地收益。再次，农民可以通过土地实现自身的平等权。就平等权而论，土地之上的各种权利和社会保障的各项权利都是基于公民权而生的。就土地权利而言农民平等地拥有土地；集体土地是由农民作为整体共同所有的，基于公民权基础上的社会保障互换，只能与基于财产权基础上的社会保障权置换。最后，是农民可以通过土地实现自身的自由权。主要表现为土地利用及其收益的自由处置权和土地上的自由迁移权；农民可以在土地上进行社会保障转移续接的权利或利用土地收益来置换社会保障权益的权利。

  新中国成立以来几十年的土地政策的变迁，深刻影响到农民思想观念，并与农民的生存权、发展权、平等权和自由权等始终与土地紧密地联系在一起。当前，我国正在积极推进城乡一体化建设，其中，失地农民保障问题是城乡一体化进程中出现的新问题，是一个事关能否实现可持续发展和整个社会改革发展稳定的大问题。在城乡一体化进程中，要加紧探索农民社会保障体系与城镇社会保障体系的融合方式，从实际出发，设计一个便于今后与城镇社会保障体系相衔接的、能按社会保障制度基本运行规律运作的方案，因地制宜、分层次、分步骤、循序渐进地推动失地农民权益保障的建立健全，更好地维护农民土地权益，保障社会和谐有序发展。

三 浙江农民利益诉求嬗变与农村多元主体治理

"所谓利益,就是一定的客观需要对象在满足主体需要时,在需要主体之间进行分配时所形成的一定性质的社会关系的形式"。[①] "利益问题是一个关系到人的生存和发展的根本性问题,追求利益是人类一切社会活动的动因。人们奋斗所争取的一切,同他们的利益有关。"[②] 每一个社会的经济关系,首先是作为利益表现出来的。利益在实质上是人与人之间的一种利害关系,利益关系是人类社会最基本的关系,社会成员之间的利益关系构成了一定的社会利益结构。由此而形成的利益观是人们所有思想观念的基础和核心,因此,思想观念上的差异和对立也是不同主体利益之间的差异和对立。

在中国的传统农村经济向计划经济、继而向社会主义市场经济的转化过程中,一般人认为中国农民总体上经历了从个体利益诉求向集体利益诉求再向个体利益诉求嬗变的过程,制度建构过程中隐含了对这种利益诉求的关怀,利益诉求嬗变过程可以从经济制度的适应性安排中得以体现。但是为什么会出现这种嬗变,这种嬗变是表象还是实质,其嬗变的基础逻辑是什么?学界并没有给出明确的阐释。本研究将阐明这种利益诉求的嬗变不过是一种表象,随着社会转型的不断深化,农民利益诉求发生嬗变,即存在从经济利益诉求向政治利益诉求的转化,从生存利益诉求向发展利益诉求的深化,从利益获取的自主性诉求向依赖性诉求转化等现象,但是利益诉求的表象背后都隐含一个稳定的偏好,即以个人利益诉求的满足为标

---

① 王伟光:《利益论》,人民出版社 2001 年版,第 74 页。
② 马克思、恩格斯:《马克思恩格斯选集》第 1 卷,人民出版社 1972 年版,第 82 页。

准,这个标准是一以贯之的。如果制度的安排是为了适应利益诉求的表象,而没有看到个人利益诉求的本质,那么这种制度安排将是昙花一现,注定失败。由此可见,一种制度的成功与失败,取决于它在适应利益诉求表象变化的同时,能否牢牢抓住个体利益诉求不变的本质。这也成为农村和谐有序发展路径制度建构与多元治理的基础逻辑。

(一) 农民利益诉求的两次转向

1. 社会主义改造与农民集体利益诉求之转向

长期以来,中国封建社会实行封建土地私有制,农业生产的基本模式是小农经济,以家庭为单位从事生产活动。在传统农村,无论是地主、有地的农民还是雇农和佃农等,都从个人利益最大化出发去生产和消费。对肥料的使用、土地作物的选择、家庭劳力的分配等,都经过理性的设计,甚至在与地主租地和国家税收等的博弈中,也努力以个人利益最大化为指导原则进行抗争。

黄宗智认为,中国的小农具有三种不同的面貌。首先,是在一定程度上直接为自家消费而生产的单位,他在生产上所作的抉择,部分地取决于家庭的需要。在这方面,他与生产、消费、工作和居住截然分开的现代都市居民显然不同。其次,他也像一个追求利润的单位。因为在某种程度上他又为市场而生产,必须根据价格、供求和成本与收益来作出生产上的抉择。在这方面,小农家庭的"农场"也具备了一些类似资本主义的特点。最后,我们可以把小农看作一个阶级社会和政权体系下的成员,其剩余产品被用来供应非农业部门消费需要[①]。这种情况下,可以把农民看作是一个理性的人,随着情境的变化,农民的利益将随之发生变化,从而影响了农民的利益意识和行动选择。黄宗智在对"长三角"地区从1350年到1950年长达6个世纪的蓬勃的商品化和城市发展过程中小农经济和农村发展的研究中,认为虽然小农都是理性的,都努力追求自身利益最大化,但是中国先进地区长江三角洲的小农农业长期徘徊在糊口的水平。纵使在1950年到1980年的30年集体化和农业现代化过程中,情况依然如此。

---

① 黄宗智:《华北的小农经济与社会变迁》,中华书局2006年版,第1页。

造成这种情况的原因除了帝国主义入侵、国家强制征收等因素外,主要是家庭劳力的不可解雇和人口的不断增长,而相对应的是土地的增长出现刚性等情况所致,是人口过密化导致了农业的内卷化,出现了"无发展的增长"①。因此,农业商品化并没有带来农村的发展,而是带来小农的分化和贫困。这种以个人私有,追求个体利益为导向的生产方式,纵使在资本追加、技术改进、市场化导向情况下也没有导致规模经济和农村发展。

以个人主义导向的资本主义并没有在中国引起农村发展的改善,反而导致农村生产的过密化现象,甚至更加贫困。新中国成立以后,中国在强化意识形态和迫切改变农村现状的情况下,提出了以社会主义的集体主义原则取代资本主义和传统小农社会的个人主义原则,对农村进行社会主义改造。"社会主义的"集体化是避免资本主义的社会弊病、同时又使小农经济现代化的唯一办法。生产资料的集体所有制能够解决资本主义分化的问题,而集体化农业能够把农民的小生产转化为高效率的大规模农业经营②。农民要想改变贫穷落后的面貌,必须从个人利益诉求转向集体利益诉求,只有在集体合作的情况下,才能改变贫穷的现状。在这种观念导向下,国家对农村进行社会主义的改造,即土地收归公有、农民集体生产、劳动产品按劳分配等制度化安排。

农民集体利益诉求的转向,是因为新中国成立后,农民在政治上获得解放,随着土地改革在农村的深入开展,农民在经济上得到翻身,经济和政治地位的改变使刚刚获得土地的农民迸发出前所未有的生产热情。可是,由于个体家庭的劳动力不足、耕牛短缺、资金困难、生产规模狭小等诸多现实困难,促使广大农民积极走上了互助合作的道路。以萧山为例,"到1952年3月底,萧山县已有互助组4256个,参加农户33577户,占农户总数的29.8%,参加人数80514人,占农业人口14%。其中常年性互助组365个,3956户,8919人;季节性互助组2136个,14426户,42065人;临时性互助组922个,8906户,13967人;形式互助组833个,

---

① 黄宗智:《华北的小农经济与社会变迁》,中华书局2006年版,第11页。
② 同上书,第2页。

8289户，15563人"。① 衙前农民加入互助组的热情更加高涨。"1952年上半年春耕时，衙前的互助组已普遍建立，约有半数农户入组。1952年5月，杨汛乡新林周村已有8个互助组共56户，占全村总户的47%；东横村有18个互助组，共138户，占全村173户的80%；螺山村有7个互助组，62户；团结村有3个互助组，21户；渔庄村2个互助组，24户。全乡已有38个互助组，301户，其中常年组2个，季节性临时互助组36个"。② 上述数据充分表明，无论是政府的主观引导，还是客观现实的使然，农民参加生产互助组积极性还是比较高的。

农民踊跃加入合作社、互助组，解决了农业生产中诸如劳动力不足、农具缺乏、资金困难等方面的实际困难，增加了粮食产量，农民获得了比单干时更多的经济收入。在生产互助中，农民认识到集体力量的强大，纷纷踊跃加入比农业生产互助组更为高级的农业生产组织——农业生产合作社。以萧山衙前为例，"到1955年秋，交通、凤凰、建设、杨汛四乡初级社发展至81个，参加农户2631户，占总农户的58%。1956年开始试办高级社，至1958年6月，建设乡有高级社10个，交通乡有高级社12个，入社农户5125户，占总农户户数的97.3%"。③ 就农民加入农业生产合作社的原因来说，主要有以下几点：

其一，党和政府的引导和支持。初级社时期，中央政府按照"自愿、互利、典型示范"的原则，积极引导农民加入农业生产合作社。到了1953年，随着社会主义过渡时期总路线的提出，粮食统购统销政策的制定，中共中央对待农业合作化的态度也发生了改变，从农户"自愿、互利、典型示范"到"强迫命令"，把选择"单干"或"合作化"等同于"走资本主义道路"还是"走社会主义道路"。政治意识形态的影响促使一部分农民加入了合作社。与此同时，国家出台了一系列有利于入社农民的政策，在财政、技术、农具等诸多方面给予大力扶持。政府的干预和有力支持极大地调动了广大农民加入生产合作社的积极性。

其二，对于广大农民，尤其是贫雇农来说，加入农业生产合作社是他

---

① 中共萧山市党委研究室编：《历史的回顾——建国头七年中共萧山地方当时若干专题》，第58页。
② 衙前镇志编纂委员会：《衙前镇志》，方志出版社2003年版，第337页。
③ 同上书，第340页。

们最为理性的选择。首先，由于生产规模狭小，势单力薄，缺少必要的资金、耕牛、农具，无法独立进行生产，要扩大生产规模，发展多种经营非常不易，如果遇到天灾人祸，他们的处境就更加困难，客观现实的需要迫使他们选择走农业生产合作化的道路。据有关资料显示，1954年全国"贫雇农所占有的生产资料同中农、富农比较，耕地相当于中农的64.3%，相当于富农的31.6%，耕畜相当于中农的46.4%，相当于富农的27.7%；犁相当于中农的48.6%，相当于富农拥有数的29.5%；水车相当于中农的46.2%，相当于富农的37.1%"。① 其次，广大农民认识到了集体力量的强大，深信"只有联合起来走社会主义合作化道路，才能使全体农民过上富裕的生活"。"因为实行合作化就可以用新的农具和新的耕作方法进行大规模生产，这样会带来比个体经济高得无比的产量。"② 如"建设乡螺山农业社，有二百二十六户社员，这里田的土质并不怎么好，多的是山河田。过去，这个村子里大多种中稻，产量很低，平均只有四百多斤。办起农业生产高级合作社以后，改变了耕作制度，连作稻扩种到二百六十五亩，直播稻种了二百四十八亩。果然，优越性体现出来啦！今年，全社每亩平均产量有六百五十斤左右，最好的六亩三分丰产田，每亩产量有一千零五十斤"，"现在，螺山社已由缺粮社变成余粮社了"③。再者，加入农业生产合作社还增强了抵御和战胜自然灾害的能力，将农业生产和个人的财产损失降低到最小程度。如"长谭乡灯塔社，是个山区的农业社。去年受台风的侵袭，损失达一千六百元；但是社员们在党的领导下，依靠高级社的集体力量，战胜一切灾害，获得丰收。全社总收入比前年增加四成，每户社员收入达八百二十三元。算起来，平均每户社员的净收入比前年增加二百元"。④

其三，对于中农来说，加入农业生产合作社的热情也很高涨。一方面由于中央政府的宣传和教育，他们克服了以往矛盾和顾虑的心理，思想上有了很大进步；另一方面是在生产中他们也确实体会到了集体生产的优越

---

① 苏星：《土地改革以后，我国社会主义和资本主义两条道路的斗争》，《经济研究》1965年第9期。
② 《积极支援农民的社会主义群众运动》，工人出版社1959年版，第2页。
③ 胡祖浩、章佩文：《螺山社由缺粮社变成余粮社》，《萧山报》1957年12月21日。
④ 戴宗贵：《每户比前年增加收入二百元》，《萧山报》1957年2月10日。

性。南阳乡共利高级社第十八小队中农社员高桂松说:"我从许多事实深切地体会到:走合作化道路,是我们中农的唯一出路,我们只有走这条道路,才有盼头,子孙才有福享。凡事总要往前面看,要想到今后。我觉得,办好社是我们社员的责任。"① 富裕农民韩元荣也说:"合作社好,首先一个能增产","另外,在社里能多劳多得","入社后,我的心里爽快得多了,本来都要我一个人担忧,现在社内大家分担了。家里的女人也比单干时快活得多,而且我们的收入也比单干时增加"。② 透过下述友谊乡明朗社中农社员任宝生这番话,我们将更加清晰地了解到中农对加入农业生产合作社的矛盾心理及其转变过程:"还在前年十一月间,我就加入了明朗社。入社后,顾虑很多。心想:自己土地多,经验又足,怕给贫下中农'揩油',更怕会减少收入。我的妻子经常指东骂西,埋怨入社不好,弄得我也无心生产。结果,在去年四月间,退出合作社,变成了单干。单干后,经常要走过合作社的土地,只见社里忙着积肥,生产抓得很紧,秧苗都是青青绿绿的,我呢,单干独手脚,叫人帮忙没处好找,弄得走投无路。等到秋收时,社里平均每亩四百九十多斤,我的只有四百斤。在田里打稻时,我的妻子对我说:'合作社要比单干强,不能再单干下去了。'这样,我又在去年年底回到合作社。回社后,处处都很满意,我自己也是积极地生产。不料,在今年四月份生病了,生了三个多月。在病中,社里对我非常关心,借给我七十二元医病。社长马正祥和社里其他干部多次来探望我,要我安心养病。现在,我十分热爱自己的社。只有合作社,才是人民幸福的天堂。"③

课题组在对萧山衙前农民的问卷调查中,在问及"加入农业生产合作社,你当时的心情"时,所得结果如下表所示:

表3—1　　　　农民加入农业生产合作社的心情（$N=300$）

愿意加入	不愿意	随大流
75.9%	2.1%	22%

---

① 高桂松:《合作社是中农的唯一出路》,《萧山报》1956年12月4日。
② 周幼芳:《富裕中农韩元荣说:合作社比单干强得多》,《萧山报》1957年2月28日。
③ 徐五九:《重回合作社处处受到照顾》,《萧山报》1956年11月25日。

从上表可见，75.9%的被调查者选择"愿意加入"，选择"不愿意，被迫"的仅有2.1%，前者高出后者73个百分点，这说明农民加入合作社的态度是积极的，对计划经济生产方式是高度认同的。这个时期，农民有着强烈的责任意识和浓厚的集体观念，在他们的心目中，国家利益和集体利益远远高于个人利益。在强烈的集体荣誉感和无私奉献精神的驱动下，广大社员埋头苦干，以社为家，社队之间开展轰轰烈烈劳动竞赛，涌现出了一大批劳动模范和先进典型。如为了完成社里积肥生产计划，萧山联庄乡伟民社"妇女冒雪挑河泥"①。为了确保集体农业稳产丰收，按时完成兴修水利的任务，出现"修好水利再结婚、母子相争上工地"②这样的先进事迹，涌现出"爱社如家的高小龙"③ "生产女将徐惠仙"④ 等一大批先进典型。农村合作化运动其根本目的是解放和发展农村生产力，通过生产关系中生产制度的变革，达到发展农村生产力的目的。在生产力低下的新中国成立初期，农村合作化是加速生产力发展的有效途径。在这种情况下，走互助合作的道路是广大农民的自愿要求。

不过在了解这种集体利益诉求的过程中，我们不应忘记它是建立在满足个人利益的基础上的。如果它不能满足个人利益而仅仅是满足集体利益或国家利益会出现什么样的结果呢？农民选择出工不出力的对抗方式，主要表现为上工拖拉、人到心不到、躲避监管、熬时间等工作方式，使集体合作的劳动方式效率低下。⑤

《萧山报》1958年1月发表的《合作社要关心社员生活》的评论就谈到农民与合作社之间的关系："农民参加农业合作化的目的，归根结底是为了改善自己的生活。所以我们看一个社发展的好坏，就要看这个社是否发展了生产，有没有增加社员的收入、改善了社员的生活。"⑥ 可见当时农民对于自身加入合作社除了相应号召以外，更多是基于自身的考虑，

---

① 杨群：《妇女冒雪挑河泥》，《萧山报》1956年9月7日。
② 朱古恒、周乃增：《修好水利再结婚，母子相争上工地》《萧山报》，1956年10月26日。
③ 孙健青：《爱社如家的高小龙》，《萧山报》1957年2月28日。
④ 高子芳：《生产女将高子芳，一年实做工分二千二百多》，《萧山日报》1956年10月22日。
⑤ 徐勇：《现代国家、乡土社会与制度建构》，中国物资出版社2009年版，第289页。
⑥ 《合作社要关心社员生活》，《萧山报》1958年1月10日。

他并没有把自己完全消融于集体，虽然对于自身的独立性可能是一种潜意识，但是也暗含了"我参加合作社是为了让自己的生活变得更加好，如果合作社不能实现我的愿望，我完全可以退出合作社"的想法。

在这里，笔者从调查问卷可以看出当时加入农业合作社农民的心理。27.5%的农民认为当时是被迫的，不愿意加入农业合作社的。不管是什么原因，这部分农民的对于原来的个体耕种生活是留恋的，对于加入一个新的集体还是比较抗拒的。

表3—2　　　　　　　加入农业合作社时的意愿（$N=280$）

自愿	被迫	无所谓
42.5%	27.5%	30.0%

注：由于加入农业合作社发生在1957年前后，样本必须经历过加入农业合作社的事情，所以样本选择了年龄在60以上的老人38人。

在生产过程中农民发现单一的农业生产方式无法满足农民对多样性生产方式的渴求，为了增加家庭收入，一部分农民在参加合作生产的同时，悄悄从事商业生产经营活动。"1957年，螺山社在社长夏长友的带动下，干部和社员先后进行开石炮、做鱼生意、贩耕牛、开锡箔作坊、做树生意、开箍桶店、开棺材店、做毛竹生意、做木拖鞋生意等九种生意"，从事这样商业生产的"有二百七十多人"[1]。在当时政治氛围浓厚的年代，这种行为被错误地认为是"不执行农业发展的方针，经商轻农，发展资本主义商业，造成粮食减产"。"要求各合作社从螺山事件中吸取教训，认真检查克服在生产经营上的资本主义思想和发展生产中的右倾保守思想。"[2]

大公社时期，农民对计划经济生产方式逐渐产生了抵触情绪。公社集"农林牧副渔，工农商学兵"于一体，既是基本行政单位，又是基本经济生产单位，实行"组织军事化、行动战斗化、生活集体化"。在农业生产上，不顾当地的实际情况，不尊重和维护人民公社各级尤其是生产队的自主权，完全依靠行政指令。生产队种什么，怎样种，株、行距多少，什么

---

[1] 孔子贤：《螺山社的产量为什么开倒车》，《萧山报》1957年2月12日。
[2] 《从螺山事件中吸取教训》，《萧山报》1957年2月12日。

时候播种、什么时候浇水、施肥、什么时候收获,都由上面来定。农业生产上的高度计划和行政命令,出工时的"大呼隆",分配上的平均主义,严重地挫伤了农民生产的积极性,降低了他们的生产热情,使农民逐渐产生了抵触情绪。

"文化大革命"期间,在农村工作中以"农业学大寨"为号召,开展两条道路的斗争,即"大批资本主义,大干社会主义"。在农业生产上,片面贯彻"以粮为纲"的路线,为扩大粮食种植面积,甚至将社员自留地("文革"前期曾一度取消过社员的自留地)种植的经济作物拔去改种粮食,严重地挫伤了农民生产的积极性。同时,严禁农副产品的自由流通和农民的自由流动,把农村的集贸市场当作"走资本主义道路"来堵,严格限制农民饲养家禽家畜,把农民私自种植的农副产品当作"资本主义尾巴"割掉,农民私自到"黑市"交易农副产品,一经发现,均被视为投机倒把。"1970年3月,衙前光明大队有社员21人,贩卖荸荠总计12477公斤,甘蔗62把,获利234.54元,平均每人得11.31元,均被视为投机倒把,勒令每人写出悔改书。衙前公社同富大队第一生产队社员徐阿寿,在3分自留地上种上荸荠,被发现后,组织全社生产队长以上干部实地召开现场会,并将荸荠全部割掉,勒令徐写出书面检查。"① 从这两起事件中可以看出,农民为了增加家庭收入,提高生活水平,不满足于计划经济体制内的单一农业生产,贫困的生活促使他们商品意识觉醒及生成,经济利益的驱使和改变现存生活模式的强烈愿望,使他们不惜冒着被现存法律制裁的危险,从事能为他们带来更多收益的商业活动。课题组在对萧山衙前农民的问卷调查中,在问及"你认为'文革'期间没收自留地等'割资本主义尾巴'做法的认识"时,所得结果如下表所示:

表3—3　农民对"文革"时期没收自留地等做法的看法　($N=280$)

非常合理	比较合理	不太合理	不合理	不清楚
4%	15.3%	23.1%	24.0%	23.6%

由上表可见,23.1%和24%的被调查者分别选择"不太合理"和"不合理",二者合计占总数的47.1%;4%和15.3%的被调查者分别选择

---

① 衙前镇志编纂委员会:《衙前镇志》,方志出版社2003年版,第700页。

"非常合理"和"比较合理",二者合计占总数的19.3%;有23.6%的被调查者表示不清楚(可能因为被调查者年龄偏小,不熟悉这段历史)。调查结果表明,农民对文革时期"割资本主义尾巴"的做法是十分反感的。但在那个"抓革命、促生产"和以"阶级斗争为纲"的年代里,农民尽管有天大的委屈,十分的不满,也只有忍耐的份了。

在农民为了不断满足个体利益而开始摒弃或逃避集体意识的情况下,国家顺应人们的需要开始从制度上进行改革。

20世纪70年代末,随着人民公社体制的松动和以家庭联产承包责任制为核心的农村体制改革的推进,计划经济的生产方式日渐被农民扬弃。首先,家庭联产承包责任制使农民拥有了土地的生产权和分配权,解决了长期困扰中国农村的基本生产方式问题,解放了长久在传统计划经济体制压抑下农村的社会生产力。这种"交够国家的,留够集体的,剩下都是自己的"农村基本生产经营制度保证了农民对土地的经营权和对农业剩余的索取权,适应了农业生产的特点和规律性,顺应民心,顺应民意,极大地调动了农民的生产热情,增强了农业生产经营活动的动力,促进了农民收入的高速增长。其次,农村人民公社体制的变革使国家对生活生产资源的控制有所松动,集体生产模式被以家庭为基本生产单位的个体生产所取代,政治权力对农村经济和农民生活的干预与控制日趋减少。最后,公社体制的松动使得大量农村剩余劳动力从土地上解放出来,纷纷从农业生产领域流向第二、三产业。"1975年,社办企业初创阶段,螺山片参加企业人数为570人,衙前片为351人,分别占总劳动力的11.5%和7.4%;到1985年,这一百分比猛增到40.7%和42.4%。并乡扩镇后的1994年达到最高峰,是年,全镇劳动年龄内人数共14012人,投入工业劳动(包括建筑业)达到10319人,占总劳动力的73.7%,其余26.3%的劳动力从事农林牧副渔各业。"[1]从上述数据可见,从1975年到1985年,衙前镇10年工业企业的劳动力净增4390人,其中螺山片增加了2036人,衙前片增加了2354人。从劳动力产业构成比例上,螺山片企业劳动力占总劳动力的百分比从1975年的11.5%上升到1985年的40.7%,10年增长了29.2个百分点;衙前

---

[1] 衙前镇志编纂委员会:《衙前镇志》,方志出版社2003年版,第212页。

片企业劳动力占总劳动力的百分比也从 1975 年的 7.4%上升到 1985 年的 42.7%，10 年增长了 35.3 个百分点。随着计划经济体制的解体和社会主义市场经济体制的逐渐确立，农民思想观念得到进一步解放，胆子更大，观念更新，商品意识、市场观念日益增强，他们告别了以往赖以生存的土地，告别了面朝黄土背朝天的农业生产劳动，告别了早八晚六集体出工、集体放工的集体生产生活方式，他们不再是传统意义上的农业生产劳动者，而是我国工业化和农村城市化进程中的主力军。

课题组在问及"你认为从 50 年代初的土地私有，到人民公社集体所有，再到现在的家庭联产承包，这三种方式哪种更好"时，所得结果如下表所示：

表 3—4　　　　　农民对土地经营方式的看法（$N=343$）

私有	人民公社	家庭联产承包	其他
13.6%	14%	61.9%	10.5%

由上表可见，高达 61.9%的被调查者认为，"家庭联产承包"更好；选择"私有"的有 13.6%；选择"人民公社"的占 14%，前者比后两者之和还要高出近 34 个百分点，这充分表明大多数农民赞同家庭联产承包责任制，而不认同新中国成立初期的土地私有和人民公社时期的集体所有。这也有力地说明了农民对计划经济体制生产方式的认识从认同逐渐走向扬弃。

2. 改革开放后农民个体利益诉求的回归

早在计划经济时代，就有部分农民开始走出合作社这个集体尝试去经商。这种尝试使得农民的主体性大大提高，也使得农民的独立空间得到一定的扩展，于是出现了更为"大胆"的脱离集体的行为。《萧山报》1956 年 3 月 28 日题为《我们的村子谁来管》报道中，提到坎山乡凤凰村的一些社员们各自出去寻找发财门路，追求个人利益。《萧山报》1956 年 10 月 1 日在《螺山社的产量为什么会开倒车》的评论中，谈到了螺山社的某些干部和社员进行的商业活动。社长、副社长、管理委员、监察委员等二十六个干部中，放弃农业、去搞锡箔作坊的有七人，出外去做小鸡、小鸭、萝卜干、冬菜等小生意的有十一人。十八个小队长中，只有三个小队长坚持安心搞农业。干部做生意劲头高,社员们也不安心农业生产了。如社员徐顺来,过去从来没有做过生意,他看到做生意的人多了,认为一定是赚钱好,所以,他也放弃农业跟着别人做萝卜干生意了。全社七百零二个男女整半劳动力,放弃农业去搞锡箔和外出做小生意的,男女共有二百七十多人。①

1982年衙前镇开始了以家庭联产承包责任制为核心的农村改革。家庭联产承包责任制的实行引发了农村人民公社体制的变革,国家对生活生产资源的控制的松动使人民公社的经营管理体制发生了改变,政治权力对农村经济和农民生活的干预与控制已经开始减少了,农民在计划经济条件下形成的依附集体的观念开始出现了动摇,原本被压抑的主体意识开始萌芽。这场农村改革解放了农民的自主性,使得农民从原来的集体中脱离出来,使得多年来被计划经济体制压制的农民的积极性开始高涨起来。这个时候农民的主体觉醒就体现在农民真正成了土地的主人,劳动积极性极大提高,他们勤劳苦干,学习新的技术。于是粮食产量极大提高,许多致富能手开始大量涌现,这些致富能手都是农村商品经济改革中的先锋,农村产业结构变革中的闯将,他们都具有强烈的主体意识,真切地感受到自己是土地的主人,他们可以在自己的土地上施展自己的才能,实现自己的愿望,他们对土地的热情是前所未有的。"在1984年12月15—19日全县专业户重点户会议中就树立了103名标兵,其中:专业户标兵73名,专业村(乡)10名,联合体(专业场)10名,先进服务单位10名;在这73名专业化标兵中又树立了7名优秀标兵。"② "随着农村经济体制改的深入,我县农村商品生产蓬勃发展,全县'两户'已经发展到32000余户,比去年的23000余户增加了9000户。'两户'占总农户比例从去年的15%上升到18%。"③

乡镇企业的出现和发展是促使农民走向自主的关键一步。农民不仅仅摆脱了人民公社的依附地位,更是脱离了对土地的依附,走出了乡村,走向了市场。乡镇企业本身就是自主经营、自负盈亏的独立的法人

---

① 《螺山社的产量为什么会开倒车》,《萧山报》1956年10月1日。
② 《103名标兵获奖,其中7名优秀标兵获重奖》,《萧山农科报》1984年12月21日。
③ 《我县已有三万多"两户"》,《萧山农科报》1984年12月21日。

实体，乡镇企业的经营管理本身就是独立的。农业从原来的单一耕种农业开始向第二、三产业发展，于是农民也就从单一的农业生产劳动者，开始变为其他产业的劳动者，经济活动开始变得多元。所谓农民经济活动的多元，指的是农民不再是以前那样单纯种地的农民了，而是在不同产业不同领域的农民，农民开始呈现出多元化的群体趋势，也就是说在工业商业服务业等第二、三产业中也有了农民的身影。当然在乡镇企业打工的农民仍然是"离土不离乡"的状况，这是因为市场经济没有形成，当时的经济社会没有从根本上冲击农村自然经济基础，但是对于原本被土地束缚的农民来说，走出土地，走向市场，走向新的产业，是走向真正自主的开始。正是社会主义市场经济目标的确立以及社会主义市场经济体制的不断完善，为农民真正的主体意识的形成提供了一个政策制度保障，农民对于市场经济是非常支持的，因为它让农民真正认识到了自我的存在。

衢前镇一些农民已不满足于仅在几分田里搞点粮食生产，他们在不放松粮食生产的同时，全面向其他产业进军，逐步向专业化、商品化和现代化方向发展。劳动力不断向工业和商业转移，家庭联户企业和乡镇企业不断出现。"1975年，社办企业初创阶段，螺山片参加企业人数为570人，衢前片为351人，各占劳动力的11.5%和7.4%，到1985年，投入工业企业的劳动力猛增到40.7%（螺山片2606人）和42.4%（衢前片2705人）。并乡扩镇后的1994年达到最高峰，是年，全镇劳动年龄内人数为14012人，投入工业劳动（包括建筑业）的人数达到10319人，占总劳动力的73.7%，余下的26.3%的劳动力从事农林牧副渔各业。"[①] 1981年企业个数为37个，而到了1987年则达到了66个，到了1992年企业个数为95个。1981年企业人数为0，而到了1987年企业人数就增加到2832人，到了1992年企业人数达到了4858人。在1981年到1992年这12年中，企业个数和企业人数都是明显增长的，这些都可以从下表中看出。

---

① 衢前镇志编纂委员会：《衢前镇志》，方志出版社2003年版，第212页。

三　浙江农民利益诉求嬗变与农村多元主体治理

表 3—5　　　　　　　1982—1992 企业、人数表①　　　（单位：个、人）

年份	衙前 企业个数	衙前 企业人数	螺山 企业个数	螺山 企业人数
1982				
1983				
1984				
1987	32	1676	34	1156
1988	31	1649	33	822
1989	26	1749	42	1042
1990	31	2187	53	1457
1991	35	3100	53	1469
1992	95	4858		

注：1992 年，螺山乡并入衙前镇。

当然在农村商品经济的发展下，除了原来农民参加的集体企业即乡镇企业和村级企业之外，还出现了家庭联户企业，这种企业最大的特点就是脱离集体，具有强烈的自主性倾向。"到 1984 年年底，全县共有家庭、联户企业 1136 家，年总产值达 3041 万元，几乎相等于 1976 年全县社办工业年总产值。"但是"对于家庭联产企业仍然有'左'的思想在反对，认为家庭、联户企业会挤垮集体企业，是资本主义。个别地方歧视家庭、联户企业，致使有的农民不敢放开办企业"②。

随着市场经济的不断完善和发展，市场经济通过利益的物化关系已经促进了新型农民主体意识的生成，传统抽象的群体意识和集体意识已经转向现实的个体意识和主体意识。农民认可市场经济，那是因为这样的制度可以允许农民自由选择，自由选择职业能够实现自己的利益。螺山村的村民徐某认为"现在党的政策好，所以农民可以自由的选择，无论是自己创业还是自己就业，渠道是非常多的，只要你想赚钱，你认为什么赚钱，

---

① 衙前镇志编纂委员会：《衙前镇志》，方志出版社 2003 年版，第 492 页。
② 《重视家庭联合企业的发展》，《萧山农科报》1985 年 4 月 23 日。

就可以自己选择，没有过多的限制的"①。螺山村村长在谈到改革之前县里农民自由流动的时候，说到"我还是小的时候，生产队里面搞产量，那时候也有做小生意的，搞小生意要被抓的。现在就好了，农民可以自己做生意，可以到外面去。我觉得还是这样的制度和政策好"②。

表3—6　　　农民认为个人致富最需要的因素（$N=300$）

个人的本领	亲戚朋友的帮助	政府的帮助	其他
42.0%	13.1%	36.0%	8.9%

从这样的历史维度进行考察，可以看出农民的利益诉求经历了从个体到集体再到个人的转化，这种转化是以制度化安排的有效性为标准，而有效性的评价依据最终来自于对个人利益的满足程度。由此可以看出，利益诉求的变化的表象背后是个人利益如何得以满足。

（二）农民利益诉求的多元化嬗变

1. 农民从经济利益诉求到经济政治利益诉求的融合

传统意义上的农民主要关心自家的生计问题，而很少有机会和能力关心政治上的事情，对政治仅仅是适应性、依附性以及在危及自身生存安全时的有选择的抗争。因而政治对农民来说，是离自己很远的事情。中华人民共和国成立以来，随着现代社会的发展，在经历过集体化、家庭承包责任制之后，特别是开始经营自己的产业过程中，农民认识到国家的政策、制度对自身的利益影响很大。于是农民开始不仅关心自身的经济利益，而且从政治上提出自己的利益诉求，从而更好地为自己的经济利益服务。这种政治利益诉求表现为积极了解国家对于"三农"问题的方针政策，对农村政策进行评价性分析，积极参与基层的民主政治活动，为农村发展建言献策，积极从政治利益中获取名望、收入等。

---

① 访谈者：林如。被谈者：徐某，螺山村，50岁，党员，高中文化，私营企业老板，年收入12万元以上。2009年5月13日上午。

② 访谈者：张洪斌。被谈者：村长。螺山村，男51岁，党员，大专。2009年5月13日上午。

三 浙江农民利益诉求嬗变与农村多元主体治理

(1) 关心国家的"三农"政策

自1982年党中央开始高度关注农村问题，出台了《全国农村工作会议纪要》为标题的第一个"一号文件"，到2011年的《中共中央国务院关于加快水利改革发展的决定》，党中央共出台13个中央［一号文件］。伴随着农村改革的深入，党的中央一号文件逐步形成了以"三农"问题为核心的"一号文件"。现在"中央一号文件"已经成为中共中央指导农村改革的专有名词，必然会引起广大农民的关注，衢前农民能够对中央"一号文件"了解的人数达到50%以上，如表所示：

表3—7　　　农民对中央、国务院关于农民的［一号文件］
的知晓程度表（$N=509$）

不知道	知道
44.4%	55.6%

同时，也随着生活条件的改善，农民对国家政策的了解途径也日益广泛。富裕起来的乡村早已告别通过有线广播了解国家政策的阶段，电视、网络等新媒体已成为农民了解中国政策的重要信息源，如下表所示：

表3—8　农民知道中央、国务院关于农民的［一号文件］的途径表（$N=509$）

广播电视报纸等	周围人及两委宣传	其他途径
83.3%	12.4%	4.3%

不难看出，关于"三农"问题具有很强专业性术语特征的［一号文件］，农民能够通过广播电视、报纸、网络等途径了解，而且知道的人数占到55.4%，可见农民已经摆脱了过去的不关心国家大事、只围绕自己的小圈子转悠的封闭局面，这固然与新的传媒通信技术有关，但更重要的是体现农民知晓政治对经济的影响力，从而不再是被动的受众，而是主动去了解和理解。

(2) 能够对国家方针的效果进行积极的评价

中央［一号文件］是党中央指导农村改革的主要纲领，不论是［一号文件］的制定和发布，还是它在实践中的指导作用，以及它坚持的路线和原则都始终围绕着农民增收和坚持有中国特色的社会主义农业发展道路的主旋律展开，而农民也切实感受到中央［一号文件］对他们的生活带来的实际变化：

表3—9　　农民对党的农村政策［一号文件］为农民增收带来实际
帮助的评价表（$N = 509$）

非常明显	有点帮助	一般
41.5%	42.3%	16.2%

(3) 对于"三农"政策的相关问题与中央的决策基本一致

1982年1月，中央发布了第一个［一号文件］，对1978年以来的农村改革进行了总结，肯定了包产到户和包干到户，进一步放宽了农村政策，并对当年的改革工作进行了部署。1983年的"一号文件"对家庭联产承包责任制给予高度评价："这是在党的领导下中国农民的伟大创造，是马克思主义农业合作化理论在我国实践的新发展"[1]，强调各级干部"思想更解放一点，改革更大胆一点，工作更扎实一点"[2]。30多年中国改革实践表明，农民最关心以家庭承包经营为基础、统分结合的双层经营体制的稳定。中央顺应农民的要求，采取措施稳定和完善家庭承包经营制度。1982年中央［一号文件］将包产到户、包干到户定性为社会主义集体生产的责任制，给它上了"户口"，有了合法地位。1983年中央［一号文件］进一步肯定它是伟大创造，是马克思主义农业合作化理论的新发展。但当时，很多地方的队干部，常常因为人口变动或其他原因而不时调整土地；有的地方还以各种名义把部分包给农户的田收回集中经营等，这些做法严重影响了农民对土地的投入。针对这些问题，1984年中央［一号文件］明确提出，土地承包期一般在15年以上，生产周期长的应当更长一些，群众要求调整的，要本着"大稳定，小调整"的原则，经过充分商量进行。1991年中共十三届八中全会明确提出："把以家庭联产承包为主的责任制，统分结合的双层经营体制，作为我国乡村集体经济组织的一项基本制度长期稳定下来，并不断完善。"[3] 这就把家庭承包经营提升

---

[1] 《当前农村经济政策的若干问题》，1983年1月2日，中国农教网2012年2月21日。
[2] 同上。
[3] http://www.xjxnw.gov.cn/zx/snzc/09/911317：shtml.

至基本经济制度（后改称为基本经营制度）。1993年11月《中共中央国务院关于当前农业和农村经济发展的若干政策措施》提出："为了稳定土地承包关系，鼓励农民增加投入，提高土地的生产率，在原定的耕地承包期到期之后，再延长三十年不变"，"提倡在承包期内实行'增人不增地，减人不减地'的办法"。① 1998年9月25日，江泽民在安徽省考察工作时指出："中央关于土地承包的政策是非常明确的，就是承包期再延长三十年不变。而且三十年以后也没有必要再变。"② 1999年3月第九届全国人大第二次代表大会在宪法修改时又把"农村集体经济组织实行家庭承包经营为基础，统分结合的双层经营体制"这一农业基本经营制度载入国家根本大法。2000年制定的《农村土地承包法》，再次以法律的形式保障农民长期的土地承包经营权。2007年颁布的《物权法》，进一步确认了农民的土地权利。新的中央［一号文件］也是在立足于家庭承包经营这一基本制度之上，提出探索发展现代农业，建设社会主义新农村，增加农民收入的制度创新和政策安排的。对于承包地年限调整的方案，有接近80%农民表示赞同：

表3—10　对承包地每隔几年按人口进行调整的看法表（$N=509$）

应该	不应该	其他
79.6%	12.7%	7.7%

改革开放以来的30多年间，中国农村经历了一系列波澜壮阔的改革。从1982年第一个中央［一号文件］出台，至今中央已经发布了13个中央［一号文件］，尽管每一个的［一号文件］的主题各不相同，但是13个［一号文件］从内容纵向来看又可以明显地分为三个主题时期：第一时期是建立与完善家庭承包经营制度和农业市场化。第二时期是促进农民增收、建设新农村和发展现代农业。第三时期是统筹城乡发展和提高农业的综合生产能力。在每一个时期，国家不断推出与农村发展相适应的惠民政策。相比较而言，农民对改革开放初期的家庭联产承包责任制和新时期的"三减免、三补贴"政策以及正在进行的新农村建设留下了比较深刻

---

① http：//law.lawtime.cn/d491423496517-1-P2.html.
② 《江泽民文选》第2卷，人民出版社2006年版，第213页。

的印象。

（4）公民的权利意识不断觉醒，通过各种政治渠道维护自己权益的意识不断增强。

农民权利意识的觉醒和维权意识的增强在政治利益诉求上体现的比较明显。如表3—11所示，农民对个人的基本权利和义务有着清醒的了解，这一部分人员占到85.6%，这说明农民的利益诉求开始向政治利益转化。

表3—11　农民对公民的基本权利和义务了解程度表（$N = 509$）

了解	了解一些	不了解
24.2%	61.4%	14.4%

他们知道这些权利和义务对于他们的个人利益和发展意味着什么，他们知道只有了解自己的权利和义务，了解平等政治带来的经济上的收益，了解相关法治才能更好地保护自己的合法权益，从而能够更好地维护自己的权益，如82.7%的人了解和部分了解《合同法》，并能够通过不同途径维护自己的权益。这意味着对农村的传统治理方式必须向现代治理方式转型，而不能以单纯的行政命令，计划的指令性安排形式，必须注重依法治理、协商治理的新路径。

2. 农民从生存利益诉求向发展利益诉求的转化

传统社会的农村总是将生存利益、安全风险放在第一位予以考虑，中国农村实行的是过密化增长方式，导致农村经济发展出现了艾尔温所说的"高水平均衡的陷阱"。为了摆脱这个陷阱，新中国成立以后，农村实行集体主义合作化道路对传统农村进行改造，这种改造通过土地改革、科学技术使用、粮食优化选种、化肥的使用、作物的混合使用和充分利用劳力实行两年三熟制的种作方法等，使农村经济获得了高度的增长，但是出于国家整体利益的考虑，国家对农村剩余进行征收，导致农村依然处在糊口的境地，农村经济是"无发展的增长"。这种忽视农民个体利益诉求的政策方针，使农民对集体化合作方式的生产方式产生消极的抵抗，从而导致农民开始寻找新的出路来摆脱这种状况。这主要表现在农民开始进行农业加副业的生产方式。如农闲时候的出去打工、走街串巷做小买卖、寻找出路到工厂上班。再加上当时城市工业的发展，国家政策的扶持，工业反哺农业，使部分产能向周边地区转移，从而解放了束缚在土地上的剩余劳力，盘活了农村经济，使农村经济的发展出现了多元化的发展态势。这种情况在衙前镇也很明显。

表3—12　　　　　农村家庭主要收入来源表（$N=509$）

农业	本地工作	外出打工	经商	其他
5.1%	50.9%	7.7%	27.7%	8.6%

如上表所示，农村生产方式呈现多元化，进厂当工人、经商等占比重较大，务农反而成了当地农村的辅助性收入。

随着农民收入的增加，农民的货币收入存于银行虽然还是占主导地位的财富积累方式，但农民的理财方式也呈现多元化的趋势，基金、债券或股票等投资方式引入了农民的经济生活，农民收入保值、增值的意识不断增强：

表3—13　　　　　农民家庭理财的主要形式表（$N=509$）

存款	放家里	买基金、股票	借贷	其他
71.3%	3.1%	11.3%	1.4%	12.9%

到2009年，衙前镇大部分村庄的家庭年收入有了大幅增长，家庭年收入在20万元以上的达到64.4%。

表3—14　　　　　　　农民家庭年收入表

10万元	20万元	50万元	100万元	100万元以上
35.6%	31.8%	11.8%	6.5%	0.4%

收入的增长，使衙前镇的农民开始过上殷实的生活，他们翻修房屋，各种耐用品的消费，如汽车、彩电、电冰箱、洗衣机、热水器等耐用消费品进入寻常百姓家。其中，拥有汽车的数量达71.1%。农民在享受物质生活外，开始追求精神和休闲生活。

表3—15　　　　　农民参与文化活动构成表（$N=509$）

经常参加	偶尔参加	从不参加
32.7%	46.9%	20.5%

农民生活方式的巨大变化，使其对生活质量的要求提到了很高的层次。如果政府的服务不能满足农民日益增长的文化生活的需要，那么政府提供的公共服务产品就难以真正发挥它的应有功能。如表3—15所示，农民参加村里的文化活动的积极性并不算太高，这种状况至少说明政府和学界需要不同层面的制度安排和各种设施和服务的提供以满足这种诉求，从而向国家和社会提出了新的服务意识和治理路径。

3. 农民从利益诉求的自主性获取向依赖性获取的转化

传统农民利益的满足主要依靠自身和家庭成员的齐心合力、精打细算来维持生计，纵使需要帮忙也是指望亲戚和邻里之间的互助，而很少想到向更多的主体如国家和各种社会性组织申请援助。这种情况在斯科特的《东南亚农民的反叛与生存》一书中也得以体现，主要体现为互惠式的村邻之间的道义经济。如果出现意外，那也只能怨恨自己运气不好，而很少责备他人。[①] 如表3—16所示：有40.5%的人认为致富需要依靠自己的能力，34.2%的人认为需要亲戚提供帮助，而只有14.7%的人认为要依赖政府的帮助。

表3—16　　　　农民认为过去致富最需要的因素表（$N=509$）

个人本领	亲属朋友帮助	政府帮助	其他
40.5%	34.2%	14.7%	7.7%

农民财富的增长需要中央政府与地方政府、农民和官员的共同努力。由于自然因素以及农民自身情况（如勤奋程度、教育程度、家庭负担等等）的不同，农民对政府的依赖程度也有差异。但随着城乡一体化的快速发展，个体的农民已经难以仅仅靠自身的力量接受市场的挑战，在利益的诉求上必然对政府有更多的依赖，这也与党的一系列加强农村组织建设的指导方针是一致的。

农民财富的增长和利益的保护需要政府，当然，在农民眼里，中央政

---

① [美]詹姆斯·C. 斯科特：《农民的道义经济学：东南亚的反叛与生存》，译林出版社2001年版，第41—47页。

府、地方政府所扮演的角色和承担的责任是不一样的。与他们的利益休戚相关的还是基层政府组织：

表3—17　　　　农民认为的公共品提供对象者表（$N=509$）

村组	乡镇政府	其他部门	人情关系
65.8%	14.3%	9.7%	10.2%

相对于只有14.3%人认为乡镇政府需要提供必要的公共产品服务，65.8%的受访者认为村委会等村级组织应更多地承担保护农民利益的责任，为农民的增收提供各种服务。农民关心政府提供的公共产品服务依次是：法律文化服务、专业技术培训、科技资金和销售信息，如表3—18所示：

表3—18　　　　农民迫切需要政府提供的服务表（$N=509$）

销售信息	科技资金	专业培训	法律文化	其他
12.5%	19.8%	24.3%	33.5%	9.9%

这种从个人利益自主性获取向依赖性获取的转变，或许由这样一些因素产生：在现代教育体系下，农民的识字率有很大的提高，在外来的资本和工业化进程，以及农民不断流动和商业交往过程中，农民有了更广阔的视野，他们已经完全摆脱以前的义务本位，而开始重视自己的权利本位，从而对政治提出了自己的利益诉求——作为纳税人，必须享受到公共服务均等化的待遇。同时由于经济的丰裕，农民在享受物质利益的同时，开始追求精神层面的享受，如图书馆、戏剧院等公共场所的建设、村庄绿化程度、空气质量要求以及医疗教育等要求提上新的日程，而这些公共物品，因为其外部性、投资回报低、非排他性等特征，需要由政府或准政府组织来提供，或者要在政府协调、指导下进行公共物品和服务的提供，从而使农民对利益获取具有了依赖外部组织的意愿。

另外，由于农民的流动性，外来务工人员的增加，各种权利之间的冲突和邻里纠纷的处理也需要依赖政府或第三部门参与仲裁、协调等；农民在生产经营过程中，保证自己的收益扩大化，必须适应新科技、全球化、信息化等变化，需要不断学习，获取新知识、新技能，这些技能方面获取必须从以前的师徒手工相传、自主性摸索转向现代规模化的培训和学习，这些也依赖第三方来予以提供。

（三）基于利益诉求的嬗变构建农村多元治理路径

对于中国农村社会的治理，我国学者们做了许多有益的探索。就中国传统社会的农村治理来说，费孝通认为实行的是"双规式"治理，即乡村治理是"国家行政权力和社会自治"两个方面[①]；而胡如雷认为中国传统乡村社会治理主要实行的乡绅治理，因为国家行政权力只达于县，所谓"皇权不下乡"[②]；由于社会变迁，即中华人民共和国成立以来，乡村治理的形式主要实行的"政社合一"体制，实行的是国家政权主导下的全能型的农村治理生活体系，表现为国家权力对农村社会的全面渗透，政经不分，高度集中的治理体制[③]；改革开放以来，我国农村实行"乡政村治"的治理模式，即在乡镇建立国家政权，对农村实行行政管理，并在村庄建立村民自治组织，实行村民自治，自我管理村庄事务[④]。在浙江乡村治理研究中，卢福营从乡村治理权力配置和运作的角度进行实证研究，认为随着环境变迁、地区差异、村民不同、政府干预形态差异等，浙江乡村治理出现多元、复杂的治理类型，并从中梳理出管理者支配型、权势精英主导型、群众自治型三种治理模式[⑤]；毛丹从国家与社会二分的角度，对作为国家政权末梢、国家治理的基层单元以及公民社会雏形的乡村社会治理进行研究，认为浙江乡村主要表现为"国家范导型的乡村自治"的治理模式，并认为乡村社会的发展是自上而下和自下而上多元主体互动的结果，表现为充满活动的农民、市场中介组织的民间社会发育、尊重实践智慧的地方政府[⑥]；顾益康从政权制度性供给的角度研究浙江乡村治理，强调了

[①] 费孝通：《费孝通选集》，天津人民出版社1988年版，第125页。

[②] 胡如雷：《中国封建社会形态研究》，生活·读书·新知三联书店1979年版，第149页。

[③] 张厚安、徐勇等：《中国农村村级治理——22村的调查与比较》，华中师范大学出版社2000年版，第9页。

[④] 卢福营：《当代浙江乡村治理研究》，科学出版社2008年版，第5页。

[⑤] 同上书，第211—212页。

[⑥] 毛丹：《村庄大转型：浙江乡村社会的发育》，浙江大学出版社2008年版，第132—145页、第252—255页。

基层政权、村民自治组织、基层党支部、农村工作指导委员会、大学生村官在农村治理中的作用①；郁建兴和吴锦良等从民间组织和商会的角度研究农村治理的新特征。这些都说明浙江农村治理走向了多元主体治理的特征。他们主要从实证主义的角度，客观地分析了乡村社会多元治理的概况，体现了客观描述性的叙事特征。但就"何以出现这种多元主体治理的路径"这个问题，这些学者们主要从环境变迁、结构分层、利益分化、权力优化配置等方面予以解释，而很少涉及农民观念的变迁对治理结构的影响。另外，学者们更多地描述了多元主体治理的格局，而没有对其治理中可能存在的冲突和困局进行很好的解释，以提出有序互动的治理策略。

1. 利益诉求导向是农村多元治理的社会心理基础

本部分从农民观念变迁的角度提出解释，并就其中出现多元治理的冲突和困局提出相应的互动策略，为农村事务的良好治理、和谐有序发展提出新思路。本课题认为，浙江农村出现的多元治理主体，是农民基于一以贯之的利益诉求和对现实适应的表象诉求的满足为前提的，而表象诉求的满足也是以满足利益诉求为基础。对这两种诉求的满足就表现为农民的自主性建构和政府的适应性建构的特征，是政府嵌入性建设和农民自主性双重结合的产物。对于政府而言，需要保证农村的稳定、秩序以及总体发展，有利于国家稳定、财政收入等国计民生利益的实现；对于农民而言，主要是为了满足自身的物质利益和精神需求，体现自由、富足等诉求的实现。

农民何以出现从集体主义转向个体主义，从经济利益转向与政治利益诉求并存，从生存利益诉求转向与休闲利益诉求并存，何以出现对自身利益的追求依赖于政府和第三部门等，这些现象和状况与其说与环境变迁等因素有关，不如说与农民对追求自身利益的认识有关。如前所述，农民参与集体行动，主要是因为集体行动能够满足其自身利益，但是随着时间变化，如果发现集体行动不能满足自己的利益，纵使有制度的规约，人们也

---

① 顾益康：《农民创世纪：浙江农村改革发展实践与理论思考》，浙江大学出版社2009年版，第248—261页。

```
        利益诉求 ←――― 表象诉求
              ↘      ↙
              多元治理
```

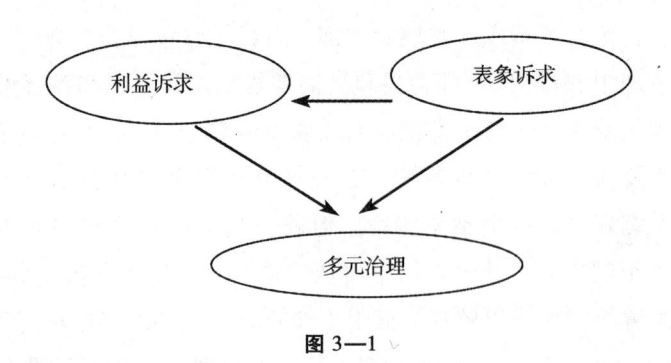

图 3—1

会慢慢从边际上逃避和突破，以实现自己的个人利益，所以他们就很关注影响自己利益的东西，特别是国家相关政策。

纵使是农民当初参加合作社，也是因为农民能够从中获取好处，摆脱一无所有的困境，提高了自己的收益而愿意加入，最后追求生产承包，也是基于这样的利益追求。

表 3—19　　　　农民加入农业合作社的意愿表　($N=509$)

自愿	被迫	无所谓
42.5%	27.5%	30%

2. 农村公共物品的合作供给与多元参与主体

随着利益诉求的转移变化，农民对自身居住环境、社会环境、利益诉求的转移都发生了变化，这必然对农村社会的发展和治理提出了新的要求。人们渐渐认识到需要对自己事务具有知情权、参与权、表达权、决策权，这需要一种自主治理和参与的民主机制予以满足，同时对那些因自身因素不能解决的问题，渴望新的联合组织来实现，甚至必要时需要政府提供帮助。但是由于地域不同，参与主体的目标使命不同，利益主体的心理诉求不同，因而不同参与治理主体之间可能出现许多的问题。

表 3—20　　　　农民对农村基层干部工作的满意度表　($N=509$)

非常满意	比较满意	一般	不太满意	不满意
20.2%	37.2%	31.9%	6.9%	3.8%

同时，参与治理主体之间关系复杂而充满矛盾，其中，认为老百姓和村干部之间的关系一般或不太好的，占到47.6%。说明纵然存在多元农村治理的格局，但是还没有做到和谐有序的治理状况：

表3—21　　　　农民认为村民与村干部的关系表（$N=509$）

非常融洽	比较融洽	一般	不太好
17.2%	35.2%	41.8%	5.8%

从中可以说明，由于需要满足自身利益，实现正在出现的表象诉求，需要多元参与主体的治理，但是又因为诉求的多元性、差异性、层次性、复杂性，多元治理主体自身很难实现这样的诉求，或者说没有能够很好地发挥作用，他们之间存在既互相依赖又相互冲突的境况。就其原因而言，除存在对利益诉求认识不清的原因外，还有就是治理主体的协调构成机制存在缺陷。本章将从公共品分类的角度，对多元治理有序治理路径提供分析框架。

各种利益主体参与治理，是因为他们在利益满足的心理基础上，对不同的物品供给产生不同的偏好，而不同物品的供给，因物品特性的不同，导致不同利益主体的供给效率和效益不同。所以多元主体治理的合作路径，应该在不同物品的分类和认识基础上得以实现，从而实现不同主体供给治理的互补性，强调不同主体之间治理方面的协商性、妥协性的特征。

就物品的竞争性、排他性、周期性和收费困难等特性，公民物品可以分为私人物品、收费产品、公共享有的产品和公共品[1]。物品不同，其提供的主体就发生变化，从而实现主体治理的互补，以及制度安排的比较优势格局，实现和谐有序治理的路径。纯私人产品和服务，因为具有竞争性和排他性等特征，比如食品供给、耐用电器的消费等，就可以由个人自己来提供和满足；而对于那些纯粹的公共物品，其非竞争性和非排他性的特征，私人没有动力予以提供，就需要政府来提供，如街灯、绿化、空气污染治理等，则由政府予以提供；对于其中的那些非竞

---

[1] [美]迈克尔·豪利特、M.拉米什：《公共政策研究：政策循环与政策子系统》，生活·读书·新知三联书店2006年版，第53页。

争性、不完全排他的，而又能够通过收费得以合理安排的，可以通过公私合营，相互分工进行合作式治理，如果那些公共品使用寿命和数量不减的，可以称之为收费产品，如道路和桥梁，而那些公共品，因为使用而使数量减少或寿命退化的，可以称之为公共享有的产品，如海水钓鱼。

正是基于公共品的特性及其分类，萨瓦斯提出了公私部门合作的伙伴关系来提供治理的路径，这为农村有序治理提供了很好的分析框架和治理路径。萨瓦斯根据公共品的特征对一个社区的物品提供进行了细化和分类（如图3—2所示）：（1）排他完全可行的纯个人消费品（个人物品或私人物品）；（2）排他完全可行的纯公共消费品（可收费物品）；（3）排他完全不可行的纯个人消费品（共用物品）；（4）排他完全不可行的纯公共消费品（集体物品或纯公共物品）[①]。不过，纵使非常纯粹的物品并不是有绝对的界限，如国防，萨瓦斯论证到，也完全是纯粹的，也可能出现拥挤。当一个军队忙于保护国家一部分时，就会疏于另一部分的保卫；警察巡逻也是这样，所以它放在国防的左上部位；中心公园可以称为收费物品，但也可能出现排他困难的现象，而桥梁、公路、体育馆、剧院和图书馆等可能因为过量需求和消费拥挤，从而使产品消费等级下降，因此可以用收费等方式分享共用资源。[②] 正是这样的思路，萨瓦斯认为不同的主体提供不同的物品的效率是不一样的，应该发挥其长处，其他各方主体相互协作，以弥补其存在的缺陷。如个人物品，基本上市场提供，顾客自己购买，双方按照供需关系，以价格谈判的方式满足需要。但是可能出现市场失灵现象，有时候私人物品（如食品安全、药品、保障性住房等）也可以由国家来提供，有时候政府出台相关指导性政策和制度等，监督市场提供或私人提供：

---

① [美] E.S. 萨瓦斯：《民营化与公司部门的伙伴关系》，中国人民大学出版社2002年版，第50页。

② 同上书，第50—52页。

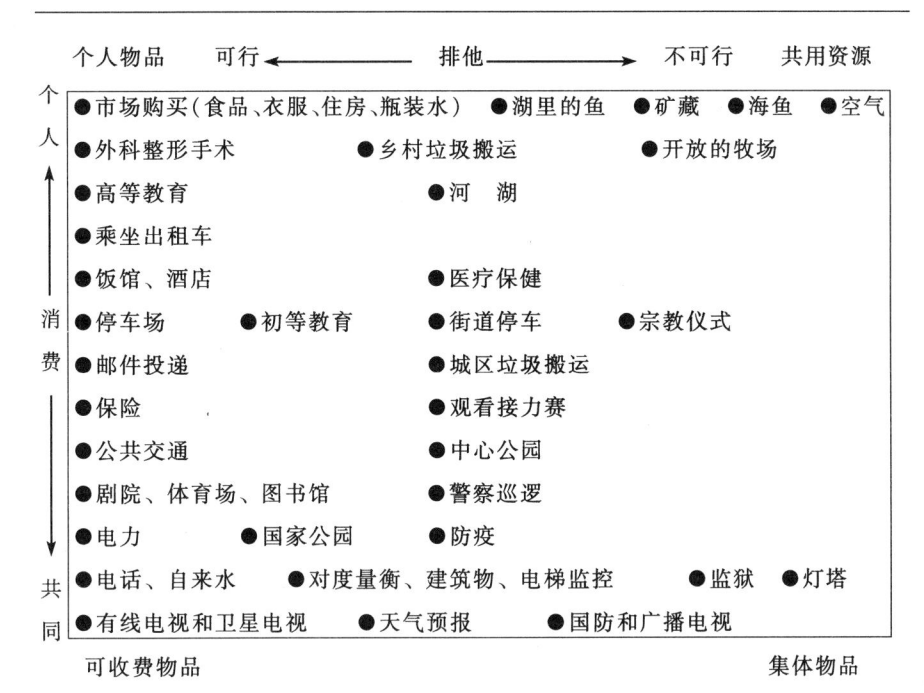

三 浙江农民利益诉求嬗变与农村多元主体治理

```
个人物品    可行 ←————— 排他 —————→ 不可行    共用资源
┌─────────────────────────────────────────────────────────────┐
│●市场购买(食品、衣服、住房、瓶装水)  ●湖里的鱼   ●矿藏   ●海鱼  ●空气 │
│●外科整形手术         ●乡村垃圾搬运        ●开放的牧场            │
│●高等教育             ●河  湖                                      │
│●乘坐出租车                                                         │
│●饭馆、酒店           ●医疗保健                                    │
│●停车场    ●初等教育  ●街道停车          ●宗教仪式                │
│●邮件投递             ●城区垃圾搬运                                │
│●保险                 ●观看接力赛                                  │
│●公共交通             ●中心公园                                    │
│●剧院、体育场、图书馆 ●警察巡逻                                    │
│●电力      ●国家公园  ●防疫                                       │
│●电话、自来水  ●对度量衡、建筑物、电梯监控   ●监狱   ●灯塔         │
│●有线电视和卫星电视   ●天气预报   ●国防和广播电视                  │
└─────────────────────────────────────────────────────────────┘
可收费物品                                                集体物品
```

图 3—2

而那些收费物品，则也可以通过市场提供，如娱乐设施和图书馆等，但是有些收费物品因为具有自然垄断的特征，因此需要政府或政府授权、委托的部门来提供，其可能随着使用者数目的增加，每个使用者所分担的成本将下降，而且因为其投资巨大，导致私人提供不经济，如电力、有线电视、通信网络、天然气配送、自来水供应等。而对于那些共用资源，可能因为非排他性，导致使用者拥挤或者使公用物品质量退化等特征，则需要政府监管，或者通过特许经营的方式予以提供，如森林资源、池塘资源、污染性工厂或污水处理等，需要分工合作式提供；而对于集体物品，因为对其使用可能出现的"搭便车"行为，所以个体提供无动力，所以将有政府来提供空气质量保护、国防等。

正是在对物品特性的界定上，萨瓦斯提出了多元复合型的制度安排，以实现区域和谐有序的治理格局。如表 3—22 所示，萨瓦斯提出了 10 种多元复合治理的手段：[1]

---

[1] [美] E. S. 萨瓦斯：《民营化与公司部门的伙伴关系》，中国人民大学出版社 2002 年版，第 70 页。

表 3—22

生产者	安排者	
	公共部门	私人部门
公共部门	政府服务 政府间协议	政府出售
私人部门	合同承包　特许经营 补助	自由市场　志愿服务 自我服务　凭单制

萨瓦斯根据需要满足或提供的物品的要素特征，就上述安排提供了比较优势分析，从而为浙江农村农民个人利益和表象诉求的实现提供了治理的新途径和可操作的特征。

表 3—23　　　　　　　不同安排的操作特征表①

要素特征	政府服务	政府出售	政府间协议	合同承包	特许经营	补助	凭单	自由市场	志愿服务	自我服务
处理具体性差的服务	++						++	++	++	++
要求多个生产者				++				++	++	
提高效率和效益		+	+	++	+	+	++	++	+	
实现规模经济		+	+	++	++	++	++	++	++	
成本受益的关联度		+		++	++	++	++	++	++	
对消费者的回应性		++		++	+		++	++	++	++
对欺骗行为的免疫力			++						++	++
促进收入的再分配	++		++	++		++	++		+	
对政府指导的回应性	++		+	+	+	+				
限制政府雇员规模				++	++	++	++	++	++	++

---

① 同上书，第 102 页。

其中"+"体现的是一种比较优势的选择性安排，体现了这种安排的可行性、常见性和有效性。浙江农村基层公共物品和服务的提供可以根据其不同的要素特征，选择相应的供给或治理主体，以适应不同层级、不同诉求的满足，需要对治理对象做进一步的细化，治理主体进一步的分化、治理手段进一步深化，以满足农民的多元诉求，适应农村社会变化的现实需要。但是如何让这些安排落实到治理主体的身上，避免更多的冲突，以适应农村社会不同的利益诉求，这需要相应的机制安排，除了一些市场化的手段如招标等竞争性方式之外，更多的是提供一种民主协商的机制得以实现，以及农民为什么在经济利益得到满足以后，对政治参与表现出很高的偏好。这将在下一章节农民民主诉求及其实现路径中得以阐释。

3. 构建政府主导下的农村协商治理结构

当前发达地区农村村庄治理结构大致可分三种，浙江也不例外，这三种模式是：（1）管理者（干部）控制型，即管理者在村庄公共权力体系中居于垄断地位，并控制着整个村庄公共权力的运作过程；作为被管理者的村民群众对村庄公共权力运作过程的参与和影响度极低。（2）"权力精英"主导型，即作为当代农村"权力精英"的管理者和非管理精英在村庄权力结构中居于主导地位，但普通村民对公共权力系统的参与和影响度仍然很低。其最主要的特点是，掌握优势社会资源的当代农村"权力精英"与村庄公共权力形成密切或较密切的关系，成为影响农村社会治理运作过程的最直接力量。（3）群众自治型，即村庄公共权力在广大村民群众直接、广泛、高效地参与下运作，普通村民群众在村庄权力体系中的地位和村庄治理运作中的作用明显抬升。其最突出的特点是，村庄治理的直接民主性和群众性。这三种治理结构分别与相应政治系统、政治参与主体以及相互关系、乡村传统与政治资源等对应。

在农民利益诉求嬗变与演化逻辑的基础上，建构政府主导型的农村协商治理结构，改良农村政治生活、优化农村社会治理，实现农村有序发展，才是农村治理的良好出路。农村协商治理结构的发展趋向是在政府主导的基础之上，完善村民自治制度，发掘农村治理人才和资源，培育农村社会自治能力，实现农村自我发展。因此，协商治理结构需要理顺基层政权与政党组织与村民自治组织的关系，切实放权、赋权于民，处理好政府主导和政府主体的关系，使行政力量逐渐退出乡村政治舞台；促进乡村社会的组织化建设，加强多元利益的整合与凝聚，激发村民参与；吸纳传统治理资源，协调乡村精英与普通民众关系，实现乡村多元合作治理。通过政治过程的制度化、治理结构的组织化、政治主体多元化、政治参与合法化、政治稳定常态化，改善农村政治生态。同时，从实际出发，根据当地经济社会发展的客观情况，逐渐建立以民意为基础、政府为引导、农民群众积极参与的参与式治理，实现农村良性有序发展。

四 浙江农民政治民主意识变迁与乡村管理创新

位居中国东南沿海的浙江省，不仅其经济成就引起学界的关注，而且其兴盛创新的民主政治成就也引起国内外学者的兴趣。如温州和义乌设立的人大代表工作室、杭州以民主促民生运作机制及其人大代表四级联动机制、温岭泽国镇和新河镇的民主恳谈、椒江党代会年会制及党代表常任制、温州人大监督携手舆论监督、瑞安莘塍镇和义乌城西镇的契约村官制度、温州市沙城镇的委托选举公证制度、黄岩人大代表罢会、休会案及温州瓯海区寮东村发起的全国村官第一罢免案等。浙江基层民主从民主选举、民主协商、民主参与、民主监督、民主程序等不同的侧面得以创新和发展，为中国的民主创新实践和经验总结提供可资借鉴的现实资源和学理资源。

（一）农民政治自觉意识日益增强

1. 农民政治自觉意识不断增强的实证研究

通过调研，课题组发现农民政治自觉意识不断强化，主要表现在对中国共产党及其政策的认知自觉、信念追求、组织建设和政治动员的响应程度。

课题组在进行调研之前，对于经济发达地区的农民政治意识往往形成一个心理预期，认为他们可能更多关注经济利益、经济生产和发家致富，会将更多的精力用于经济、社会和家庭方面，相比较而言，会出现政治意识淡漠的现象。经过调研发现，浙江经济发达地区农民政治意识的自觉程度与经济的发展呈现一定程度的正相关关系。如浙江衢前镇的许多村以前往往只有1—2名党员干部，整个行政村也不到10名党员，而在我们的调研中，发现党员干部的数量有了很大的提升。如表4—1所示：在被随机调查的509名调查对象中，就有63名中共党员和85名中国共产主义青年团员，占据随机调查对象的36.1%。

表4—1　　　　　　被调查对象的政治身份（$N=509$）

群众	团员	党员
63.9%	20.7%	15.4%

从对中国共产党宗旨的认知理解上，有78%的人回答正确，说明不仅党员、团员能够正确理解党的宗旨，普通百姓中也有很多人能够正确理解党的理想宗旨，这也从一个侧面知晓浙江农民的政治素养、政治自觉意识。如表4—2所示：

表4—2　　　　农民以对中国共产党的宗旨认知（$N=509$）

团结友爱	全心全意为人民服务	艰苦奋斗	实事求是	不知道
9.4%	78%	2.6%	8.5%	1.5%

对于党员自身在政治上必须具备的素养方面，大部分群众认为要注意自身的道德素养，有50.8%的人认为，优秀共产党员的素养是人品好，办事公正；其中认为"人品好"是觉悟高，有奉献精神的占1/2，即占总调查人数的25.4%；还有21.8%的人认为优秀共产党员的素养应表现为有率领大家致富的能力。如表4—3所示：

表4—3　　　农民认为优秀共产党员必须具备的素养（$N=509$）

人品好，办事公正	觉悟高，有奉献精神	能力强，带领大家致富	其他
50.8%	25.4%	21.8%	2%

对党员干部素质和党的政治宗旨的自觉认知，可以发现党在农民心中有很高的威望，也促使很多农民自愿、自觉主动地加入中国共产党。

在浙江的调研中，随着工业化、城市化的发展，浙江农民开始经营私人企业，很多私营企业里都设立自己的党支部，通过不同的渠道，自觉主动地关注学习党的政策文件，了解党的［一号文件］精神。如表4—4所示：

表4—4 农民了解党的[一号文件]的途径 ($N=509$)

广播电视、报纸、网络等	周围人以及村委会宣传、文件	其他途径
83.3%	12.4%	4.3%

2. 农民政治意识增强的原因分析

课题组通过访谈和调研，发现浙江农民政治自觉意识得到不断提升与强化，主要是基于以下几个方面的原因：

一是因为浙江作为具有革命传统的地带，促发许多农民积极参加党的组织活动。

萧山衙前曾经诞生了中国共产党领导的全国最早的一次农民运动——衙前农民运动。农民运动先驱、中共早期党员沈玄庐就是在自己的家乡衙前村，开始启发当地农民的阶级觉悟，传播马克思主义理想。所以，在这里的农民，较早地有着共产主义理想的深厚熏陶，对中国共产党的各方面认识也是起步较早。

1949年5月5日，中国人民解放军浙东游击队金萧支队第二大队与中国人民解放军21军在萧山胜利会师，正式接管萧山。[①] 自此，萧山农民在中国共产党的领导下，一起建设新生活。在这一阶段，当地农民对党的理想的认识和理解，主要是通过当地一系列的建党试验和建党计划的宣传实施过程来逐步得以加深的。而这种宣传教育中农民群众尤其受到关于共产党与共产主义的教育。1951年10月24日，萧山县制订了建党试验的计划，开始通过在实验区的重点建党试验，以希冀能得出新区建党经验，为以后开展全面性建党工作奠定良好的基础。这个计划实际上很大的一块内容就是吸纳当地农民群众中的先进分子为发展对象，而计划的实施过程，就是通过一系列多层次的党的知识、党的理想和入党要求等大众化的宣传教育，让本地农民潜移默化地提高自身觉悟及对党的理想、宗旨等认识，进而在党性觉悟得以提高之后，农民群众自然而然地就会自觉申请入党，其中的先进分子便可被发展入党，进入当地的党组织，一起来建设并巩固党在农村中的阵地。

---

① 中共萧山市委党史办公研究室编：《历史的回顾——建国头七年中共萧山地方党史若干专题》，萧山市文联印刷厂1995年版，第125页。

当时，当地农民在接受较为系统而深刻的党的宣传教育后，对于成为党组织的发展对象，还是较慎重和严格的，比如，在对农民群众的发展要求上，规定"在群众酝酿成熟的基础上，有教育、有了解地发展一批，发展党员必须是成分好、历史清楚，对党忠诚，有实际的阶级觉悟，并表现积极又懂得共产主义和共产党的事业，愿意遵守党纲党章的人"。[①] 虽然对于当时当地的农民而言，理论上的党的知识的宣传教育内容需要一定时间的了解和掌握，但是，从其现实条件上看，当地农村进行党建有着极为有利的现实基础[②]：

二是浙江区域特点决定了制度对于农民的影响引发农民具有较强的政治自觉。

浙江人口众多，但是土地资源有限，"三山七水一分田"，决定了浙江农民要有在螺丝里面做道场的精神和政治敏感性，政策对他们切身利益具有很大的影响。如从表4—5中可以看到：

表4—5　农民认为党的农村政策［一号文件］能为农民增收情况表（$N=509$）

非常明显	有帮助	一般
41.5%	42.3%	16.2%

41.5%的人认为党的［一号文件］带来的收益非常明显，42.3%的人认为有帮助。特别自2006年国家取消农业税等一系列惠民政策以来，农民更是感受到了政策带来的帮助和收益。而在浙江土地上发展工业化、城市化等方面的产业政策，也深深影响着浙江农民的生存环境和发展路径。如表4—6所示：

表4—6　农民认为对其印象最深（影响最大）的党的农村政策（$N=509$）

家庭联产承包责任制	"三减免、三补贴"政策	免除农业税	新农村建设	其他
26.7%	24.2%	12.1%	32.9%	4.1%

[①] 中共萧山市委党史办公研究室编：《历史的回顾——建国头七年中共萧山地方党史若干专题》，萧山市文联印刷厂1995年版，第181页。

[②] 同上书，第182—183页。

各项惠民政策使农民感受到政策的影响力。从表4—7可以看出：对于政策的满意的比例占到73.3%，所以他们对政策的变化比较敏感。

表4—7　　　　农民对党的农村政策的满意程度表（$N=509$）

非常满意	比较满意	一般	不太满意	不满意
30.4%	42.9%	23.6%	2.4%	0.7%

三是浙江农民政治自觉意识强化与党和政府的教育动员有关。

浙江农民政治自觉意识的强化与政党政府的宣传教育动员有关，这可以从萧山市委党史办研究室编辑的《历史的回顾——建国头七年中共萧山地方党史若干专题》看出，主要表现为普遍的宣传教育，重点对象的培养，积极的组织动员，强化对党的信念以及培养党员骨干。一是宣传教育、提高认识，二是发展培养对象，三是发展巩固。[1] 在十年社会主义探索时期，对党的社会主义和共产主义教育也是大张旗鼓地继续开展，在整个过程中，当地农民是在全民公社化运动的火热开展中，同时受到社会主义、共产主义理想的进一步教育，其思想觉悟和精神面貌也有了进一步的提高。

衙前业余党校注重对农民党员的培养，开展各种活动，在农村基层党员及乡镇企业的干部群体中实施了定期的党课教育计划，当时教育的主要内容是学习党章草案，以及开展一系列"双争"（争创优秀党支部、争创优秀党员）的活动。而党课的内容安排为每课学习党员准则一条，并在课后要求党员分支部组织讨论。如1986年5月10日，衙前镇党委将原业余党校更名为党校。该年6月开始，党校举办党风建设培训班，进行包括社会主义理想信念教育在内的共产党员标准的教育。之后，党校除了按照计划开展党课、逐步完善党课教育的同时，还陆续举办了各种各样的对农村党员及村干部的轮训和培训班，从侧面体现出了理想信念教育对象的专业化和党干群体化。比如1999年衙前镇委党校就连续举办了训练班11期，具体实施情况列表如下[2]：

---

[1]　中共萧山市委党史办公研究室编：《历史的回顾——建国头七年中共萧山地方党史若干专题》，萧山市文联印刷厂1995年版，第183页。

[2]　衙前镇志编纂委员会：《衙前镇志》，地方志出版社2003年版，第901页。

表 4—8　　　　　　　1999 年衙前镇委党校就举办了训练班

镇办部门 \ 内容	培训时间	培训对象	培训人数
组织部门	4月上旬	村委干部	58
组织部门	4—12月	村级后备干部	76
企管办公室	4月	书记、厂长	78
纪检办公室	5月	支部纪检委员	36
城建办公室	5月	支部书记、村长	45
政法办公室	6月	村治保主任	56
计生办公室	6月	村妇女主任	57
党政办公室	6月	全镇党员	1000
文卫办公室	7月	村通讯报道员	46
团委会	9月	村、厂团支部委员	105
妇联会	10月	村、厂妇女主任	64

萧山多个区的各个党支部，开始有计划地组织党员学习党的章程，"为了使这一工作顺利开展，中共临浦区委召开各区支部教员会议，训练了一下。会上，交流了工作经验，传授了在春节前讲的二课党课，并当场要大家试讲，作为实习。会后，各乡都定出了制度和学习计划，规定每月两天的'党课日'"①，中共戴村区委，为了加强对农村党员的教育，普遍组织农民党员学习新党章。4月间，各乡都上了第一课，就是党的性质和目的。学习后，党员们明确了党的奋斗目标，有的表示"要勤勤恳恳为党的目的——社会主义和共产主义社会奋斗到底"。② 也就是说，各个党支部首先重视起了农民党员和村干部的党性培养和巩固，并已经呈现出非常有组织、有计划的学习计划和活动。经过一系列组织活动，党的组织在萧山这块土地上又焕发出了新的活力，领导作用也不断壮大和巩固。

四是浙江农民政治自觉意识的强化还与工业化发展中吸引大量外来的优秀人才有关。发达的经济吸引许多外部的优秀人才来到浙江创业，主要

---

① 《萧山日报》，1957年1月3日。

② 《萧山日报》，1957年5月10日。

包括大部分的大学生群体,其中有很多是共产党员,他们对国家大事的关注也带来了许多示范效应,通过他们的政治生活也促使许多企业组建党组织。而企业党组织的建立,不仅使许多党员过上正常的组织生活,也通过教育宣传,引导培养更多的农民群体,而且也能够提高企业的凝聚力和生产力,从而引发良性循环的效应。这也是浙江地区农民政治意识强化的重要依据。

从整体上来看,浙江农民对社会主义理想的认识是在改革开放尤其是农村改革的时代进程中逐步深化认识的,同时也是在这样的改革实践中自觉践行对社会主义理想信念的追求的。这一点从我们萧山衙前的调研实践中就可以清晰地感觉到。具体说来,通过此次问卷调查和当地农民个案访谈获取的资料显示,我们可以看到以下几方面的变迁特点:

首先,农村改革后的当地农民对党的威信度认可有增无减。我们在衙前各个行政村的随机采访和个案访谈中,都切身感受到了当地绝大部分农民对党的威信的高度认可,这从一个侧面反映出当地农民对党实现共产主义理想的信心。虽然我们无法一一了解这份认可度背后的故事,但还是很容易被当地农民的那种毫无疑问的肯定情绪所深深感染。比如,在衙前的杨汛村,我们的个案访谈中就有一个退休干部夏某,当我们问道:"您觉得中国共产党现在的威信怎么样?"时,他的神情立马变得激昂起来,斩钉截铁地评价道:"共产党执政以来,现在是非常辉煌的!你看咱们党在世界上的威信都那么高了!更不用说国内了!"① 又如在衙前镇南庄王村,个案访谈到的老年党员王大爷,他说道:"共产党在世界中的地位和威信很好。中央的政策,基层能很好的贯彻,大家都觉得很好很满意!"② 更让我们觉得惊奇的是,很多当地农民对党的理想信念即使认识不够深刻,但他们那种溢于言表的对我们党和我们国家的朴素的自豪感让人动容。

其次,改革开放的巨大成就使当地农民对社会主义事业更为信任与拥护。改革开放的浪潮中,衙前农民在经济上脱胎换骨。农村经济的飞速发展,生活水平的急剧改善,使得当地农民从原先的质疑与观望态度,逐步

---

① 访谈者:周婧旻,龚凌燕。被访者:夏某,衙前镇杨汛村,男,40岁以下,党员,初中或中专学历,年收入3万—8万元。2009年5月13日上午。

② 访谈者:周婧旻,龚凌燕。被访者:王某,衙前镇南庄王村,男,74岁,党员,初中学历,年收入8万—12万元。2009年5月12日下午。

转换到肯定与拥护改革开放的心态，因为当地农民的确从改革的进程中尝到了甜头，也逐渐明白了只要坚定党的社会主义事业的正确性的信念，相信党的改革是为老百姓福利着想，那么，自己的生活只会越来越红火。

最后，农村改革后的当地农民对党的理想认识逐步升华。经过农村改革的洗礼，当地农民对于党的共产主义理想的认识也得到了很大的提高和一定程度的升华。一方面，不再像以前那样对共产主义理想还停留在比较浅层的理解上，现在的新型农民，在明确共产主义作为我们的最高理想的同时，更能紧跟国家政策，用积极创造个人财富和全村共富的实际行动来拥护社会主义事业，从切切实实的自身劳动中寻找和表达对党的理想的肯定和追求。另一方面，也正是因为多年的农村改革实践，当地农村的各个方面都发生了深刻的变化，面对农村改革丰硕的成果，当地农民对于共产主义理想信念变得更为憧憬和坚定。

（二）浙江农民民主参与意识变迁

学术界认为民主思想形成以及民主实践主要与以下几个方面有关：第一，民主的兴盛与经济条件有关，这一开创性研究来自于美国政治社会学家利普塞特，他提出并验证了著名的"利普塞特假说"，即国家越富裕，出现民主的可能性就越大。[①] 他通过对欧洲、英美以及拉丁美洲相关国家的实证研究，得出民主发展与一个国家的工业化、城市化、财富和教育有着很强的正相关关系。第二，民主的兴盛与社会资本存量有关。美国政治学家罗伯特·帕特南在对20世纪70年代以来，意大利20年的民主政治发展的持续观察中发现，有的地方经济很富裕，但是民主和政府绩效并不理想；有的地方经济发展比较落后，但是民主很活跃，政府绩效很高。帕特南在质疑"利普塞特假说"的基础上，进一步思考"民主政治如何得以实现"这一问题。他在比较意大利南北双方民主发展的共性和差异之后，得出"社会资本是民主进步的一种重要的决定性因素"这一论断，社会资本指的是普通公民的民间参与网络，以及体现在这种约定中互惠和

---

① ［美］利普塞特：《政治人：政治的社会基础》，刘钢敏等译，商务印书馆1993年版，第33—39页。

信任的规范。① 帕特南突出了社会资本的存量程度构成民主发展的路径依赖基础。对于一个地区民主的兴盛及其制度的绩效来说，至关重要的要素是普通公民在公民社会中是否具有充满活力的群众性基层活动、社团组织和公共精神。第三，民主的兴盛与公民文化有关。这一研究肇始于美国政治学家阿尔蒙德和他的学生维巴，他们致力于"什么样的政治文化才能有利于维持民主制的稳定"这一问题的研究。在对意大利、墨西哥、德国、英国和美国五个国家的公民政治态度的调查研究中，阿尔蒙德和维巴区分出"村民地域型、臣民顺从型和公民参与型"三种类型②，虽然三种文化并不能在一个国家截然分开，但在不同的国家有不同的主次之分，其中主导型的公民文化是民主兴盛和发展的必要条件。所谓公民文化，在阿尔蒙德他们看来，主要是指传统文化和现代文化的结合；它是一种建立在沟通和说服基础上的多元文化，它是一致性和多样性共存的文化，它是允许变革但必须有节制地进行的文化③。强调维持民主稳定的文化须具有混合性、平衡性、包容性、平等性、协商性、参与性和变革性的文化特征。第四，民主兴盛与合法性认同和示范效应有关。塞缪尔·亨廷顿在对20世纪后期第三波民主化浪潮的研究中，发现第三波民主浪潮的涌现主要具有以下几个原因，民主的价值观被普遍接受并成为政府体制合法性的基础，全球性经济增长，宗教和外部行动者的推动力量以及"滚雪球"或示范效应。④ 除认同利普塞特的经济增长与民主发展的关系外，亨廷顿对民主兴盛发展增加了其他四个内容，其中隐含着对于民主兴盛发展的必要的主观认知、情感和评价性内容。第五，民主兴盛发展是公民群体与政体之间互动的结果。美国政治历史学家查尔斯·蒂利对欧洲从1650年到2000年期间的政治抗争和民主发展的历史研究，认为"公民身份和民主化取决于三个场域——类属不平等、信任网络和公共政治——的变化以及

---

① [美] 罗伯特·帕特南：《使民主运转起来》，江西人民出版社2001年版，中译本序第1页。
② [美] 加布里埃尔·A. 阿尔蒙德，西德尼·维巴：《公民文化：五个国家的政治态度和民主制》，东方出版社2008年版，第16页。
③ 同上书，第7页。
④ [美] 塞缪尔·亨廷顿：《第三波：20世纪后期民主化浪潮》，上海三联书店1998年版，第54页。

这些变化之间的互动；几乎所有关键的促进民主的因果机制都将民众抗争卷入其中——政治上构建起来的对其他行动者包括政府代理人提出的公共的、集体的诉求——要么是共生的，要么是因，要么是果"①。

总的来说，关于民主兴盛与创新的条件论述，查尔斯·蒂利将其归结为四个方面：必要条件论、变量论、次序论和集群论。② 由此可见，触发民主发展的道路不是一条而是多条，是多种多样的关键机制的结合和顺序起作用的，民主化不存在任何普遍充分的条件，但触发民主化的因果机制包括环境的、关系的和认知的三个方面。关于民主兴盛条件的研究，已经出现从客观条件（环境的和关系的）向主观条件（文化的和认知的）的转化趋势，这主要从阿尔蒙德的公民文化背景论、亨廷顿民主合法性价值论以及帕特南的社会资本的观点中得以体现。不过他们关于现实具体人的主观认知何以促发人们采取行动推动民主兴盛和创新涉及较少，而且在他们的论述里，民主被设定为是已知的、静态的；同时从各自的视角论述民主思想的形成，相应淡化民主思想形成的综合因素，更缺少关于民主思想的动态的、变化的特征，忽略"什么样的主观认知和策略框架能够促发人们采取行动推动民主兴盛和制度创新"，民众受到什么样的激励和思想变化克服"搭便车"行为去从事这场具有重大创新变革的民主化进程。

经济利益、文化传统、制度收益和多元主体互动，促发浙江农民政治自觉意识的增强，必然催生出农民民主意识的增强。但就学术界关于民主化的过程论述中，无论是显性的经济变化、还是隐性的文化影响，都强调情景的变化对于民主化的促动，引起民主制度和运行机制的兴盛创新。他们的论述主要在"宏观（情景变化）——宏观（民主化）"之间建立宏大的叙事逻辑，这个分析逻辑的断裂在于，如果缺乏必要的中间环节，一个宏观的变化并不必然导致另一宏观场景的发生。如同詹姆斯·科尔曼（James Coleman，1990）曾经批评过马克斯·韦伯关于"新教伦理导致资本主义发展"的论证缺陷，认为其缺乏必要的中间环节，从而使他的论述宏大而过于苍白。要想解释清楚这两种宏观层面的逻辑关联，必须将其

---

① ［美］查尔斯·蒂利：《欧洲的抗争与民主（1650—2000）》，陈周旺、李辉、熊易寒译，上海人民出版社2008年版，第8页。

② 同上书，第10页。

中的断裂勾连起来，即需要在新教伦理和资本主义发展之间加上"价值观念和经济行为"，从而体现论证逻辑的变革。即从"新教教义——资本主义"转化为"新教教义——价值观念——经济行为——资本主义"这样的论证逻辑。[①] 科尔曼对"观念引导行为，行为引发变化"的强调，成为我们研究分析的逻辑起点，思想观念形成的框架是民主化发展的必要条件。

思想框架允许个体"去界定看待、辨认和标签"发生在他们生活空间内的或整个世界的事件。[②] 赵鼎新将其解读为一种能帮助人们认识、理解和标记周围所发生事物的解读范式。[③] 总的来说，它体现对生活世界的观念认知、情感态度和价值评判。在一定时空中思想观点的形成、发展、转化、变异和重塑影响民主行动，从而引发民主的创新模式。

浙江独特的区域特征、事功文化、半工半农经济发展的形态特色、农民市民的身份兼容以及本地农民和外来打工者的互动，特别是与政府的互动，使浙江农民的民主参与意识不断增强，具有非常不同的创新模式。主要表现为主动性参与和动员性参与相结合，单一式参与和多元化参与相结合，自利性参与和公益性参与相结合，嵌入式参与和创造性参与相结合，在民主表达、民主选举、民主协商、民主决策、民主执行、民主监督等方面形成独树一帜的浙江"民主模式"。

在参阅现有文献的基础上，立足于2010年在浙江萧山衙前镇12村庄的调研材料以及2011年余杭10村的补充调研材料，课题组分别采取开放问答式和封闭问答式的问卷设计，结合访谈，实证探究农民政治民主意识的内在变迁历程以及引发的管理互动和创新机制，探求经济发达地区农村和谐有序发展的政治动因，以及对全国农村社会的健康发展和良性互动策略等方面提供智识性参考，从中对学界民主思想形成和民主行动的条件进行检验，以丰富民主思想形成的学术成果。研究设计如下：首先，提炼当前存在的思想框架和框架联合的内容；其次，为了寻求这些思想观念对于

[①] [美]詹姆斯·S. 科尔曼：《社会理论的基础》，邓方译，社会科学文献出版社1999年版，第9—11页。

[②] Erving Goffman, *Frame Analysis: An Essay on the Organization of Experience*. Cambridge, Mass.: Harvard University Press, 1974, p.21.

[③] 赵鼎新：《社会和政治运动讲义》，社会科学文献出版社2006年版，第212页。

民主化行动的影响，探求与多样化民主实践之间的关联；最后，寻求验证前期民主条件研究学术成果的经验材料，对浙江基层民主兴盛创新的思想根源进行实证研究。

1. 浙江农民民主思想类型与民主化贡献

根据调研和访谈，参与民主化贡献的民众，可以依据他们的参与方式，将他们分为积极主动型和消极动员型；依据他们的参与动机，将他们分为追求个体利益的功利型和追求集体利益的公益型。这样可以将浙江基层民主行动者的思想框架进行归类：功利主动型、功利动员型、公益主动型和公益动员型四种。

按照预测，我们本来认为在民众的民主化行动中，那些功利主动者的贡献最大，可是调查结果却出乎我们的预料，公益主动者的贡献最大。具体数据如下（百分数没有合计，因为调查对象可能联合支持同一个类型）：

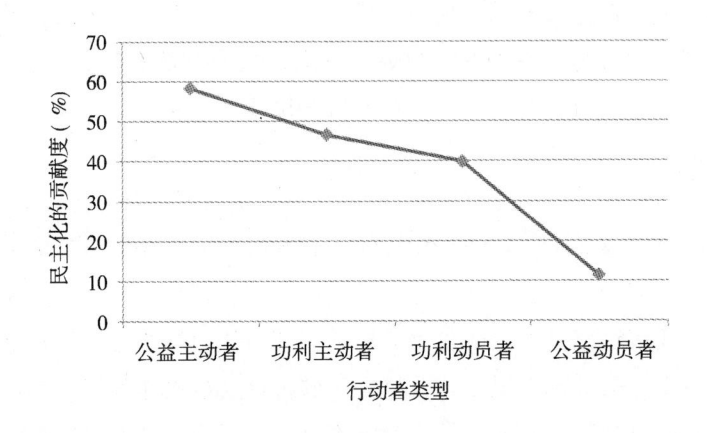

图 4—1

公益主动者对民主化的贡献，主要归功于政府官员的开明以及基层具有奉献精神的经济能人。他们认为之所以民主具有那么大的活力，与政府官员或主导的（如温岭的民主恳谈）、或回应的（如契约村官制度的设计）行动有很大的关联，同时也与经济能人的积极参与和那些具有公益精神的人的动员有很大关系。功利主动者也拥有近50%民主化的贡献度，这与那些积极关注自身利益，并能够积极动员利益相关者参与民主化行动有关，虽然功利主动者人数不是很多，但是由于其充盈的可支配收入，善于充分利用各种动员方式和行动策略，使他们的活动能量很大。功利动员者也拥有40%的民主化贡献度，他们的贡献度主要与他们的庞大基数有关。他们可能处在被邀请和被动员的潜在行动者的位置，因为网络关系、政治预见的情况，特别涉及自身利益时，很容易被动员起来，参与民主化的行动。公益动员者，经常对许多事情保持观望的态度，有时候可能采取"搭便车"的行为，但是在一定的条件下，他们也参与民主化的行动，特别是他们能更多地提供舆论的和道义的支持，这在基层女性身上体现尤为明显。这种民众思想类型的划分，有人为分割的现象，其实每一个人可能都是各种类型的综合体。但是人们还是可以从其行动和言语中，对其思想类型进行合理的划分，并给予一定的认知评价，虽有瑕疵，但不失公允。

2. 基层民主创新的"浙江现象"

浙江基层民主的兴盛创新，是浙江"公益主动型""功利主动型""功利动员型""公益动员型"四类人群互动合作的产物，他们在不同区域的组合、顺序，决定了浙江各地民主兴盛创新的不同路径。在民主选举，民主协商、民主表达、民主决策和民主监督等多个方面出现许多独特的新气象。

在民主选举方面，当全国3亿多农民进行民主选举实践的时候，浙江出现了许多创造性的浙江现象。由于浙江很多人在外面做生意，当到本地进行选举的时候，可能很多具有投票资格的人不能回来参与选举投票，就创造性出现了"委托选举""组阁选举"等。温州市沙城镇，在村委会换届选举中，创造性地提出委托选举公证的指导意见，堪称全国首创的民主的制度创新。

2005年4月5日，寂寂无名的温州农民孔令训的名字，登上了《中山日报》。不同于赫赫有名的温州富翁，在广东省中山市横栏镇做小生意的孔令训，还是第一次享受见报的殊荣，且与中国村社民主的制度创新联系在一起。孔是温州市瓯海区沙城镇永阜村村民，3月下旬，他收到一纸来自千里之外的老家的通知书，落款是永阜村委会选举委员会。通知称，永阜村新一届委员会班底的选举将于4月8日掀开帷幕，他有两种选择，一种是亲自回去参加投票；另一种是委托投票，但需要办理有关法律手续。同时收到参选通知书的还有孙菊玉等8人。由于生意不容许他们悉数返回老家行使自己的民主权利，他们选择后一种方式。依据《村民委员会组织法》，每位选民可以接受3个人的委托。因此，8人合议决定，6个人留下来继续做自己的生意，其余两个人返回永阜村参加民主投票，并接受留下6人的委托，代他们每个人投上神圣一票。3月31日，孔等8人到中山市菊城公证处，共同申请办理委托选举公证，从身份证看到委托书，该公证处的公证员们一一审核他们携带的材料。从未接受过这样的请托，略显惊讶的公证员们，还是在法定的范围内爽快地接受了这一新生事物。当日，菊城公证处收取了500元的公证费，为他们出具了两份委托选举公证书。拿到了具有法律效力的公证书，两名回家参加选举的受委托者，几天后就返回到故乡温州，去那个早已城市化涂改过的村庄，代表委托者的意愿选举他们真正愿意的村官。委托选举公证的目的，一是防止村委会主任候选人在激烈的"选战"中把目光投向人在外地的选民，利用他们远在外地信息不对称的劣势造假；二是防止不珍惜自己民主权利的村民任意投票，过去就有人在外地的选民，谁给他打个电话就答应投其票，多头委托。①

2005年12月，浙江东阳市南马镇防军村举行村委会选举，包孟刚就是通过组阁竞选当选为村委会主任。由于行政区划的调整，许多自然村合并为一个行政村，这样某一个人独立参与竞选，会面临着许多村不熟悉的情况。浙江那些在发展中致富的、具有公益精神和公信力的人，又渴望为村里做事，但是又可能面临选民不熟悉而导致落选的情况，他们自发组织起来参与竞选，由于他们来自不同的村庄，因而可能为不同村庄的选民所熟悉，所以竞选成功。这样的例子在浙江开始不断涌现。② 民主选举的创新机制在浙江非常之多，甚至出现海推直选、公推直选、自荐海选、无推荐人海选等现象。③

在民主表达和协商方面，突出的是浙江温岭的民主恳谈，举世闻名，创造许多鲜活的民主经验；在民主决策方面，如浙江杭州出现的以民主促

---

① 章敬平：《浙江发生了什么：转轨时期的民主生活》，东方出版社2006年版，第77—80页。
② 胡国强：《草根民主渐成大势》，《浙江人大》2005年第6期。
③ 同上。

民生，人大代表会议和行政会议的开放式决策；在民主监督方面，浙江温州瓯海区寮东村甚至发动全国第一村官罢免案，浙江很多地方都出现签署"竞选承诺协议制度"，在防止贿选等方面出现各种制约性的制度机制。

浙江农民对民主参与的热情也可以从访谈中得知。2009年5月我们对萧山衙课题组40岁以下农民群体就"村民自治"概念理解作了问卷调查，调查结果显示，如表4—9：78.6%的人认为是"自我管理、自我教育、自我服务"；4.4%的认为是"减少乡镇政府直接干涉的办法"；12.6%说"不知道"；还有4.4%的人认为"自治"不过是"一个新名词，没有实际的意义"。有趣的是在"自我管理、自我教育、自我服务"选项中，不同收入阶层的群体认同这个概念的比例是：收入在3万元以下的占35.4%；3万—8万元的占37.5%；8万—12万元的占45.4%；12万元以上的占65.6%。[①] 从中可以发现收入越高的人群对"村民自治"理解得更深入透彻。随着社会的发展和人们受教育程度的提升，农民越来越关注自身的权益问题，民主政治正在内化为农民的心理结构和生活习惯，"村民自治"成为农民政治生活中的一项基本权利和为自己创造幸福生活的制度平台。从理论上说，"村民自治"以村民为主体，是社会自治，属基层民主的范畴。党的十八大报告明确提出："在城乡社区治理、基层公共事务和公益事业中实行群众自我管理、自我服务、自我教育、自我监督，是人民依法直接行使民主权利的重要方式。要健全基层党组织领导的充满活力的基层群众自治机制，以扩大有序参与、推进信息公开、加强议事协商、强化权力监督为重点，拓宽范围和途径，丰富内容和形式，保障人民享有更多更切实的民主权利。全心全意依靠工人阶级，健全以职工代表大会为基本形式的企事业单位民主管理制度，保障职工参与管理和监督的民主权利。发挥基层各类组织协同作用，实现政府管理和基层民主有机结合。"基层群众自治制度为我国基本政治制度之一，坚持和完善基层群众自治制度是坚持中国特色社会主义道路的重要内容。在农村依托基层群众自治组织，使农民直接行使"民主选举、民主决策、民主管理和民主监督"等权利，实行"自我管理、自我服务、自我教育和自我监督"的制度与实践，是体现人民当家作主的最有效的途径。

---

① 萧山衙前调研问卷数据。

表 4—9　　　　　农民对村民自治的认知表（$N=509$）

自我管理、自我教育、自我服务	减少乡镇政府直接干涉的办法	只不过是一个新名词没有实际意义	不知道
78.6%	4.4%	4.4%	12.6%

农民参与基层民主政治，还因为他们希望能够选上具有公益精神的政治能人带领或者帮助他们发家致富、促进农村各项事业的发展，防止那些不太满意的、自利的、没有能力的、腐败的官员当选。这是他们基于对干部的认识以及农村事务处理的复杂性认知。

表 4—10　　　　　农民觉得村、组干部的角色表

代表政府	代表村民	既代表政府又代表村民
12.9%	29.7%	57.4%

对干部的认识，他们认为，干部必须处理好村民和政府、村"两委"、村与各种经营性组织的关系。

农民民主参与意识的增强，与农民自身权利意识有很强的关联，确保自己的正当收益，防止被侵权，成为浙江农民参与政治的重要因素。如表4—11所示：

表 4—11　　　　　农民认为村委会主任最处理的关系表

与村民的关系	与其他村组干部的关系	与两委的关系	与乡政府的关系	与村办企业及其他组织的关系	与大姓望族的关系
68.9%	8%	4.1%	3.1%	9.3%	6.6%

表 4—12　　　农民认为自己维权意识是否有所提高（$N=509$）

有提高	没有提高	没注意
80.4%	7.6%	12%

农民也开始通过不同的途径维护自己的权益，如在萧山衙前的调研中，我可以知道以下途径：

表 4—13 农民知道的维护自身权利的途径表

协商	投诉	借助于媒体曝光	打官司	其他
44.8%	33.1%	12.4%	4.4%	5.3%

这些行动并不是截然分开的,而是出现不同的组合现象,受访者在行动选项中出现交叉重叠现象。但是从中可以看出,人们还是对政府充满信任,并倾向通过反映情况和协商等温和的办法来解决问题。对于不稳定因素,是在问题一直得不到解决的情况下不得已而为之的现象,极端情况下甚至会出现一定的暴力冲突事件。对于行动的采纳,民众更多承认会出现一个由温和到激进的渐进行动的过程,浙江农民具体参与的维权特征,将与下一章相似论述。

3. 农村民主创新的"浙江现象"的思想根源

利益导向、包容性合作与主动式参与

问卷调查和访谈表明,浙江基层民众思想观念出现重大的思想转型,并在新时期形成稳定的主框架。大部分民众(96.7%)承认,经济体制改革和经济的持续发展,使他们的生活变得更加富裕,可支配资源更加充盈,休闲娱乐的方式更为多样,受教育程度极大提高,思想观念也出现重大变化;只有一小部分人(1.4%)将以前的社会地位、生活条件和现在相比,出现相对剥夺感,虽然经济收入和生活条件好于以往。对于思想转型,通过访谈,人们不自觉地把现在和过去大集体时期(主要是上了年纪的人)以及同小时候的生活境况(主要是40岁左右及以下的人)相比较,无论是年长的还是年轻的人,都有一个共同点,即对个人利益的看重,人们更注重维护自己的个人权益,甚至在必要时会为捍卫自己的权益采取行动,纵使一部分人对过去一些集体合作的美好时光充满怀念,并对现在集体荣誉感的衰落表示惋惜。对于个体利益的捍卫,可以从温州瓯海区寮东村发动的全国第一件村官罢免案中得以体现,寮东村土地征用赔偿的不公以及部分村民感到自己的利益受到重大侵犯,上访无果而终,1999年5月,一部分村民对村长启动罢免程序,并最终获得成功。黄岩人大代表的休会、罢会案的背后,虽然不是为了个人一己私利,但也是因为区域利益受到损害所采取的结果,1994年台州撤地设市,市府所在地不在黄岩而去了椒江，使黄岩人感到利益受到损害；2004年黄岩区划调整，使黄岩人再次感到利益受到损害，他们开始利用人大代表所具有的权利，通过休会、罢会、最终复会的方式来捍卫本地区的权益。[①]

根据调查，浙江基层民众对国家推动的基层民主选举的认识也出现很大程度的变化。以前将其作为一个新鲜事物，采取的是动员式参与，自觉意识与自主性不够，但随着市场经济的推进和发展，他们不仅仅认为民主选举是一项政治性事务，而且不断认识到民主选举的当家人对切身利益的影响。他们开始重视手中的选票，对选民的资格、选举候选人、选举过程及结果非常关注，甚至有人对乡镇直选也提出自己的希望，从而出现积极参与投票的人数维持在一个很高的水平（84.2%），如果有可能的话，有38.3%的人愿意参与竞选。根据访谈，他们认为当选者不仅有比较好的经济收入保障，而且作为领导参与家乡建设，是一件光荣而有意义的事情，这不仅锻炼了自己的能力，也为以后的晋升和机会选择提供更大的发展空间和可能性。根据统计，这些关注群体年龄在40岁左右，受过高等教育的居多。有些人认为以前的教育过程中参与社团的经历，以及在工作中的处在管理岗位的经历，给了他们更大的自信和动力去关注基层选举和积极参与竞选。从事半工半农、工业和服务业的人士比较热心基层民主选择，市郊的4个村落的民众比偏远6个村落的民众对基层民主选举更为热心，而在事业单位和政府机关工作的人对基层民主选举抱着并不热心的态度，这可能一方面与利益相关，另一方面与工作环境相关。正是这种对基层选举的关注度的提高，才使他们对选举中存在的恶性竞争、贿选、选举人资格、当选者为政不仁等问题给予更多的关注，从而导致瑞安莘塍镇和义乌城西镇的契约村官制度、温州市沙城镇的委托选举公证制度、温州人大监督携手舆论监督的出台。调查发现，62.8%的人认为现在的政府更为开放，政府具有更多的包容性，能够倾听百姓的声音，更能够从群众的实际利益出发去做事，政府大部分官员做事具有责任心，官僚作风减少，这种开放的政治机会结构，使得百姓和政府官员的互动更为频繁，从而使百姓更愿意主动建言献策，参与到决策和地区治理中去，这可以从杭州地区盛

---

① 章敬平：《浙江发生了什么：转轨时期的民主生活》，东方出版社2006年版，第187—196页。

行的以民主促民生、温岭泽国镇和新河镇的民主恳谈得以反映。但仍有11.4%的人认为政府官员责任心不强,办事官僚等。

总的来说,随着经济发展、政治开明、政策引导、社会转型和文化习俗的变化,浙江农民思想观念发生重大的框架转型,并形成具有鲜明特点的解读社会现象和生活世界的主框架,那就是人们更多地从以前的以集体利益为重转为现在的以个体利益为重,并成为衡量一切事物和行动的指导性思想。正是在个人利益的主导下,人们对于政府提出更高的期望,对当选官员和政府官员提出更高的要求,希望他们能更为负责地为他们谋利益,而且他们有意识地参与民主政治,甚至直接参与竞选以求官职,从而能够更好地保障自己的利益。正是在个体利益主导下,他们才对不损害自己利益的事情和想法采取包容的态度,对公共事务渴望采取温和协商方法。利益催生民主的诉求,但是个体利益的存在,并不必然导致人们在民主化进程中采取必然的行动,主动行动的只有极少一部分人,大部分都是采取保守观望的态度,这需要相应的动员来推动民主化的集体行动。

"搭便车"心理与动员式参与

工业化、城市化和信息化确实给人们带来更多的好处,主要表现为经济收入的增加、生活条件的改善、信息获取的便利和观念日益多元。但同时也带来一些消极的影响,比如传统生活方式的衰落,家族、亲情关系网络的退化,个人利益过于重视等。生活方式带来的思想变化是,人们思想观念更为包容,更能接受许多奇异的新事物,行事更为温和;但同时对参与集体行动并不特别热心。81%的受访者认为他们关注本地的重大事件,但是71.5%的人并不积极参与,64.7%的人认为他们是受邀请式的被动参与或者是被动员式参与,只有4.8%的人主动参与,这与38.3%的人愿意参与竞选形成对照。这可能因为对个人的效用来说,参与地区协商比获胜当选要低,也可能是集体协商作为公共物品而言,单个人对此的贡献往往微不足道的缘故。另外,通过调查,女性的社区参与率较之男性要低。参与社区事务的人,以40岁及以上的人居多,这与参与竞选的40岁以下居多的人形成比较。对于年纪稍大一点的人来说,有受过去集体协作历史记忆、现在的社区协会等的影响;甚至一部分人过去的学校经历以及现在的人际关系网络、工作环境网络等,都使他们成为参与协商社区重大事务主力军。这也从一个侧面反映,年纪大一点的人更关注协商性民主参与,而年轻人更关注选举性参与。

人们普遍认为地区的文化传统和风俗习惯在衰落，新的道德标准还没有建立，当前主导人们价值观的是个人利益至上论；以前的邻里走访、相互帮助和救济的风尚也已不复存在；平时的交往都是象征性的，缺乏实质性。另外，对于新出现的新事物，人们也能够以宽容的心态对待，比较能够接受村里的经济能人和道德权威人士的思想动员等。就民主参与而言，风俗习惯和传统对女性的影响要大于男性，女性对家庭事务、工作事务的关心往往大于他们对政治事务和公共事务的关心。

农民对采取行动在思想和实际中出现非常矛盾的现象，大部分人在思想上认为采取行动是必要的，但是在实际付出的时候，却多是对此避而不谈。这可能也是出于理性选择的需要，即民众对任何一项行动的思考，不仅受到"我们行动将会发生什么"的影响，而且还会受到如果"我们不行动将会发生什么"的影响，这两种思考方向都有积极和消极的一面，从而限制了人们采取行动的可能性。当我们问到，"如果受到一些人的广泛动员，会采取行动吗"的时候，大部分民众又会果断回答会参与行动，这主要是关系网络（家族、朋友、乡亲邻里、工作等）中的利益因素驱动的缘故。这说明了大部分民众都处在潜在动员的状态，需要积极的行动者进行必要的动员。当被问及"因利益而参与行动和因公益而参与行动，哪个更有动员潜力"的时候，被调查者回答毫不意外地倾向于前者。

对于促进民主化的集体行动来说，需要解决"'搭便车'现象和动员技能"两个方面的问题。"搭便车"现象的广泛存在以及动员技能的缺乏都会导致推动民主化行动出现困难，同时动员技能和"搭便车"之间出现负相关关系。根据曼瑟尔·奥尔森（Olson Mancur，1966）的解释，任何一个理性的人，都希望付出极少的成本，获得极大的收益，同时希望别人付出更多，而自己坐享其成，而且随着参加人员数量的不断增加而收益一定的时候，人们更有可能采取"搭便车"的行为[①]，这是由集体物品的非排他性和非竞争性的性质所决定的。奥尔森通过小集团原则、组织结构原则、不平等原则等选择性激励的制度化安排来解决"搭便车"问题。但是我们从浙江的调查中发现，解决"搭便车"问题的，更多是以动员

---

① ［美］曼瑟尔·奥尔森：《集体行动的逻辑》，上海三联书店1996年版，第6页。

的方式来解决，人们基于人际关系网络的作用接受动员，参与行动，这从一个侧面说明罗伯特·帕特南分析的正确性。但是具体动员的成效如何，这与动员者的动员技能有很大的关系，从而证明了斯诺等人的远见卓识。框架本身具有标注功能（突出强调了某种行动的合理性和有效性）、归因功能（作出一种诊断式判断，找到原因，提出采取行动的思路）和动员功能（将一系列事件和经历联合起来，以相对统一和有意义的方式团结在一起）——给集体行动提供了观念上的理由。① 斯诺及其合作者，通过框架动员对其进行了学理上的解释②，主要包括"框架沟通、框架延伸、框架拓展、框架借用"技能的运用，使动员获得很大的成功。在框架沟通中，人们更多地利用党和国家的政策文件来推动民主化的行动，如"公开参与竞选是党和国家赋予每个合法公民的光荣使命；为人民服务是每个官员义不容辞的职责"，反对贿选和操纵性选举等，才会出现温州人大监督携手舆论监督、瑞安莘塍镇和义乌城西镇的契约村官制度、温州市沙城镇的委托选举公证制度等民主制度。在实践中，参与者放大框架，将一项行动的意义不断深化，如果温岭民主恳谈时，行动者就不断宣传民主恳谈的意义和好处，这不仅关乎人们的切身利益，而且还能提高公民参政议政的能力，提高政府的行政能力，提高政府和公民的公共精神等，从而使民主行动不断得到强化和实施。框架扩展，将行动的意义和影响力不断向潜在的被动员者延伸，扩大行动的影响面，甚至必要时引起新闻媒体的关注。框架借用，使各地的民主行动通过网络、广播、电视和报纸等媒体广泛传播，从而得以借用外地的民主经验和民主策略，对于推动本地民主进程具有重要的作用，如2001年温州"水心村村官罢免案"就请来当时寮东村罢免案的发起人来传授经验、杭州四级人大代表热线电话就有借鉴温州周德文人大代表工作室和义乌康晓光的人大代表工作室的框架思路。正因浙江各地存在的具体事件不同，采取框架联合动员的方式也就不同，

---

① ［美］戴维·A. 斯诺等：《主框架和抗议周期》，载艾尔东·莫里斯等：《社会运动理论的前沿领域》，北京大学出版社2002年版，第158—161页。

② Snow David A., E. Burke Rochford Jr., Steven K. Worden and Robert D. Benford. 1986. Frame Alignment Processes, Micromobilization, and Movement Participation. American Sociological Review 51, pp. 467—473；也可参阅赵鼎新的《社会和政治运动讲义》（211—213页）和艾尔东·莫里斯，卡洛儿·麦克拉吉·缪勒的《社会运动理论的前沿领域》（214—216页）。

从而使浙江各地的民主兴盛创新呈现多姿多彩的发展态势。

4. 浙江基层民主兴盛创新思想根源的经验总结

我们在浙江基层民主兴盛创新思想探源的调查中发现，客观环境特别是经济变化影响了浙江民众的思想变化，而这种变化也改变了人们的行动方式，促发了民主的兴盛创新。李普塞特的结论在一般意义上是正确的，但是经济变化并不必然导致人们采取行动推动民主化，这是帕特南给予指责的地方，即李普塞特忽略了经济变化与民主化之间的"观点引发行动"这一中间环节。但是帕特南对于李普塞特存在的问题，不是用补充，而是用替代的方式来予以解答，即社会资本是民主化发展的动力，社会资本则是"信任网络、社团组织和公共精神"的代名词，我们从调查中发现，社会资本确实提供了民众民主训练的场所，积累了参与民主活动的经验，对于协商民主来说，帕特南的观点是可取的，我们从公益型参与者身上发现了这一点。但是就帕特南社会资本的真正含义来看，他具有公益精神内涵；而在我们对浙江基层民主思想观念的调查中，很多人主动参与民主和被动员参与行动，更多是个人利益导向的行动，这在功利型参与者身上得以体现。

从某种意义上来说，支配浙江基层民主发展的是"个人利益和公共利益"相互促合的产物。这一点与帕特南的社会资本理论有点背离。其实在社会资本存量很多的地方，如果没有激活机制，社会资本对于民主化的贡献也是处在潜伏状态，需要一些积极的行动者去激活社会资本。框架联合的五种动员方式成为"观点引发行动"的触发机制，斯诺及其合作者框架理论的贡献得以体现；斯诺等人的框架联合理论也可用来解决浙江民众在民主化行动中的"搭便车"现象，个人利益相关性的动员、关系网络等社会资本的激活，成为浙江民众克服观望态度，参与民主化行动的重要条件，而不完全是奥尔森的选择性激励的制度化安排。查尔斯·蒂利强调了民主化在于政府和公民之间的互动，这在浙江基层民主化过程中得到证实；但是蒂利将民主化更多地与公民抗争结合起来，这与浙江基层民主化的过程相背离，他们更愿意采用协商和妥协的方式推动民主化的进程，闹事抗争是最不值得采取，而且是万不得已的选项。在余杭的调研中，农民维权往往会采取下列行动可以发现这种情况。

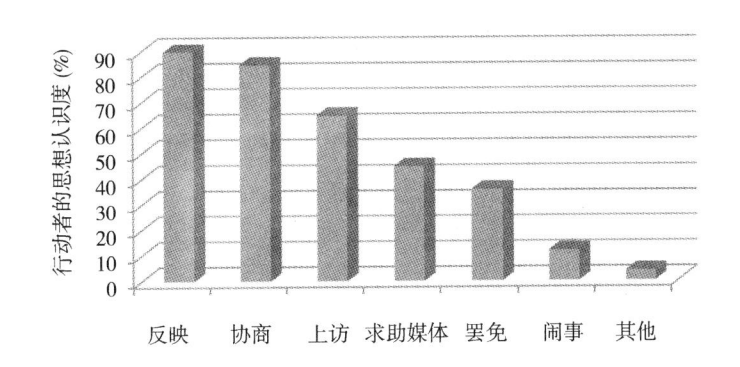

图 4—2

总的来说，浙江基层民主的兴盛创新，是浙江"公益主动型""功利主动型""功利动员型""公益动员型"四类人群的互动合作的产物，他们在不同区域的组合、顺序，决定了浙江各地民主兴盛创新的不同路径。浙江基层民主化的兴盛创新是政府和民间"自上而下和自下而上"的理性互动的产物，是各地区民众主框架指导下的依据现实境况的框架联合策略性利用的结果。浙江基层民主兴盛创新的思想根源使我们深信，随着中国经济体制改革、社会转型的深入，随着民主成为政治合法性的主要来源，人们的思想上必然形成一个主流的框架，并通过不同的框架联合方式激活民主行动，中国的民主化进程将继续向前。

（三）农民政治意识变迁下的浙江乡村管理创新

1. 浙江乡村管理的历史变迁

伴随着传统中国向现代中国的转变过程，乡村管理体制也逐渐实现了根本性转变。即从"皇权不下县"到"政权下乡"。从历史上看，中国的"政权下乡"最早始于20世纪初的清末新政，国家政权力图深入乡村基层社会，加强对乡村社会的控制。新中国成立后经历了1958年"政社合一"的人民公社制度，人民公社既是农村的基层单位，又是经济组织，也是政权组织，既管理生产建设，又管理财政、粮食、贸易、民政、文教卫生、治安、民兵和负责调解民事纠纷及其他基层行政任务，实行工农兵学商结合，成为经济、文化、政治、军事等的统一体。这种政经不分、高度集中的体制，实质是"把集体经济组织当作国家基层政权的附属品，以政化社，使集体经济完全失去了自主权和独立性"[①]。20世纪80年代初，随着改革开放，中国在农民自发突破和国家自觉领导的双重推动下，创造了村民自治的乡村基层管理形式。鉴于此，1982年12月，五届全国人大新修改的《宪法》第九十五条规定："乡、民族乡、镇是我国最基层的行政区域。"第一百一十一条规定："城市和农村按居民居住的地区设立的居民委员会或者村民委员会是基层群众性自治组织。居民委员会、村民委员会的主任、副主任和委员由居民选举。居民委员会、村民委员会同基层政权的相互关系由法律规定。""居民委员会、村民委员会设人民调解、治安保卫、公共卫生等委员会，办理本居住地区的公共事务和公益事业，调解民间纠纷，协助维护社会治安，并且向人民政府反映群众的意见、要求和提出建议。"由此在法律上确立了"乡政村治"的乡村管理新体制。

村民自治的推行和"乡政村治"体制的构建，意味着国家政权主动从村庄撤离，实质是国家向村庄和村民下放部分乡村管理权，由村民群众依照法律规定对村庄公共事务实行自我管理。是一个国家向乡村社会分权，主动推动乡村民主进程的改革过程。

在国家地方管理改革实践的基础上，依据国家相关政策文件，结合浙江的实际情况，浙江省从1990年年底开始，逐步开始在各地开展村民自治示范活动。这项工作在当时更多的是尝试、摸索和积累经验。由于浙江各地村级经济发展迅猛，规范各地村级经济组织成为乡村治理工作的紧迫任务。1992年7月，浙江省第七届人民代表大会常务委员会第二十九次会议通过了《浙江省村经济合作社组织条例》，对村经济合作社，村级社区性和综合性合作经济组织的设置、地位、主要任务、运行机制等作了详细规定。1998年年底，浙江省委办公厅、浙江省人民政府办公厅转发了省委组织部、省民政厅《关于在我省农村普遍实行村务公开和民主管理制度的实施意见》（浙委办〔1998〕45号）的通知，对"四个民主"的

---

① 陈吉元、陈家骥、杨勋主编：《中国农村社会经济变迁（1949—1989年）》，山西经济出版社1993年版，第11页。

含义、内容、实施程序和方法、组织和纪律、责任等作了比较详细的规定。1999年10月，浙江省第九届人民代表大会常务委员会第十六次会议通过了《浙江省实施〈中华人民共和国村民委员会组织法〉办法》，与1988年《浙江省村民委员会组织法实施办法》相比，前者在直接民主、选举制度、民主决策和民主监督制度、村民会议议决事项、村务公开制度等方面作了补充和完善。同时，会议还通过了《浙江省村民委员会选举办法》，对村民委员会的选举工作机构及其职责，选民登记，候选人产生，选举程序，罢免、辞职和补选，法律程序等作了明确规定。经过2002年各地换届选举的实践检验，为适应各地形势发展的需要，2004年对该法规又作了进一步的修订和补充。为做好2005年全省村民委员会的换届选举工作，规范操作选举程序，依法处理选举中出现的实际问题，省人大法制委、人大内司委和省民政厅制定了《浙江省村民委员会选举规程》，并把它编入了《浙江省村民委员会换届选举和村民自治工作手册》，以指导各地依法开展换届选举工作。2005年6月，浙江省委办公厅和省人民政府办公厅下发了《关于进一步健全完善村务公开和民主管理制度的通知》（浙委办发〔2005〕38号），加快推进了村务公开和民主管理的制度化、规范化和程序化建设，提出了健全村级组织和村民自治机制的措施和要求。浙江省委办公厅、省人民政府办公厅印发了《浙江省村级组织工作规则（试行）》，对村级组织体制和职责、村级组织议事规则、村干部队伍建设、村务公开与村务管理等作了进一步规范，构建了基本完整的村级组织架构和公共权力的运作规则。结合"四个民主"和法制工作的相关要求，浙江省先后开展了"民主法治示范村""财务管理规范化示范村"和"村务公开民主管理规范化建设"等自治示范活动，并出台了一系列规范化、法制化的乡村治理制度。浙江省司法厅、民政厅和省普法教育领导小组办公室在2004年印发《浙江省"民主法治村"星级评分标准（试行）》后，2006年即修订印发了《浙江省"民主法治村"星级评分暂行标准》；省农业厅、监察厅和财政厅2006年印发了《浙江省村级财务管理规范化建设意见》；2006年，省村务公开和民主管理工作领导小组印发了《关于开展村务公开民主管理规范化建设和示范单位创建活动的通知》和《2006年全省村务公开和民主管理工作要点》；2007年省村务公开和民主管理工作领导小组印发了《2007年全省村务公开和民主管理工作要点》等一系列指导浙江地方管理的文件规约。

根据建制主体的不同，现行的浙江省级乡村治理制度大致可以分为五类：(1)省级党组织制定的乡村治理制度；(2)省级权力机关制定的乡村治理制度；(3)省级政府及其所属职能部门制定的乡村治理制度；(4)省级司法组织制定的乡村治理制度；(5)多个部门联合制定的乡村治理制度。

乡村管理体制的这一根本性改革，主要有以下几个因素的促动。第一，顺应农民生存发展利益诉求而推动的农村经济体制改革的需要，以释放农民生产的积极性，解决国家和农民的贫困问题；第二，是公民民主参与的客观要求。民主始终是中国共产党的追求。新中国成立以后，农民成为了平等的国家主人，随着国家管理农村体制的变化，农民参与乡村管理的民主权利得到了国家法律的确认和保护。即使在合作化和人民公社时期，农民的民主管理权利也一再受到中央强调和国家制度的规定。特别是党的十一届三中全会以来，民主化的价值取向逐渐在中国占据了主导意识形态的位置，从而使扩大农村基层民主作为一个原则规定了下来。

经过20多年的演进和发展，浙江省初步建构了一个现代乡村治理制度的基本框架，形成了独特的制度格局。一是形成了以村庄治理为中心的制度体系。现行浙江省的乡村治理制度，以村庄治理制度为中心，初步形成了由村级组织建设制度、村干部选举制度、村务公开制度、民主决策制度、民主管理制度、民主监督制度、村经济事务自治制度以及村干部管理制度等组成的省级村庄治理制度体系。这些制度以国家法律为基准，结合浙江地方实际，并涵盖了乡村治理活动的各地环节，构成了一个较为系统的制度框架，为各地村民、村干部和乡镇工作人员的乡村治理活动提供了基本的制度保证。

二是确立了以村民自治为目标的制度取向。当前在中国农村推行的村民自治制度，其实质和目标就是把村民组织起来，进行自我管理、自我教育、自我服务，做到自己的事自己做、大家的事大家办，共同办理好村级各项事务。在浙江乡村社会结构变迁和社会利益结构发生深刻变化的背景下，一方面，村民依法照章通过村民委员会等村民自治组织对村级事务行使自治权利；另一方面，传统乡镇行政管理体制对乡村社会的管理惯性依然有着重要的影响。如何处理某些村级事务，如何定位乡村关系并界定各自的权限，成为了乡镇行政管理权力与村民自治权利冲突的焦点。省级有关部门作为乡村治理制度的主要供给者，面对新的社会变迁和冲突焦点，选择了坚持"三个自我"为目标的制度建设方向，通过制定相应制度逐步规范"乡政"与"村治"行为，倡导通过村民自我管理、自我教育、自我服务方式来处理乡村社会事务，协调各种社会力量和组织的利益关系。

三是体现了以民主为核心的制度理念。要达到村民群众实现"三个自我"的目标，必须实行民主选举、民主决策、民主管理和民主监督。无论是地方性法规、地方政府规章还是地方政策规范性文件形态的浙江乡村治理制度，都始终围绕着"民主选举、民主决策、民主管理和民主监督"的基调。而且民主选举基本原则、基本程序、具体方式，民主决策的决策主体、决策内容、决策方式，民主管理的依据和内容等具体文本表述，相当程度地体现出了村级民主的广泛性、有效性、规范性和真实性。此外，浙江还通过不断对村级民主提出新要求，积极探索村民全面参与"四个民主"的新路子，强化乡村治理制度民主化发展方向。

2. 当代浙江乡村管理的实践创新

近些年来，随着农民自觉政治意识和民主参与意识的增强，根据各个地区的不同情况，浙江省各地政府和群众在地方管理上进行了一系列的积极探索，并产生了不少富有意义的经验，有的甚至在国内外形成了较大影响。这些创新主要体现在地方管理的民主化路径方面，特别关注民意表达、决策、管理和监督方面。限于篇幅和其他条件的限制，只能选取其中一部分较有代表性的实例，进行调查与分析。这些地方管理的创新获得了人们的广泛认同，具有一定首创性和影响力。

基于民意表达的常山县"民情沟通日制度"

在农村税费改革后，乡村干部不需要再征收农业税，许多村干部专注于自己创业致富，在村务管理和与群众沟通上的时间大为减少，不了解群众的想法和需求。同样，群众对村务情况也不清楚，容易猜疑，甚至歪曲事实。同时，有的村干部责任心不强，遇事往上推；有的群众对村干部解决问题不放心，一遇到矛盾不是找村干部，而是直接跑到乡镇进行越级上访。这些现象激化了干群矛盾，也损害了群众利益。因而需要创设一个平台，借以加强干部和群众的沟通，增强干部的工作责任心，促进群众对干部的理解和支持，让村级组织增强主体意识和责任意识，尽心尽职地为群众服务，更好地提高村级民主管理水平。

2005年11月以来，常山县委、县政府结合县情实际，在每个乡镇选择一个典型村（社区）进行试点的基础上，建立并推广了以"听民声、察民意、知民情、解民忧、帮民富"为主题的"民情沟通日制度"。

"民情沟通日制度"的创新在于通过多种途径掌握民情。一是发放"民情联系卡"，将乡（镇）驻村干部、村"两委"干部及农村工作指导员的联系电话、职责范围，统一制作成联系卡，发放给每个农户，便于群众了解、联系和监督。二是设立"民情信箱"，各村在村民相对集中的地方设立"民情信箱"，由专人管理，定期开启收集村民意见、建议和求助信息。三是确定"民情信息员"，推荐有代表性的村民担任，主要职责是联系村民，定期收集、整理村民意见、建议和各类求助信息，如实向村"两委"会反映。四是不定期召开"民情分析会"，由村"两委"干部、民情信息员参加，专门研究和处理群众意见、建议，在"民情沟通日"前确定解决问题的办法，为有针对性地开展活动打好基础。此外，在前期了解民情的基础上，健全机制解决问题。一是全程代办和限期办理机制；二是建立联动和协调机制；三是建立督查和考核机制。

"民情沟通日制度"实施以来，取得了良好效果。目前，全县行政村都建立了该项制度，以乡镇为单位每月一次定期开展活动。推行"民情沟通日制度"，有助于更好地向农民群众宣传、解释党的路线方针政策和国家的法律法规，使广大农民群众进一步理解当前各项政策措施，促进村民对中心工作的支持；有助于促使县、乡、村党员干部转变工作作风，深入农村一线，进一步掌握实情、了解民意，为农村群众办好事、实事；有助于进一步密切党群干群关系，及时化解各种矛盾，促进社会和谐稳定。

基于民主选举的能人治村现象

改革开放以来，敢为人先的浙江人，通过不断地开拓和创新，其经济社会发展走在了全国的前列，从一定意义上说，在民营经济迅速发展和农村私营企业主阶层迅速崛起的基础上，逐渐形成和发展为私营企业主主政的能人治理模式。

私营企业主发家致富以后，一方面渴望在身份、地位、权力方面实现同步追求；另一方面也渴望为本地村民贡献自己的能力，帮助本地村民。他们积极介入村庄治理过程，他们积极参与本地竞选，并援引各种可以利用的社会资源，采取多种多样的策略和方式，在选举运作过程中展开激烈的竞争，由此营造出一幅无比热闹的政治生活场景。

根据我们的调查，大约从20世纪90年代后期开始，浙江农村越来越多的私营企业主借助民主选举的渠道担任了村干部，特别是村书记和村主任，陆续地出现了一批私营企业主主政的村庄。经过10多年的发展，私营企业主主政的村庄在今天的浙江省非个别或少数，已经占据了相当大的比例。而且相当部分村庄，已经连续几届由私营企业主主政，形成了较为稳定的私营企业主主政的村庄治理模式。

基于民主决策的天台县的"民主决策五步法"

民主决策是村级治理中的重要环节，但现实当中，在热闹的民主选举后，民主决策方面往往缺乏规范性、程序性的操作工作流程。天台的"民主决策五步法"在这方面进行了有益的探索，并得到了良好的成效。

其步骤主要分为以下几部分：一是民主提案。提案分集体提案和村民提案两种，集体提案由村党组织、村委会、村经济合作社等村级组织提出，村民提案由18周岁以上的本村村民提出。提案内容多为涉及农村发展、稳定的村级重大事务和热点、难点问题。提案一般在年初（年终）或届初进行。二是民主议案。村党组织统一受理、审查提案。对一般事务，召集村"两委"联席会议作出决定，对村级重大事务则通过召开民主恳谈会、党员议事会、走访座谈等形式，广泛征求党员、群众的意见和建议。在此基础上召集村"两委"联席会议，综合村民反映的意见和建议，研究确定需提交表决的事项，并拟订表决方案。三是民主表决。召开村民会议或村民代表会议（村民代表扩大会议）进行民主表决，并形成书面记录。针对外出人口多、村民会议召集难的实际情况，以村民代表会议或村民代表扩大会议为基本组织形式。村民代表扩大会议参加的对象扩大到党员、村"两委"干部、组长以及各种公共组织负责人。四是创业承诺。表决通过的事项与村干部承诺制相衔接，作为村干部的工作目标，由村"两委"公开作出办理承诺，并于5日内召集村"两委"联席会议，确定方案，制订计划，责任到人，组织实施。五是监督实施。村"两委"及时将村干部工作目标、责任人及进展情况通过村务公开栏公开，接受村民监督。年中村党组织召开由村民代表、党员、组长等参加的工作承诺汇报会，村"两委"通报工作进展情况，倾听群众意见，接受群众质询。年底乡镇（街道）党委组织召开村干部述职评议会，村民代表、党员等与会人员对村干部作出口头或书面评议，评议结果与村干部奖惩挂钩；同时，根据实际需要，组织村民对下一年的工作目标进行提案。

村级事务"民主决策五步法"对村级事务决策程序进行了具体的规定，使决策过程更加规范，保障了村民的知情权、参与权、选择权和监督权，有效地提高了村民参与村务管理的热情，增强了村干部的工作责任心，推动了农村各项工作的顺利开展。

基于民主管理的新昌县的"村务公约"乡村典章

"村务公约"实际是乡村的典章。针对很多村庄在村委会选举后，村务管理比较混乱、村干部作风不好、群众意见较大等情况，从 2004 年 6 月开始，新昌县决定在村"两委"矛盾较突出、干群关系较紧张的儒岙镇石磁村进行试点，引导、帮助农民制定一套对村级组织和全体村民具有普遍约束力的村务运作机制。经过问卷调查、上门访谈、座谈讨论等程序，历经一个半月形成了《石磁村典章》初稿，再由村"两委"会、"两委"扩大会议、村民代表会议进行梳理分析，随后张榜公布，挨家挨户收集意见，最后由全体村民公决，正式通过了《石磁村典章》。这部典章包括组织及职责、村务会议及决策、财务管理、村务公开制度、干部违规失职追究办法、村规民约 6 个部分，涉及村级治理的方方面面。

新昌县在乡镇进行试点的基础上，相继出台了《关于进一步加强农村基层组织建设的若干意见》和《关于实施村务公约（乡村典章）制度加强村级民主管理的意见》，在全县农村推广实施村务公约（乡村典章）制度。村务公约（乡村典章）的制定遵照合法性、自治性、适用性、双向性原则，要求每个村紧密结合本村实际，做到一村一典。总体是按照调查研究、制订草案，酝酿讨论、征求意见，内容公示、上级审核，组织实施、试行完善等程序进行。

村务公约（乡村典章）的主要内容和特点在于"四个坚持"：一是坚持权力公授，健全村务领导机制。在依法的前提下，经村民会议或村民代表会议授权，结合农村工作的实际，对一些原来界定不清的职责进行明晰，重叠交叉的职责重新划分，理顺村级组织之间的关系，突出村党组织在村级各组织和各项工作中的领导核心地位,细化村级组织的工作职能。二是坚持村务公决,健全民主决策机制。村务决策实行民主集中制原则,严格履行程序,实行民主决策,明确村"两委"联席会议、村民代表会议和村民会议对重要、重大村务决策的内容、形式和程序。并明确其他一般村务由村级组织根据各自职责、分工及权限,在听取党组织和群众意见的基础上集体作出决定。三是坚持群众公信,健全民主管理机制。把群众是否满意作为村务管理的出发点和落脚点,对群众关注的财务管理、工程建设项目、集体资产处置、集体物资采购和印章管理等作出具体规定,做到事先征求意见、事中民主决策、事后公开结果,确保群众"四权"真正得到维护与实现。四是坚持结果公评,健全民主监督机制。村级组织、村干部和村民行为必须接受村民的监督,由全体村民来评价。重点落实村务公开、村干部评议、村干部和村民违规责任追究制度。

基于民主监督的武义县的"村务监督委员会制度"

全国首个村务监督委员会建立于武义县的后陈村。后陈村是武义城郊村,因土地征用等原因拥有数额巨大的村集体资产。如何管好这些资产成为后陈村突出的村务大事,受到村民群众的普遍关注。然而,从20世纪90年代中期以来,该村的村级财务管理工作一直没有理顺,村民对村级财务不公开、管理混乱深感不满。20世纪90年代末以来,该村村民经常上访,向县纪委、街道反映村集体财务管理中存在的问题,但都没有得到根本解决。后陈村在2003年成立了村财务监督小组,但并没有从根本上改变村级财务运作状况,其中一个很重要的原因就是财务监督小组由村"两委"授权,缺少独立性,监督效能低。而且在实际运作过程中,其功能常常被村"两委"取代。

基于此,2004年4月至6月间,有关部门组织人员对后陈村各项管理制度进行了梳理,按照村民议事程序讨论形成了《后陈村村务管理制度》和《后陈村村务监督制度》。为了使监督制度能真正落到实处,在制度设计中,创造性地设置了村级监督机构——村务监督委员会。

按制度规定,村务监督委员会设主任1名,委员2名,通过投票选举产生,候选人应是非村"两委"成员及其父母、配偶、子女、兄弟姐妹等直系亲属的村民代表。村务监督委员会由"村民代表会议表决产生,经村民代表会议授权实施监督,并对村民代表会议负责"①。

"村务监督委员会制度"的创新之处主要在于:一是完善了村级组织体系。"村务监督委员会制度"在村庄内增设了一个常设的村务监督组织,由此进一步地完善了村级组织体系。这一村级组织与村民委员会并列,由村民代表会议选举产生,对村民大会和村民代表会议负责,其职能主要是监督村务管理制度的实施和村务管理的运作。二是建立和完善了村级管理制度。(1)健全了村务管理组织制度。对村"两委"作为村务特别是财务管理组织,村务监督委员会作为村务特别是财务监督组织的性质、产生及职能等作出了明确规定。(2)完善了村务管理和村务监督制度体系。明确村务特别是村级财务管理人、监督人的职责。(3)建立了救济制度。当村务监督委员会的监督功能无法正常运作时,有权向街道或乡镇有关部门申请救济。三是构建了村级权力制衡机制。按照制度设计,村务监督委员会由村民代表会议选举产生,经村民代表会议授权实施监督,对村民代表会议负责。从而实现了村务监督与村务管理的分离,村务监督委员会因此成为与村党支委、村委会并行的一个村级权力制衡机构。四是创新了监督机制。原村财务监督小组的监督只是单纯地对村级财务实施事后监督,主要是对有关财务账目进行查阅、核对。而村务监督委员会的村务监督实现了多方面的机制创新。首先,村务监督委员会作为一个常设机构,由3名专职成员构成,成为专门的村级民主监督机构,使村务监督由过去的兼职变为专职。其次,村务监督委员会的村务特别是财务监督不再仅仅限于事后,而是全程性,由过去的事后监督转变为全程性监督。

走向管理综合的温岭的"民主恳谈"

"民主恳谈"产生于温岭市松门镇。1999年6月25日,在浙江全省开展农业农村现代化教育活动的背景下,为了配合活动取得实效,松门镇党委举办了第一次"农业农村现代化建设论坛",当时,有100多名群众自发前来参加会议,并且和镇领导进行面对面交流。镇领导对群众提出的问题进行了认真地答复和解释,有的问题当面作了澄清,有的问题当场给予解决,还有的问题承诺具体的解决措施和时间。这类公民论坛成为"民主恳谈"的雏形。这种做法成本低廉而作用突出,因而得到了当地干

---

① 参阅卢福营、孙琼欢:《村务监督的制度创新及其绩效》,《社会科学》2006年第2期。

部、群众的认可和欢迎。温岭市委及时总结和推广了松门镇"民主恳谈"活动的经验。各乡镇出现了形式多样、名目繁多的民主沟通、民主对话活动，在村一级则出现了村干部与村民直接对话的"民主日"活动。随着民主对话活动的不断深入，"民主恳谈会"所具有的基层民主政治建设功能也被不断发掘出来。2000年8月，温岭各地开展的"民情恳谈""村级民主日""农民讲台"等活动形式，统一更名为"民主恳谈"，并且引导其走向制度化和规范化，逐渐成为新型的基层民主政治模式。通过广泛的实践，中共温岭市委2004年9月29日颁发了《关于"民主恳谈"的若干规定（试行）》，"民主恳谈"遵循坚持党的领导、坚持依法办事、坚持民主集中制、坚持注重实效四项基本原则，规定了村级民主恳谈的议题范围是村民自治章程、村规民约的制定和修改；村财务年度、半年度收支情况；村集体资金使用安排；村建设规划的编制和调整；重要工程建设项目及承包、出租和出售；村干部享受误工补贴的人数及补贴标准；公益事业建设资金的筹集；其他涉及多数村民利益的公共事务和公益事业。村级民主恳谈会可定期或不定期开展，一年不少于二次；根据需要，经村"两委"研究决定可随时召开，所列议题范围内涉及的事项，要经过"民主恳谈"作出决定。《关于"民主恳谈"的若干规定（试行）》规定了民主恳谈的程序，包括议题的确定和初步方案的形成、会议通知和参加对象的确定、民主恳谈会的召开、会后处理恳谈意见等。为了加强与群众的沟通和联系，温岭市还为群众的利益表达活动创造了更加便利的条件。例如，全市在各乡镇推出了民情接待岗和民情热线电话，受理群众的咨询、求助、投诉、举报、建议等，并及时向上级领导汇报和转办问题，及时反馈处理结果。"民主恳谈"的配套制度建设也逐步完善，建立起了听证制度、决策制度、反馈制度、民情绿色通道制度、"民主恳谈"挂牌销号制度等。

"民主恳谈"为基层社会的民主决策、民主管理和民主监督提供了一种新形式，它有效地扩大了群众对公共事务的知情权和决策权，提高了他们参与村务管理的热情和民主意识；有效地增强了村务决策的科学性，提高了村务管理的效率；有效地加强了决策者和群众之间的沟通与交流，转变了各级干部的工作作风，融洽了干群关系，促进了社会稳定。

独特的区域环境逐渐形成了一些地方性的村庄管理典型形式。浙江民主创新实践，有许多经验可以总结，在共性基础上，还有针对独特区域的特殊问题，进行有针对性的管理创新。如嵊州市的"八郑规程"、柯城区的"两监督一赔偿"制度①、嘉善县的"村级简报"、乐清市的"外出村'两委'主要干部委托代理制"、诸暨市的"村干部教育培训实践基地"，宁波市甚至还对大学生村官方面进行了制度化管理和设计。然而，从总体上分析，近些年来浙江乡村管理的地方创新呈现出如下主要特点：一是关注民意，探索扩大基层民主的现实路径；二是注重规范，探索依制治村的现实机制；三是关注监督，探索防范村干部腐败的现实方法；四是关注干部，探索村级班子建设的现实途径。

4. 当前浙江乡村管理创新中面对的问题与应对策略

浙江乡村管理创新中面临的问题

浙江乡村管理出现许多创新点的同时，但依然面临许多需要解决的问题，主要有以下几点：

（1）乡村管理民主化面对的难题

一是日益扩大的公共参与与制度供给和保障不足之间的矛盾。在现阶段浙江乡村管理实践中，随着利益诉求日益强烈，村民群众的民主参与日益扩大，法律制度建设却相对滞后，不能有效地将民众的参与纳入制度化法治化轨道。主要表现为有法不依、无法可依、操作程序不完善、惩戒性制度缺乏和司法救济困难等。

二是日益强烈的民主要求与传统的管理体制和方式之间的矛盾。随着经济社会发展，村民群众的民主要求日益增强，希望有更多的参与权、知情权、监督权。但传统的管理体制和管理方式是以权力高度集中为特点的，管理者习惯于一个人说了算，习惯于少数人拍板，习惯于垂直型命令，习惯于强制性执行。这种管理体制和方式在新的形势下很容易扭曲政府与村民的关系，激化干群矛盾。

三是日益增长的公共参与要求与村民民主素质较低的矛盾。在现阶段浙江农村，一方面是长期压抑的民主参与热情极大迸发，村民群众特别是

---

① 参阅卢福营：《尝试制度创新 促进民主监督——对航埠镇"两监督一赔偿"制度的分析》，《山东科技大学学报》2003年第5期。

村庄精英希望通过积极的公共参与表达自己的利益诉求；另一方面，与公共参与热情相比，村民群众的民主素质相对较低，还不习惯于按民主程序行使民主权利，遵守共同制定的规则。诸如自己表决同意的事，一旦涉及利益、人情等因素，就可以随时推翻；没有投某村干部的票，就可以理直气壮地不服从其管理；村干部选举中，贿选和暴力等因素的介入，等等，不同程度地造成了乡村管理中的非民主和失序。

四是日益扩展的民主工作与政府指导相对薄弱的矛盾。无论是村民自治制度安排，还是农村基层民主的实践运作，都要求政府部门担当起指导乡村管理民主化进程的职责。然而，从现阶段浙江省各地农村的实践来看，政府对村级民主管理的指导显得较为薄弱，与乡村管理过程中日益扩展的民主工作内容和要求不相适应。主要体现在：第一，政府的指导力量薄弱，村民自治涉及全体村民和全部村务，工作内容多、范围广、种类杂，需要大量的人力来组织和指导。第二，政府的工作协调机制不足。由于村民自治和农村基层民主建设具有很强的综合性和系统性，涉及多个政府部门与组织，往往需要党委、政府统一协调才能取得积极效果。第三，财力保障不到位。无论是开展村民自治活动，还是办理村庄公共事务，都需要一定的财力保障。

（2）乡村管理主体互动中面临的问题

一是管理主体的素质问题。制度确定后，干部是决定性的力量。村干部的素质状况直接关系到乡村管理能否实现有效、有序的运作。民主选举本要将村民群众"信得过"的村庄能人和精英推上村级领导岗位，在村民群众认同基础上，形成村干部的权威，从而使村干部能够更好地带领群众有效地开展自我管理、自我教育和自我服务，达到乡村社会的良治。然而，事由愿违，通过民主选举上台的村干部未必都是领导村民自治的理想人才和最佳人选。地方管理者的素质面临的问题主要包括：管理者管理态度消极，不作为；知识偏低，无作为；技能缺乏，难作为。

二是"乡政"与"村治"互动中的管理困境。实行村民自治后，乡村管理中并存着乡镇的行政管理和村庄的村民自治，建构了一种独特的"乡政"与"村治"互动关系。然而，由于制度设计的不完善以及乡村管理环境因素的影响，在乡村管理的实际运行过程中，"乡政"与"村治"时常表现出脱节现象，并造成了一些难以克服的困境。具体呈现为两大倾向：一是乡镇为推行政务而强化对村一级的行政渗透，导致村级组织"附属行政化"；二是以村委会为代表的村民自治权过分膨胀，乡镇正当的行政管理难以有效实施，导致"过度自治化"。一方面是自上而下的压力和任务；另一方面是自下而上的村民自治要求，作为农村基层管理机构的乡镇政府介于两种不对称的体制之间，日益感到进退两难。

(3) "老板治村"引发的各种管理课题

"经济上业已取得一定成就，跃居社会上层的私营企业主，势必会在政治上提出相应要求，谋求政治地位的提升。"① 他们逐渐介入村庄管理过程，领导村庄公共权力运作，甚至主政村庄管理，形成了独特的"老板治村"现象。"老板治村"充分发挥了乡村管理的能人效应，有力地促进了乡村管理和农村经济社会发展。但是，"老板治村"也带来了一些具有普遍性的弊端，最为明显的是：老板自身事务繁忙，不能保证村务工作的时间，导致了"村官不理村务事"的现象；老板用管理工厂的方式管理村民事务，导致村务管理的失误；一些强势老板村官不理会政府的工作指导，傲慢自大，工作作风专横，造成决策失误和管理损失，甚至导致村民群众的强烈抗议。

(4) 农村发展对乡村管理提出种种挑战

一是村庄分枝化提出的挑战。我们根据对浙江10个村庄的调查，发现浙江农村社会开始"分枝化"，"逐渐形成了非农化水平不同、方式多样的农村社会格局"。② 根据非农化的方式和水平，现阶段浙江农村大致可分为城村、镇村、工业村、农业村四种类型。不同类型村庄的管理环境势必有所差异，从而提出了多样化乡村管理的要求。特别是随着城市化的不断推进，以城中村、园中村、城郊村等为表现形式的各种城村大量增加，形成了一批"亦农亦居、非农非居"的农村新社区，给乡村管理提出了一系列新的挑战。

二是村庄合并引发的难题。近年来，相当部分县、市、区陆续开展了行政村规模调整，将原有相邻的数个村庄合并为一个村庄，通过村庄合并

---

① 卢福营：《农村私营企业主的崛起与参与——以浙江永康市4个村为例》，《社会主义研究》2007年第6期。

② 卢福营、刘成斌等：《非农化与农村社会分层：十个村庄的实证研究》，中国经济出版社2004年版，第6页。

为推进新农村建设拓展体制空间。但是，村庄合并事实导致了利益格局的重新调整，势必会产生各种矛盾和问题。从调查来看，当前表现出来的最主要新难题是：一方面表现为新村班子难以合心合拍；另一方面表现为新村管理难以统一。

(5) 公共服务取向下凸现的新难题

顺应经济社会的发展，在中国社会进入结构性转变的新时期，党和国家及时地转变发展战略，提出了科学发展观。在科学发展观指导下，适时地提出了构建社会主义和谐社会，建设社会主义新农村等重大战略。强调既要又好又快地发展经济，又要兼顾公平，关注民生，加强公共服务和社会建设。在此宏观政策导向下，提供公共服务逐渐成为乡村管理的新的重要任务。然而，从调查来看，村级组织的服务能力总体较低，远远落后于群众的需求。据嵊州市的调查统计，全市1077个行政村中，服务功能一般的村约占55%，服务功能萎缩的村约占15%。[①] 具体表现在：一是公共服务缺乏财政支持；二是公共服务缺少必要场所；三是公共服务缺乏有效机制。

面向未来的策略建议

乡村管理现实的诸多难题，表明村民自治制度需要改革和创新，村民自治有进一步扩展和提升的空间。乡村管理的实际运作遭遇种种难题和挑战，意味着有必要根据农村经济社会的发展和村民群众民主素质的提高，与时俱进地进行改革创新，不断地对乡村管理制度作出适应性调整和提升，推动乡村管理的完善和发展。我们认为，在今后的一个时期，村民自治的提升和扩展，乡村管理的完善和发展，急切需要在以下重要方面采取重要对策。

第一，确立农村基层民主的发展理念。要真正全面推进农村基层民主建设，促进乡村管理的发展，首先应确立民主管理的观念，各级党委政府须从和谐社会建设的高度来重视村民自治和农村基层民主建设工作，提高对基层民主建设的认识水平，提升基层民主建设的工作规格，加强工作的主动性、积极性和有效性。为此，一是要树立民主和谐观。民主是将社会分化进行整合，化解社会冲突，促进社会和谐的最好的制度性选择，它将

[①] 中共绍兴市委组织部课题组：《完善村级管理机制研究》（内部资料），2006年。

人们置于平等的主体地位，给予公众以利益表达和政治参与权利，有利于促进社会和谐。二是要树立民主创新观。农村民主创新的动因来自于农村社会存在的分化和冲突，来自于民众的要求、中央的决策以及地方政府的主动创造；农村民主创新的机制需要实现法律化、规范化和程序化；农村民主创新的技术需要更讲究操作方法和策略；农村民主创新的绩效需要建立一套科学的评估标准与依据。三是树立民主管理观。从特定意义上说，民主是一种管理方式。也就是说，在社会多元化条件下，管理过程中要更多地反映民意、更多地互动、更多地协商、更多地妥协。

第二，创新和拓展村民有序参与的民主形式。发展基层民主，保证人民依法直接行使民主权利，是今后一个时期中国政治文明建设的要求和任务。从村民自治已有的经验来看，村民自治发展的障碍和问题主要在于村民群众的参与不足，致使群众自治和直接民主发生了不同程度的异变。村民自治之所以在当今尚未能充分发挥其理想的管理效能，与村民有序参与缺乏，特别是与村级民主决策、民主监督环节的相对薄弱有着密切关联。村民自治的四个民主环节是一个有机的整体，其中任何一个环节的缺损都将损害村民自治的整体效能。民主选举是村民自治的基础，民主决策是村民自治的核心，民主监督则是村民自治的保障。当前乡村管理中民主决策、民主监督制度建设的相对滞后和不足，是导致村民自治效能不理想的关键因素之一。故此，提升村民管理当有赖制约其效能发挥的民主决策、民主监督等环节的强化。

第三，规范和完善村民自治的运行机制。村民自治势必逐步走向制度化，通过中央、地方、村庄等各立法主体的建章立制，制定一整套村庄管理的制度规范，并依据法律和制度实施村庄公共事务的决策和管理。而现阶段中国农村管理中，还没有形成一套完善的法律和制度，大量事务处在无制可依的境况。同时，即使制定了相关的法律和制度，有制不依、违规不究的现象也普遍存在。在这种管理环境下，一些人会利用制度不完善带来的"方便"和拥有大量社会资源的优势，通过无序性博弈，竭力扩大自己的利益，甚至侵害村民群众和村庄集体的利益。所以，加强农村法治建设，逐渐规范和完善村民自治的运行机制，使村民参与有序、办事有据，真正做到有章理事，是提升村民自治的治本之策。

在今后一个时期的村民自治制度建设中，需要特别关注两个方面：

一是注重制度自身的完整性、体系化,内在地包含组织制度、管理制度、监督制度以及救济制度等。二是注重制度的更新和发展。有关部门应当不断地发现农村经济社会发展的新情况、新问题,与时俱进地进行制度调整和创新,及时将农村社会中出现的新生事物纳入到制度规范之中。

第四,建立和健全村民自治的权利保障。近年来,有关村民自治权利被侵害的上访事件急剧增加。这从一个侧面表明村民自治作为村民一项基本民主权利正在愈益深入乡村社会生活之中,成为村民政治生活方式的重要内容。然而,由于缺乏必要的保障和救助机制,乡村管理实际工作中出现了一些村民自治权利被"悬空"的现象,迫切需要建立和健全一个以自治救济和司法救济为主,多种救济方法和渠道有机结合的村民自治权利救济体系。[①] 首先,大力培育村民自治权利的自治救济机制;其次,尽快建立村民自治权利的司法救济机制;最后,努力构建村民自治权利的社会救济机制。

第五,开发和利用乡村管理的可用资源。村民自治是现代中国乡村管理的基本制度,其核心价值在于为村民的自由自主自治活动提供制度性平台。然而,村民自治的实际运行必然受各种社会环境因素和管理资源的制约。因此,积极开发和利用乡村管理有效运行的资源,是发展村民自治的题中应有之义。从浙江乡村管理的现实实践来看,当前需要着重开发以下重要的乡村管理资源:一是开发和利用组织资源;二是开发和利用财政资源,包括国家的转移支付、社区自我集资、社会捐资;三是开发和利用文化资源,村民自治是在一个乡村共同体内由村民自我管理、自我教育、自我服务,其运作主要借助于基于共同体内部形成的规则和共同认可的权威,文化资源具有至关重要的作用;四是开发和利用社会资源。村民自治既是大众参与的过程,也是乡村精英主导的过程,更是一个多元互动的过程。村民自治的发展相当程度上需要我们面对现实,积极发挥各种社会精英、社会志愿者等在乡村管理中的主导作用。

---

① 参阅卢福营《构建合理的村民自治权利救济机制》,《福建论坛》2007 年第 7 期。

五　农民法制意识与维权观念变迁

农民问题的核心是农民权利问题。"一般来说农民权利是指农民作为独立主体自主享有的权能或利益",在我国二元户籍制度的条件下解读,农民权利应理解为"户口登记在农村并为农业户口的农村人作为独立主体享有的权能或利益"。[①] 新中国成立后尤其是改革开放以来,伴随着农村社会的巨大变迁,农民的思想观念、思维方式也经历着深刻的变革,农民的权利意识和维权意识及其维权行为也呈现出新的特征。在当前社会转型背景下,经济社会发展进程加快,国家对农村的政策也在调整和变化,这些因素都使得农民维权思想观念以及在思想观念指导下的维权行为呈现出多样化的形式与特点。

浙江省作为经济先行地区,是我国首个农村人均年收入超1万元的省区。浙江农村社会的进步与发展,在改变农村面貌的同时,也引发农民权利意识与维权观念的变化。课题组以萧山衙前镇为例,结合在经过了充分的前期准备、实地调查和资料整理思考后,对调研结果和材料进行认真分析,并结合其他发达地区农村调研材料,概括出新中国成立以来农民维权意识与维权观念变迁的大致脉络。我们从权利意识、维权内容、维权态度、维权方式、维权行为认同五个方面来解析农民维权意识与观念的变迁路径,当然,这几个方面并不是独立存在的,而是互相联系甚至交叉存在的,是互不可分的。比如说集体维权和显性维权就会相伴出现,"私力救济"有可能是通过正式途径展开的,也有可能是通过非正式途径进行的维权活动。公力维权的经常性运用也为专业维权队伍的建设起到了促进作用。课题组在此将其分为独立的几方面论述,只是为了凸显维权内容、途

[①]　张英洪:《农民权利论》,中国经济出版社2007年版,第14页。

径、方式等意识和观念的演进与变迁,方便对其进行总结讨论。

(一) 农民法制意识强化:从权利的不自觉到自觉

随着社会经济的迅速发展和改革的不断深化,中国农村的社会关系和利益关系发生了很大变化。工业化、市场化、城市化给中国农村社会带来的影响与冲击,深刻改变着农民的权利意识与思想观念。尤其自改革开放以来,农民的权利以及维权问题,日益引起了社会的重视。而农民,在维权方面,甚至成为了最大的弱势群体。近些年来,剥夺农民经济权利、侵犯村民政治权利、限制农民人身自由、损害农民工合法权益等事件时有发生,与农民利益相关的农村基层社会问题和矛盾冲突成为了当前社会矛盾的重要方面,极大地影响了农村乃至整个社会的和谐与稳定,危及农村乃至整个社会的有序发展。农村社会利益的多元化和分化,直接影响到农民利益观念和权利意识的变迁。当代中国,社会变迁与转型引发人的个体利益与主体意识的觉醒,正如有的学者所言,我们正在经历一个"走向权利的时代"[1]。而农民的维权问题,不仅是农民权利自主意识苏醒和觉悟的过程,更是社会由传统走向现代性的必然结果。

作为"应获得的利益"的权利,首先得有法律上的认可和资格。而这一"资格"的获得或得到确认,前提是相关法律规范的出现和成熟。在中国农村,作为客体的农民权利,自新中国成立以来,是一个从无到有的渐进发展过程。因此,在此种背景下,农民要维护权利,首先就需要在广大农民群众中普及法律知识,使其能够了解自身享有的权利及其救济途径,以利于把农村矛盾和纠纷纳入法治轨道予以解决,以避免激烈化和暴力化的局面。

1. 农民权利意识觉醒的制度背景

新中国成立初期,我国百业待兴,民主法制事业的建设也处于起步时期,当时的中国还没有建立起比较完备的法律系统。早期只有两部正式的法律,一部是《中华人民共和国宪法》,一部是1950年的《中华人民共

---

[1] 参阅夏勇等:《走向权利的时代》,社会科学文献出版社2007年版。

和国婚姻法》,直到十一届三中全会以后,我国的法律体系才逐步建立起来。我国第一代法律工作者张思之在接受采访时说道:"当时我们办案,基本上是依据《共同纲领》,《共同纲领》的思想,其次就是中共中央的政策。"① 可以说当时法律体系极为不健全,由此导致农民的法制意识、权利意识的缺失。

这种现象产生的原因主要有两个方面:其一,由于受到沿袭了几千年的封建残余思想的影响,农民的封建思想和小农意识还比较严重,权利意识还很淡薄;其二,现行代表体制的不完善使得农民的声音缺少渠道传播,而作为执行主体的相关机构不作为又使法律法规成了摆设,进而使得农民对权利维护的途径与效用都不熟悉。1956年下半年至1957年春,国内各种社会问题、国外的波匈事件和党内主观主义、官僚主义等一系列问题汹涌而至,使得国内形势变得严峻起来。学生罢课,工人罢工,全国有几十个县发生了农民要求退社、闹事等事件。以衙前镇为例,也发生了农民要求退社、闹事等事件。农民开始有这些激烈行为是因为他们感觉到自己的权利受到了侵害,虽然他们没有明确提出要维护自身的权利,头脑中也还没有明确认识到自身的行为是在维权,但是实际上这些行为已经说明他们事实上在为维护自身权利上已经开始有所行动了。这种闹事或者采取不合作的行为在当时的社会条件下,表明了农民主体意识和维权观念的逐步觉醒。

改革开放以来,随着党和政府对保护消费者权益问题的日渐重视,政府开始陆续出台了相关维权法律和法规。1993年10月3日,第八届全国人大常委会第四次会议通过了我国制定的第一部保护消费者权益的专门法律《中华人民共和国消费者权益保护法》。这使得消费者有了专门的法律作为维权的武器。可以说,此后农民维权意识以经济利益的维护为中心,不可遏制地生长起来了。

2. 农民权利觉醒的经济社会基础

马克思主义认为,"物质决定意识,意识对物质有能动的反作用",根据这一观点,农民对维权不断深入的认识和了解是促成农民维权行为增

---

① 张帆:《张思之:律师何为?》,《中国改革》2012年第7期。

多的心理因素。也就是说，农民权利意识的觉醒，不仅受到外在权利客体和社会发展影响，更是农民自身认识发生变化的结果。农民从无意识维权到有意识维权的观念变迁，体现在他们对维权行为以及诸多方面认识的不断深化之中，从对维权含义的理解、对维权的认同度、对权利的知晓度、维权行为的参与度等具体方面体现出来。在个案访谈中，大部分被访者都表示听到过维权这个词，并且也能比较好地理解此词，明白这个词是"维护自身权益"的意思，而且大部分都认为对自己维权意识的自我评价相比过去有所提高。在问卷调查部分中的一个题目是"和过去比，您认为自己的权利意识是否有所提高"，选择选项"有提高"的比例占到了81.6%。就被采访者个人来说，他们大都愿意采取一定手段维护自己的权利。这个答案也可以通过浙江全省的调查数据佐证。"如果自身合法权益受到损害，在浙江大约有58%的农民工会选择找政府部门，有66%会通过媒体、法律机构等进行维权，表明他们有较强的维权意识。"①

维权要意识先行。在经济发达地区，经济发展与社会转型带来意识转变，而观念与意识的改变也反过来影响到农民的行为选择。经济发达地区农村农民收入来源的提高和多元化分布态势，改变着农民的权利观念和心态。以户数为单位来衡量农民收入，浙江省杭州市郊县农村为调查样本的研究表明，农民收入来源的多样化非常明显。从受访农户的主要收入构成来看，外出打工收入（工资收入）是村民的主要收入来源，比例高达51%；务农收入和做生意等经营性收入排在第二位，占20%。而在一些城郊村，房屋或土地出租收入、集体经济分红以及投资和利息收入占到相当大的份额。农民收入水平也大幅提升。杭州郊县农村的调查表明，农户家庭年毛收入主要分布于20000—60000元区间，其中20000—39999元的为主流，共156户，占总户数的37.1%；40000—59999元为95户，占22.6%；20000元以下的占18.6%；60000元及以上的合计占21.5%，对应不同收入水平的户数呈现极为显著的偏态分布特征。

---

① 《首个中国农民工满意度报告：54%农民工想在杭州》，《浙江日报》2006年10月15日。

表 5—1　　　　　　　　农村家庭主要收入来源

主要收入来源	统计数（户）	占比（%）
无收入来源	1	0.2
务农收入	84	20.0
打工收入或工资收入	214	51.0
做生意等经营性收入	84	20.0
投资及利息收入	11	2.6
房屋或土地出租收入	2	0.5
其他收入	23	5.5

经济收入的提高和利益的多元化来源，不可避免地带来了农民权利观念和思维方式的调整与转变。

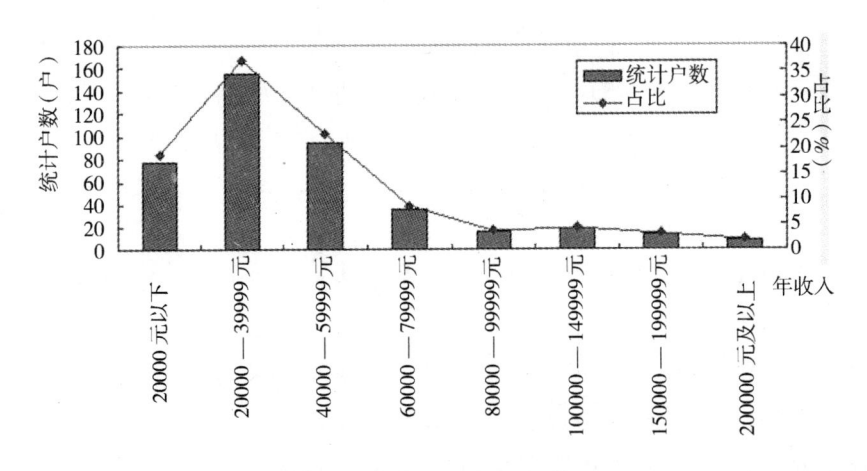

图 5—1　农民家庭年毛收入水平

在浙江农村，从日常生活所购商品的售后服务等生活琐事到与自身相关的政治性侵权行为等，被采访的农民在遇到这类事情时大部分都会采取相应由缓和到激烈的渐变手段，通过不同的渠道去进行维权活动。

在衢前镇调研中，南庄王村的王某说：

"我的维权意识对比过去有提高了，私人财产、私人隐私，都是自己要维权。"① 他在被访的过程中明确提到了"私人财产维权""私人隐私维权"的概念。新林周村的王某说:"现在维权意识强,现在和干部都是要签协议的。"②

衙前村的村支书说自己的维权观念比以前相对提高了一点。衙前镇中学的徐老师说:

"现在农民的维权观念比以前提高了不止一点啊。以前这个词听都没听过,现在天天电视上放维权,学校里收费不合理他们也会来问,基本上都知道维权是怎么回事,别人侵权了也知道去哪里能找到人给解决……经济越发展,人们的思想观念转变得越快,法治意识肯定是越来越强的。万一遇到什么事情,他们都会用法律的手段维护自己的权益。"③

表 5—2　　　农民认为自己维权意识是否有所提高（$N=484$）

有提高	没有提高	没注意
80.4%	7.6%	12.0%

表 5—3　　　农民对《劳动合同法》的内容了解（$N=491$）

了解	了解一些	不了解
22.4%	63.3%	14.3%

随着农村劳动力的转移和农村务工人员的增加,农民对保障他们基本权利的《劳动合同法》日益重视。农民的权利意识在增强,而且农民对个人的基本权利和义务有着清醒的了解,这说明农民的利益诉求开始向政治利益转化。他们知道这些权利和义务对于他们的个人利益和发展意味着什么,他们知道只有了解自己的权利和义务,了解平等政治带来的经济上的收益,了解相关法制才能更好地保护自己的合法权益,从而能够更好地维护自己的权益。如85.7%的受访者了解和部分了解《劳动合同法》,并能够通过不同途径维护自己的权益。

---

① 访谈者:龚玲燕、周婧旻。被访者:王某,南庄王村,男,74岁,党员,初中,年收入8万—12万。2009年5月12日下午。
② 访谈者:徐皓。被访者:王某,新林周村,男,66岁,群众。2009年5月12日下午。
③ 访谈者:龚玲燕。被访者:徐某,衙前镇中学,男,教师。2009年5月14日上午。

凤凰村的郭大爷在访谈中说:"我的维权意识和以前比有提高。买到假冒伪劣商品会维权的,退货,调换。和村委会发生冲突,要按照法律法规和我们村的村规民约维权。"新林周村的王某也说:"就是家电坏了,会去退或者要求赔偿,但是很少听到这个事,可以用很长时间的,现在的质量比较好的。"[1] 不仅是消费者权益意识,在乡村政治生活中,针对政治权利的被剥夺,农民也开始进行维权。这些朴实的话语,还有一些生动的事例,说明了新中国成立以来农民维权意识从无到有、并且正在提升和扩散的巨大变化。

以衙前镇为例,通过纵向比较可以发现衙前农民的维权意识从新中国成立初期到21世纪初期这段时间里有很大的提升。比如说1956年6月16日的《萧山报》上刊载了几篇读者来信。读者或是报纸的通讯员就生活中的权益问题进行反映,初显维权观念。《保护孕妇健康》一文中写道:

"我们的村区里,有些合作社不注意照顾妇女的特殊困难。如凌溪乡大胡头村黎明农业社,让孕妇也参加生产,结果,接连有三个妇女流产。长河乡勤工社有两个孕妇参加开荒,都发生小产。这种情况是很严重的,建议各社要很好照顾妇女的身体健康。"

《社长,会议开得太长了》就社长开会时间太长影响了生产这个问题写了一首小诗,希望得到重视进而扭转这一现状,维护全社成员的利益。[2] 萧山地区在不同时期还专门办了《萧山法制报》和《萧山法制宣传报》等报纸以提高当地居民和农民的权利和法律意识,这些对唤醒农民的权利思想有很好的宣传作用。

3. 农民权利意识的内化与传承

维权意识的觉醒和增强激发农民维权的主动性。农民通过各种渠道了解到维权的各种信息,并将之内化为自己的权利思想和维权观念,在遇到侵权事件时又外化为维权行为。维权行动又会进一步加深相应的维权意

---

[1] 访谈者:徐皓。被访者:王某,新林周村,男,66岁,群众。2009年5月12日下午。
[2] 农民通讯员傅英:《社长,会议开得太长了》,《萧山报》1956年6月16日。
社长报告结束了,会上有人喊口号:"保证做到开会早,早睡早起出工早!"口号声音震耳响,吵醒了睡觉的四十多人,伸着懒腰问旁人,才知道生产竞赛搞挑战。宣布散会动身走,十二点钟敲过了。会议开得这样迟,怎能保证出工早?我要问声好社长:生产竞赛靠谁搞?

识，从而越来越固化权利意识和维权的思想观念。维权意识的增强，同时也体现在农民能够自发地组成各种具有维权性质的组织和求助于相关的维权组织，利用群体力量争取个人权益的实现。

而且，农民权利意识也有一定的历史传承与时代印记。就衙前镇来说，衙前镇自古就有结社维权的良好传统。1921年衙前农民在与地主豪绅斗争的过程中，在沈定一等人的领导下召开农民大会，通过了《衙前农民协会宣言》和《衙前农民协会章程》，成立了农民协会。在此次调研的过程中，我们在每个村的村委会中都可以看到妇女维权站，或是残疾人维权办公室等这样的牌匾。这种性质办公室的设立，说明村民有维权的需要，并且有条件实施维权行为，已经具有了较强的维权意识。

简而言之，农民权利意识和维权观念从自发到自觉，呈现逐步提高的态势。这种演进趋势是和我国经济社会发展的历程分不开的。从整体上来说，新中国成立后至今，我国农民维权方面的思想观念有了比较大的提高，从几乎没有维权观念到日渐认识到并且逐步提升，虽然还不敢说权利意识在农村深入人心，但可以说基本上农民都有了一定的对自己权利的认识、理解以及维权要求。

（二）农民多元化利益维护意识的增强

新中国成立以来特别是改革开放以来的社会主义农村建设不仅使农民的物质生活有了明显提高，而且也使农民的传统思想受到了巨大冲击。伴随着社会转型，当今农民传统文化价值观也正由传统向现代转型。农民的思维方式和行为方式正在不断调整，表现为逐步从封闭稳定型向开放变动型转变。但文化价值观改造中的社会主义意识形态与农民社会心理的脱节状况阻碍了中国特色社会主义在农村的实践和农村的可持续发展。

工业化、市场化和城市化的发展，使农村经济和社会得到突飞猛进的发展。经济社会的变迁与转型带来农村社会分化和利益多元化。由于经济社会急剧分化和非均衡发展，也形成了农村社会的多元发展特色。在多元化发展与社会分化态势下，农民权利意识和观念也发生了巨大变化，农民对权利和利益有新的认识、理解以及界定，在此思想导引下，农民的维权活动也由单一经济利益诉求发展到多元化利益的争取与维权。

长期研究农民维权的学者于建嵘在"当代中国农民的维权活动与政治"的演讲中提出，当代中国农民的抗争行动在很大程度上是一种维权活动，这种维权不仅影响了农村的社会稳定，而且对于中国政治的发展具有重要意义。他认为，当代农民的维权行为的基本目标具有十分明确的政治性，已经从资源型权益抗争向政治性权利抗争的方向发展。农民的维权活动所体现出来的是明确的目的性和有组织性，各种农民维权团体的出现是这种有组织性的体现。他们在维权的过程中明确地提出了自己的要求。

浙江由于经济社会发展先行，农民维权意识较强，对权利的认识和理解也更加多元化。因此，如于建嵘所说，当代中国农民维权活动是利益之争，这些维权事件都是因经济问题而引起的，如拖欠工资和补偿款等，维权的目的就是通过各种手段把本属于自己的东西要回来，它们不是涉及国家权力的政治斗争。[①] 但是，这些"本属于自己的东西"不仅仅是物质利益，也包括政治和社会权利。

1. 农民权利内涵的多元化趋势

当然，我们说权利内容由单一化向多样化变迁只是一个趋势，并非指所要维护的利益已经是一种多元化的利益，当前的利益诉求还是以经济利益为主。在浙江，这种经济利益集中表现为农村的土地利益。从单一化到多元化的利益变迁趋势，是从新中国成立以来就开始的，尤其是改革开放以后，农民利益的多元化诉求，导致维权所涉及的领域不断扩大化，维权诉求的范围呈现立体化趋势。当然，消费维权、经济维权仍是主要方面。通过对调研问卷的整理，我们可以发现多数被访者反映的维权问题都集中在消费维权方面，其他方面的维权问题虽然少，但是有逐步扩大的发展态势。这个结果也说明当前农民对于和生活联系紧密的、消费性权益的维护比较重视，而其他的政治权益等维权活动有增加趋势。

从历史的角度来看这个问题。新中国成立以来，农民维权内容虽多集中于消费方面，但是随着社会发展，一些新兴消费领域逐渐兴起，一些本来与农民生活联系不多的领域逐渐变得与农民生活联系密切起来，所以维权内容所涵盖的范围扩大了。比如说旅游业、中介服务、商品房销售、网

---

① 于建嵘：《农民维权与底层政治》，《东南学术》2009 年第 3 期。

络购物等。《萧山日报》在1999年刊登的《消费者投诉新趋向》的文章中称：

"新年以来，我市'96315'受理各类消费者举报投诉200余起，投诉金额百万余元。从受理情况看，其范围已不再局限于小额商品及一般消费纠纷，随着人们生活质量的提高，其投诉的商品结构亦呈现新的变化。其一，房地产投诉呈上升趋势……其二，机动车辆投诉成为新的热点。"[①]

这些投诉新趋势的出现正是由于社会的发展和改革促进了农民生活方式的转变，扩大了农民的生产和生活领域。这一转变反映在维权内容方面，便是维权行为所涵盖的范围扩展。

2. 土地维权成为农民维权的焦点

由于农民和土地的特殊联系，土地维权自古以来就是农民维权中一直存在的内容。但是当今社会环境下的土地维权和新中国成立初期相比，其内容更加丰富。新中国成立初期，农民的维权显现出一种被动维权的局面。新中国成立后进行的第一次土改是1950年土改，这次土改是在中国共产党的领导下进行的，在其过程中发动农民，建立农会，组织农民向封建地主阶级开展斗争，并且在《土地改革法》中明确规定将没收的地主土地分给农民。这时的农民不知道该如何维护土地权益，而是在共产党的领导下被动地进行维护自身土地权益的活动。在此之后的人民公社时期，土地被规定收归国有，1978年确立的家庭联产承包制再次"分田到户"，规定土地归集体所有，农民拥有使用权。当前，农民进行土地维权有多种途径可以选择，渠道也比过去多元，维权也更加方便有效。比如说为了维护农民权益，我国的《农村土地承包法（草案）》规定土地承包期至少30年，这就在制度框架内极大地维护了农民权益，给农民吃了一颗定心丸。还有在城市化进程中，很多农民都会遇到征用土地的情况，现在的农民们清楚地知道自己耕种的土地被征用了应该有土地征用补偿，而且土地征用一定要公告。这些围绕土地征用进行的维权就是比较新兴的维权内容。

---

① 《新年消费者投诉新趋向》，《萧山日报》1999年2月9日。报道中的"我市"指萧山区。2001年2月2日经国务院批准，杭州市扩大行政区域，撤销余杭、萧山两个县级市设立萧山区和余杭区。

浙江是城市化发展比较快的省份，因此，很多农村都面临征地问题。根据相关研究资料，目前农村土地争议最集中的地区是沿海较发达地区。其中以浙江、山东、江苏、河北、广东最为突出。农村土地纠纷已成为目前农民维权抗争活动的焦点，是当前影响农村社会稳定和发展的首要问题。由于土地是农民的生存保障，而且土地问题往往涉及巨额经济利益，因此，也就决定土地争议更具有对抗性和持久性。[①] 对于土地利益的维权行为，有采访者说，"（土地）有还是有的，但大部分是搞轻纺征地征得差不多了，现在政府对我们农民一年有一千多元的补贴"[②]。另有被访者表示，"我们没有土地差不多有十年了，这十年之内，政府差不多把我们的土地全征用完了。当时征用土地还是征求我们村民同意的，签字啊，一个月补贴买米的钱"[③]。衙前镇的很多农民已经没有实际意义上耕种的土地了，但是从调查中可以知道他们对于土地征用的一般规定还是了解得比较清楚的。

3. 生活方式变化扩展农民维权内容

生活范围的扩大也直接影响了维权内容的涵盖面。以近年新兴的旅游业为例，新中国成立初期，农民的生活水平十分低下，他们追求的基本就是吃饱穿暖，旅游和日常生活离得非常遥远。现今我国农民的整体生活水平和消费水平与新中国成立初期不可同日而语，农民这个词的概念和以前相比也有了变化，旅游这种休闲方式也成了农民生活的一部分。浙江新世界国旅总经理徐敏在接受访谈时说："以前旅行社接待的旅游团几乎全部来自城市，但自2月份以来，旅行社接待的华东团中，30%左右来自农村市场。他们在5天时间里游玩了杭州、上海、苏州、无锡、南京后，再从南京坐火车到北京游玩。"这样的农民旅游团，这个月陈磊已经接了两个。[④] 当前衙前镇农民旅游的情况见下表。

[①] 于建嵘：《土地问题已成为农民维权抗争的焦点》，《调研世界》2005年第3期。

[②] 访谈者：杨柳。被访者：陈某，明华村，男，52岁，纺织厂工作。2009年5月14日下午。

[③] 访谈者：邵琴芬、杨柳、洪坤。被访者：王某，衙前村，女，42岁，家庭主妇。2009年5月12日下午。

[④] 张春霞：《杭州近年来了特别多的农民旅游团》，《都市快报》2009年3月24日。

表 5—4　　　　　　　　农民外出旅游情况（$N=420$）

经常去	偶尔去	很少去	不去
10.7%	45.8%	32.7%	10.8%

上表显示旅游已经日渐走入衙前农民的生活中，正是由于农民的生活方式不断变化、生活品质不断提高，与生活联系密切的维权所涵盖的内容才会变得多样化起来。

除了消费权益的维护之外，对于政治性权益的维护也成为农民维权的一个日渐兴起的部分。在衙前镇访谈的过程中，很多农民都表示他们很拥护国家的政策，在电视上看到国家制定农业的相关政策也都是对农民有利的，但是真正执行到村里时有的就变了味。南庄王村的王大爷明确指出："国家是为人民的，国家政策是好的，但是下面执行的就不行了。"① 通过在衙前镇的调研可以得知：党和政府的政策是受农民欢迎的，但是还要加强执行和监督的力度，进一步维护农民权益。

中国农村的政治发展和有序治理，需要作为农村主体的广大农民的积极参与，需要听到他们的声音。近年来，党和政府鼓励农民通过合法途径维护自己的政治权益、参与农村公共事务。十七届三中全会指出："农业、农村、农民问题关系党和国家事业发展全局"，"必须切实保障农民权益，始终把实现好、维护好、发展好广大农民根本利益作为农村一切工作的出发点和落脚点"。没有农民参与，农村政治发展和社会建设是难以为继的，占中国大多数人口的农民正在通过各种方式表达自己的想法，通过积极参与，维护自身合法权益，推动农村发展。农民对政治性权益的维护已经不单单是对自身权益的维护，在一定意义上可以说它也是国家发展的助推器，对于中国政治的发展也具有重要意义。

（三）农民维权态度变化：从被动到主动

维权意识的提高促进了维权行为的主动性，加快了运用各种社会力量

---

① 访谈者：何冬雪。被访者：王某，南庄王村，男，57岁，群众，年收入十几万元。2009年5月12日下午。

和群体力量进行维权的进程。农民有意识地通过合法途径力争维护自身权益，体现了一种主动性——有意识地去"依法抗争"和"以法抗争"。通过对新中国成立以来农民维权行为的大致考察，我们发现农民维权经历了一个从消极被动到积极主动的态度变化。

1. 计划经济时代的被动维权

新中国成立之初，农民受传统思想的影响还非常大。在农村社会中"由于具有特定的村域社会心理文化属性"和"村庄政治结构所相关联的特定的社会结构"[①]，加之我国在经济上实行的是计划经济体制，政治上实行的是自上而下的高度统一的管理制度，在农村实行的是高度集中的集体合作制度，因此在当时的条件下，农民即使意识到自身权利受到了侵害也很少会积极维权，只能采取一些不明显的，以不合作为主要特征的方式维权。

1951年9月，全国第一次互助合作会议在北京召开，会议出台了《中共中央关于农业生产互助的决议》（草案），以此为标志我国农业合作化运动正式起步。1956年，当国家要求农民把土改时分发的土地房产所有证交上去时，少数村子的村民却拒绝上交，而是私自收藏起来，有的甚至保存至今。在超越了社会现实的"一大二公"的人民公社化运动中，人民公社把社员的自留地、耕畜农具、家庭副业等都收归国有，甚至住房、存款都当作私有制残余被消除，平均主义严重影响了农民耕田种地的积极性。干不干一个样，干多干少一个样，不能公平地劳动和享有劳动成果便出现了"吃饭的人多，出勤的人少，学懒的人多，学勤的人少，装病的人多，干活的人少"这一现象。农民维权采取的是不配合的方法，是不明显的、隐性的维权。他们认为部分人偷懒导致自己的利益受损，所以也学偷懒的人"出工不出力"，进行无声的隐性维权。这一时期的农民并没有揭竿而起，也没有采取激进的方式维权，而是用一种不明显的方式向当政者传递了一种"维权信息"。1982年家庭联产承包责任制正式确立，经济制度从计划经济到以家庭联产承包责任制为中心的农村农民的多种经营形式。经济制度的变革使得农民的思想观念发生变革。此时，国家

---

① 何绍辉：《隐性维权与农民全体性利益表达及困境》，《人文杂志》2008年第11期。

的经济制度符合农村社会和农民的要求,农民的维权便成为了维护这种制度的实施确立,也就是对这一制度的拥护。

2. 改革开放以来农民维权的主动性增强

计划经济时代,国家控制着各种社会物资和农民的人身自由,随着人民政策的变化,农民的维权态度也相应发生了变化。改革开放的春风带来的不仅是经济方面的大发展,人们的思想观念在这次变革中也产生了巨大的变化。所以在改革过程中,不仅农村经济得到发展,农民的思想也在改革的春风中发生变化。

改革开放以来,虽然传统文化如家长制、"无讼"观念等对农民还有影响,但农民已经开始有意识地采取公开途径维护自己的合法权益。虽然在农村中农民仍倾向于用比较缓和的手段维权,但是他们知道了权利,敢于向权威挑战,敢于维护自己的权益。农民上访、打官司的数量增多了,面对侵权行为,他们开始积极地扛起维权的大旗维护自身权益。主动维权、积极维权就是指这种有意识的、采用明显的手段进行的维权。

农民工维权的态度对其他农民起了示范作用。在我国正在步入城市化进程的过程中,农民工在城市打工受到不公平待遇时越来越能够采取协商、投诉、打官司等途径维护自己权利。下面这个案例就是农民在城市打工受到不公平待遇时所采取的集体维权行为。

"工厂倒闭后,工资没了着落……为了要回这些工资,54位民工兄弟每人拿出10元钱,走上了'讨薪路',他们试了很多方法,但都没有成功。于是,他们集体向区劳动争议仲裁委员会提交了仲裁申请。后经调解,老板答应2007年11月28日前支付未结工资,但一直没兑现承诺。无奈之下,民工兄弟告到了法院,要求法院强制执行。"[①]

在衙前镇的调研问卷中,课题组设计的一个问题是:"你知道下列哪些维护自身权利的途径",选项有以下五个:①协商;②投诉;③借助于媒体曝光;④打官司;⑤其他。[②] 受访人群的选择都相对集中于协商和投诉两种途径,选择前两种途径的占了79%以上。由此可见,农民还是倾

---

① 《54位民工每人出10元打"官司"讨薪》,《萧山日报》2007年1月10日。
② 萧山衙前问卷调研数据。

向于用缓和的手段维权。可以说，手段缓和、态度明确、趋于主动是现代农民维权的一个特点和方向。问卷中还有关于"民告官"这一现象的态度如何的问题。对于"民告官"这一比较特殊的维权方式，大部分农民眼中并没有因为它的特殊性而区别对待，他们中的大多数给出了"要看告得是否合理"才是否支持这种行为，选择这一项的占到 55.6%。[1]

表5—5　　　农民知道的维护自身权利的途径表　($N = 475$)

协商	投诉	借助于媒体曝光	打官司	其他
44.8%	33.1%	12.4%	4.4%	5.3%

"国家政策允许提意见，矛盾肯定有的但不是很多。农民建房矛盾最多。'民告官'的现象村里没有。"[2] 衙前村的村支书告诉我们："就我们村来说，'民告官'的事情这当然是有一点，这有一点也是很正常的。"[3] 在计划经济时代，这简直就是不可能的事情，但是就现在来说，维权观念日益普及，村民和村官对这类事已经"见怪不怪"了。

明华村普通村民毛某说："村民维权思想比以前都要强了，乡里老百姓之间有冲突哦，如果自己解决不好啦，那就得到村干部这里解决咯，村干部出面为他们调解。如果调解不好，那只有打官司了。"[4]

但是，在采访过程中我们还发现一种情况，一些被访者表示如果消费侵权涉及的金额小，就不会去维权。既然认识到侵权行为，而且具有维权意识，但却不开展行动，这是为什么呢？笔者认为这种有维权意识却没有维权行为的情况出现的原因可以从以下几点来解读。一是维权意识不够深入人心，农民没有意识到维权的重要性。二是在维权时通过正式途径付出的成本比较大，这种成本包括经济成本、时间成本、人员成本等，所以在现有基础上提高农民的维权意识必须要做"深功夫"。三是现在农村维权还存在一定的困难，政府和社会机构各自为政，给农民的维权造成一定阻碍，

---

[1] 萧山衙前问卷调研数据。

[2] 访谈者：何冬雪。被访者：沈某，衙前村，男，小学，60岁以上，党员，企业家，年收入12万以上。2009年5月13日下午。

[3] 访谈者：王艳丽。被访者：衙前村村主任，男。2009年5月13日下午。

[4] 访谈者：龚玲燕。被访者：毛某，明华村，男，40岁以下，党员，高中，年收入3万元以下。2009年5月14日下午。

影响了农民维权的积极性。所以在专门的维权站、消协等机构之外，需要工商、司法、质监、物价等部门加强联系，形成合力。尤其是在宣传方面，要利用好大众传媒对现代农民的影响力，把维权思想渗透于农民接触大众传媒的过程中去。在调研中问及"您认为应该如何提高老百姓的维权意识"这个问题时，课题组提供了四种选项供被访者选择，分别是：①广播电视宣传；②政府强制学习；③法律讲座；④其他。被访者选择多集中于选项①上，占47.6%，其次是选项③的选择占到了29.6%。[1] 这两个选项有一个共同的特点就是都是主动接受型选项。农民需要维权思想，并且愿意主动接受这个思想才会作出这些选择，另外也可以看出现代传媒在农民生活中的重要地位和对农民生活的重大影响。所以我们要抓住其特点因势利导，提高农民维权意识，增强维权的积极主动性。

3. 农民维权的组织化趋势

农民维权的积极主动还通过组织化表现出来。以妇女维权工作站为例，衙前镇的凤凰村妇女维权工作站正是萧山区基层妇女维权工作先进集体之一。除了政府文件中对妇女维权工作站工作成效的肯定以外，在衙前镇的调研过程中很多群众也反映维权组织对于普通农民维权的作用是很大的，在此我们将与衙前村傅女士的对话部分摘录如下：

> 周：您知道维权这个词吗？
> 傅：维护自己的权益咯。
> 周：你们村委会有个妇女维权工作站，这个工作站对保护村里的妇女权利的作用大不大？
> 傅：那肯定大的，妇女有什么事肯定要来找我们妇联。妇联都会帮忙调查。
> 周：您对维权这个词大概是什么时候了解的，以前知道吗？
> 傅：以前听的比较少，没什么了解，现在就比较了解啦。
> 周：您知道您周围有什么维权的事件吗？
> 傅：比如妇女的家庭暴力，她们会主动来寻求帮助，我们肯定要

---

[1] 萧山衙前调研问卷，第69题。

维护妇女权利的。我们这里还会开设讲座的。①

从上述对话可以看出，衙前村的妇女维权工作站对本村妇女在维权方面发挥的作用是比较大的，妇女能够在权益受到侵害时主动寻求组织化的力量来维权。项漾村的赵某这样评价村里的妇女维权工作站："（它对）维护妇女权益起了很大的作用。"

除此之外，消费者协会的作用也得到了充分发挥。"市消协在维护消费者权益、宣传《消费者权益保护法》方面起了巨大的作用。"② "市消协商业城工作站积极为消费者撑腰，认真受理投诉，做到事事有回音，件件有结果。去年共受理投诉60起，为消费者挽回直接经济损失3.3万余元。"③

总体而言，现如今的农民具有比较清晰的维权意识，能够明确提出相应的维权要求并付诸行动，农民的维权呈现出积极主动的趋势。

（四）维权方式的理性化：从非正式维权到制度化维权

随着维权意识逐步的深入人心和法律制度的日趋健全，农民维权时采取的方式呈现出由非正式途径向法律规定的合法的制度化途径变迁。当农民的权益受到侵害时，他们没有通过正常的解决问题的途径和程序而是通过个人行为或个人关系来维护自身的权利，我们称这种行为为非正式途径维权。农民通过法律的途径来维护自身权利的方式，我们称之为制度化维权。制度化维权表明了农民权利意识和维权观念的理智化、理性化。这种理性化维权方式，需要考虑维权途径是否有法可依、维权成本大小以及维权行为的社会影响。

1. 农民维权的成本算计

在衙前调研中，南庄王村74岁的党员王大爷认为："农村假冒产品

---

① 访谈者：周婧旻。被访者：傅某，衙前村，女，40岁以下，党员，高中，政府工作人员，年收入12万元以上。2009年5月13日下午。
② 郑海龙：《明明白白消费》，《萧山日报》，2000年3月11日。
③ 王啸虎：《消协商业城工作站乐为消费者撑腰》，《萧山法制报》，2000年1月11日。

是少的。如果买到一般就算了，不必要闹纠纷。如果买到大的东西，要去讲理。如果真要遇到了（村干部侵犯了自己的权利），那就不管他是村干部、镇干部，到法院去告，维护自己权利嘛。"① 杨汛村村民党员夏某在被问到"如果村干部有损害你利益的行为，你会怎么办"时回答说："首先会想到上级政府，向镇政府、信访办投诉。"② 衙前村的郭某在谈到维权方面话题时说："原则上肯定是先主动协商。不行的话再找村里干部解决问题，再解决不了的话就打官司，这是最后一颗棋子。如果超市买到假冒伪劣产品，打官司或者找消费者协会。（自己的）法律意识还是越来越提高了，要维权。"③ 衙前村的党员傅某说："（遇到维权事件时）一般是先调解的。协商好了就好啊。协商不好迫不得已也会上法庭。"④

我们再来看两个案例。

"去年的某一天，萧山商业城建材市场灯具店经商的姚某发现自己店内的电灯不亮，竟然损坏市场的电表两只，张永根为保护公司财产前去阻止，遭到姚某的殴打，致使张下腹部受伤严重，经派出所教育与调解，姚某只好付出医药费并赔款两千多元。后来张永根委托市经纬法律事务所向人民法院提起诉讼，将本案诉诸市人民法院城南法庭，法庭对被告姚某进行了严肃的教育后，姚某立即向张永根赔礼道歉，并一次性赔偿给张永根医药费、精神损失费等共计一万余元。"⑤

报道中的两个人其实都是想维护自身的权益，但是由于通过不同的途径而造成了截然不同的两种结果，其中这篇报道的主人公张永根面对违法行为拿起法律武器维护了自身的合法权益。除此之外，农民自身的权利意识也得到提高，如"80后"农民工卧轨维权等事件的出现就说明了这一点。与此形成鲜明对比的是《萧山日报》2000年1月15日刊

---

① 访谈者：王艳丽。被访者：王某，南庄王村，男，74岁，党员，小学。2009年5月12日下午。

② 访谈者：周婧旻。被访者：夏某，杨汛村，男，40岁以下，党员，初中，干部，年收入3万—8万元。2009年5月13日上午。

③ 访谈者：洪坤。被访者：郭某，衙前村，男，48岁，初中，已婚，党员，村干部，年收入3万—8万元。2009年5月13日上午。

④ 访谈者：周婧旻。被访者：傅某，衙前村，女，40岁以下，高中，已婚，党员，年收入12万元以上。2009年5月13日上午。

⑤ 《依靠法律讨回公道》，《萧山法制报》，1998年2月25日。

登的一篇文章《私了，了不了》，文中的主人公想私了解决一起交通事故，没有通过合法的途径维护自身权益，最后想用法律时法律却规定了他的情况已经不予受理了，没有法律保障终究还是没能维护自己的权益。公力维权对比起私力维权来说，一般情况下时间和金钱的成本肯定会耗费得多一些，因为毕竟维权还不是社会福利的范围。但是维权不仅仅是时间和金钱的计算，更重要的是一种思想意识，以及在此思想指导下的行为。比如说著名的"一元钱官司"现象，这种现象的出现正是部分民众为了维护自己的权益，为了追求公平公正而出现的一种"奇怪"的官司。

在衙前镇进行个案访谈的过程中，问及遇到侵权问题如何解决时，大部分受访者都表示一般会先采取比较缓和的方式，但是遇到必须采用"打官司"的手段才能解决的问题时也会采取这种方式进行维权。

现代农民面对自己权益受侵害的情况更多选择的是理智面对，首先他们会想到最方便的途径——通过协商来取得合理的解决方式。尤其是农民处在一个特殊的环境中，村民们都相邻而居，抬头不见低头见，在维护自身权利的同时还要保持与其他村民的良好关系。如果农民在外地遇到侵权事件，也会权衡利弊，在能"讨回公道"的情况下还是愿意采取比较缓和的方式维权。当然采取缓和方式是在能够成功维权的前提下进行的，缓和的维权方式不能奏效的情况下他们也会采取比较激烈的方式，甚至主动寻求通过司法途径维护权利。农民维权从非正式途径到正式途径的转变是建立在他们对国家政策、法律法规等普遍认识的基础上。我国消费者权益保护法规定，消费者和经营者发生消费者权益争议的，可以通过下列途径解决：与经营者协商和解、请求消费者协会调解、向有关行政部门申诉、根据与经营者达成的仲裁协议提请仲裁机构仲裁、向人民法院提起诉讼。由于我国普法工作的不断进行，媒体对法律知识的宣传等使得农民自身的法律素质在不断提高。当然，要彻底地转变农民维权方面的思想观念，使其实现理性化并非一日之事。生活环境和交际范围使得他们拥有浓重的乡族之情，封建思想的影响又使得他们有很多的旧观念、旧思想。社会各界要不断地对农民维权给予支持，农民自身也要树立起积极、合法的维权意识。

2. 农民理性维权的文化和教育因素

农民维权方式的理性化，与农民的维权意识和社会发展水平是成正比的。随着社会的不断发展进步，经济实力的不断增强大，农村也逐步进入到经济市场化、政治民主化、社会自治化的阶段，农民利益关系越趋多元化，对权益的重视程度就越高；权利意识越强，维权意识就会越强烈。除此之外，农民自身素质的高低对其维权意识的养成、维权主体地位的认同和维权习惯的养成有极大影响，并且也是成正比关系。农民素质越高维权意识越强烈，而农民素质中的一个重要方面就是文化素质。在萧山衙前镇调研的过程中我们发现随着教育的普及和农民受教育群体的扩大，农民的维权意识随着受教育程度的提高而越发强烈。在回答"您认为农村人和城里人应该享有一样的权利吗"一题时，选择情况分布见下表：

表 5—6　农民认为农村人和城镇人享有一样的权利（$N=360$）

	应该享有	不应该享有	不知道
小学	60%	0%	40%
初中	80%	0%	20%
高中	90%	0%	10%
本科	100%	0%	0%

从上表可以看出，不管文化程度的高低，大部分人都选择应该享有，但是横向对比开来，可以得出这样的结论：随着文化程度的升高，权利意识逐渐增强。

维权方式的理性化，还与农民的道德和法律意识密切相连。良好的道德素质是农民整体素质中一个重要的组成部分。拥有良好道德修养的农民才更可能通过正式途径维权，在法律的保护之下更好地维护自己的合法权益。维权要在一定的制度保障内才能保证其公正性、持续性和有效性，所以还要对农民进行法制教育。如果农民没有良好的法制观，那么当自身利益受损时，容易产生违法行为，甚至触犯法律。要让他们知法、懂法、守法、用法，学会用法律维护自己的合法权益，减少各种纠纷。在调查中，农民朋友很愿意得到更多的维权方面的信息，在信息的获取渠道上也更偏重于在大众媒体上主动接受传播。农民对普法宣传也表现出极大的热情。在访问中，多数村民表示知道村中有普法宣传活动、妇女维权工作站等机构。

《萧山日报》2003年的一则报道对妇女维权方面的法律知识讲座进行了专门的报道："昨日，衙前镇在举行纪念'三八'妇女节的大会上，特地邀请区人民法院民事庭法官杜志伟为200多名妇女进行法律知识讲座。杜志伟通过大量案例，深入浅出地讲解了在婚姻、家庭生活中维护妇女合法权利的有关法律条款，侧重讲解了女同胞应该如何拿起法律武器维护自己的合法权益。"①

3. 从个体维权走向集体维权

维权方式的理性化，表现在农民从个体维权向集体维权的心理变化。新中国成立初期，基于特殊国情，我国逐步实行起了国家集权的全民所有制经济体制，当时农民的思想观念比较传统和闭塞，主客观条件都不允许农民的集体维权行为的出现。对比过去，现代农民维权时更注重借用社会团体和政府部门的力量，从个体维权转向了具有群体共识的集体维权。个体维权是单单凭借个人或包括亲友在内的个体小圈子的不具规模的维权活动。有学者总结说：农民个体维权具有高成本、高风险、低效益、非理性的特点。相比集体维权，个体维权者们在维权道路上走得更辛苦。②

在当代农村社会中，农民个体意识普遍提高，他们的诉求更加趋于一致，目标更加明确，所以在这种前提下集体维权行为更易出现。当代农民在进行集体维权时一般会采用的手段为集体上访、静坐和示威、聚众闹事。这些方式既有法律所允许的，也包含"具有合理不合法特征"③的部分。除此之外，集体维权体现出了一种组织的权威性和震慑力，这种通过一定的组织形式把个体的力量集中起来的方式体现了现代农民共同的维权

---

① 通讯员霞光、记者袁少平：《衙前镇举办妇女维权讲座》，《萧山日报》2003年3月9日。

② 贺佳：《征地拆迁中农民的非组织性维权行为与规制》，《西安财经学院学报》2011年第2期。

③ 李一平：《城郊农民集体维权行动的起源、方式与机理分析》，《中共中央党校学报》2005年第3期。

意愿，而现代农民维权的一个重要特征就是具有明确的组织性。比如京煤集团工会，他们"把广大农民工发展为了工会会员，通过工会组织的力量维护他们的合法权益"。① 中国"打假维权第一人"王海这样评价中国维权的变化："以前是个人对组织，现在是组织对组织，这样才能充分地协商，充分地博弈，这是一个博弈的过程。"在接受记者采访时他说："消费者的选择意识有了很大变化，消费者团体开始萌芽，比如前一阵消费者组织的汽车联合诉讼，股民联合状告上市公司，都是以组织对组织的形式出现，这个萌芽是个很好的趋势。"他强烈肯定了集体维权这种形式，在组织上能够和实力强大的商家们相抗衡，使双方有了平等对话的机会，减少了在维权过程中"以强欺弱"现象的出现，更有助于使受侵害方取得满意的维权结果。一位不愿意透露姓名的大爷给我们讲述了他与村民们集体维权的经历。他是凤凰村现村委会成员，并村之前是交通村村委会成员，他说自己是村干部所以对维权还是比较了解的，而且也带领村民进行过一些维权行动。

"有一个事情我想为老百姓维权。我到北京也去上访过。我是告村干部侵吞集体资产，因为一个集体办的企业他不付一分钱改了个厂名就自己侵吞了，本来是集体的资产，当地没人管，不公正。后来我就带村民上访得到解决了。"

"还有一件事情就是以前交通村 300 亩土地没有通过村民代表大会，3600 元一亩卖掉了，老百姓生活没有保障，老百姓发动起来告到萧山，又告到省里，又告到中央纪委。最后的结果是我们达成协议了。"②

农民和城镇居民相比有很浓重的乡土意识，村里某个人或者某些人的权利受到侵犯，在大家都认为应该维权的情况下更容易产生集体行为。在维权开始为农民所知的今天，农民们集体维权行为也更易出现，"组织起来抵制地方社区组织的种种非政策甚至非法行为，已经成为农民自觉或不自觉的行动趋向。"③ 尤其是遇到实力强大的商家，这种集体维权的形式

---

① 梁文：《从农民务工称谓的变化看工会维权》，《工会博览》2008 年第 31 期。
② 访问者：周婧旻。被访者：凤凰村村委会成员，男，党员，60 岁以上。2009 年 4 月 27 日上午。
③ 国务院发展研究中心农村部、农民日报编辑部联合课题组：《矛盾·引导和历史的契机——关于 196 封农民来信的初步分析》，《农民日报》1998 年 12 月 8 日。

更能与之相抗衡，做到真正维权。

集体维权也分为两类，"一是通过正式组织及其领导而出现的农民集体行动；二是以自发群体行为为主的农民自我集体行动，这种集体行动的组织者就是'民间领导'"①。上文中凤凰村被访问的大爷就是维权团体中的"民间领导"，他组织农民并且带领农民进行维权活动。在维权过程中，维权的集体更趋于通过合法的组织途径解决问题，在整个维权过程中体现出了遵纪守法的性质，是通过正式途径的集体维权行为。我国《消费者权益保护法》中的第五章明确规定了消费者组织的定义、职能和不能从事的服务，在法律框架内规范了这类维权组织的行为。

4. 从私力救助走向公力救济

维权方式的理性化，还表现在农民维权中，公力救助成为常态。从理论上来讲，社会的法治化是"公力救助"被广泛运用的前提，这一点已被西方国家的实践所证实。在西方，不论是英美法系国家还是大陆法系国家，在法治化过程中，"公力救助"一直是公民寻求权利维护的主流。我国正在推进法治新农村建设，"公力救助"成为农民权利维护的基本途径是一个必然的趋势。公力救助，是指农民通过对国家司法权、行政权（这里主要谈司法权）的运用，借助于国家的权力来实现自己的权利，也就是通常所说的通过"打官司"或者信访等途径来维护自己的权利。

相对而言，私力救助是指农民在自己的权利遭到破坏时，主要运用私人以及以此为中心扩散开去的亲戚朋友熟人圈所形成的力量来维护自己的权利，具体方式有动用人情关系、找邻居间调解（民间调解）、自己直接主张权利等。② 私力救助在农村占主体地位是由于两方面原因造成的。第一，是我国长久以来受儒家传统文化的影响，尤其是农民，追求儒家的"无讼"，不愿意打官司，不愿意把事情"搞麻烦"。第二，在我国公力救助还不完善，农民虽然借助公力救助的意识有所提高，但是程序配套还需要进一步加强。通过私力救助方式维权，尽管有成本低廉的特点，也在维护农民权益的过程中作出了

---

① 郭正林：《当代中国农民的集体维权行动》，《香港社会科学学报》第19期（2001年春/夏）第115—133页。

② 王彩芳：《农民私力救助维权途径之思考》，《改革与发展》2006年第10期。

贡献，但是有些情况下私立维权不能产生作用时，农民更倾向于公力救助维权，借助合法公共组织和法定程序谋求社会的帮助。

随着社会的发展，农民们普遍反映当私力救助不能维权时才会转而选择公力救助维权，因为公力救助维权耗时、耗力、耗钱。正是公力救助不能满足农民们的需要，所以他们才惯性地首选私力救助。当然这个问题现在已经得到一部分人的认识，制度改革也正在进行中。1993年萧山市魏金海副市长在当年的信访年会上强调："经济建设越发展，改革开放越深入，就越要加强信访工作。"① 在萧山地区，政府向来特别重视营造良好环境，方便农民借助公力进行维权。比如2002年开始开展的妇女维权进社区活动就非常成功，各个村和社区都建立了妇女维权工作站，为村和社区中的妇女维权做了不少工作，并涌现出了一批积极维护农村妇女权益的先进单位和个人。

公力救助通过制度化的方式，建立双向维权制度，形成多方合力，确保维权的公正性、持续性和有效性。双向维权是指农民自我维权和他力救助相结合，健全制度规范运行。政府建立专门的维权组织、维权档案，定期回访，跟踪维权事件，进行信息反馈交流，有效保证对农民维权的信息跟踪和动态监控。在双向维权的基础上还要密切各部门的配合，力争形成多方维权的合力。其中建立有利的农民维权组织体系，要以政府型的农民维权组织为主，农民自发形成的合法维权组织为辅。双向维权制度的建立有助于确保维权行为的顺利实施，让农民感受到维权行为的有效性，能够认识到维权确实能够给自己带来公正，从而使实施维权行为在长期内处于一种持续的状态，使人们遇到侵权事件时，愿意利用合法的、理性的方式来处理。

（五）维权活动的有效性：从低认同度到高满意度

农民的维权活动是农村社会生活的一个重要方面，农民维权观念的变迁和演进，是农村思想变迁的重要方面。而对维权活动或行为的认同程度，则意味着农民如何看待自身权利和维护自身权利的努力，意味着农民对此种行为方式的接受和认可程度。总体而言，我们通过调研发现，农民

---

① 《改革开放越深入越要加强信访工作》，《萧山日报》1993年7月8日。

对维权结果满意度逐步提高，从低的认同度走向高的满意度。

对维权结果认同度的提高是农民维权行为普遍化的催化剂。既然是为了谋求维护自身的权益，那么只有在维权的结果使当事人满意的情况下，维权行为才会反复出现。当代社会维权事件数量上的增加并不能说明现在比新中国成立初侵权事件增多，反而也许说明农民普遍对权利有了认识和了解，而且维权意识和行为都有了提升。

1. 示范效果提升维权满意度

维权行为的反复出现是对结果不断认同的反映。如果采取维权行为不能取得满意的结果，久而久之农民的维权行为就会减少。在维权观念日益普及的过程中，农民对维权的目标有了相对合理和理智的预期，通过多渠道的维权，更易获得成功。与民众维权相关的信访系统和司法系统，也日益重视起民众对结果的满意度。就浙江省来说，首先在2008年启动了法院系统公众满意度调查系统，在信访工作方面拓宽渠道，部分地区开通了市长专线等便民信访服务。2005年市民对杭州市信访局和市长专线"12345"满意率达96%，全市两级信访部门共受理群众信访96577件，其中各区、县受理50014件，同比分别增长16.7%和2.7%。①

连任两届人大代表的何平说，地方法院在司法便民、为民方面确实采取了很多办法，总体上讲老百姓对法院的满意度逐步提高，法院的形象越来越好。② 在消费维权方面，维权结果也呈现出满意度高的特点。

"近几年来，随着我国经济发展水平的不断提高，相关立法的完善，商家对自身经营行为的不断规范，消费案件所涉及的范围已发展到医疗、房产、旅游等众多领域，消费案件呈现出新的特点：消费案件的绝对数量大幅上升，特别是突发性群体消费纠纷大幅上升，涉案标的明显提高，其中涉及损害赔偿的消费案件增多，消费者维权意识更趋理性，维权成功率高。"③

---

① 周娜：《市民对杭州市信访局和"12345"满意率达96%》，2006年3月28日浙江在线新闻网站（http://zjnews.zjol.com.cn/05zjnews/system/2006/03/28/006539628.shtml）。

② 薛勇秀：《何平代表：老百姓对法院的满意度逐步提高》，中国法院网（http://www.chinacourt.org/html/article/200703/07/237217.shtml）。

③ 《15年，见证中国消费维权历史——来自南京秦淮法院消费法庭的报告》，《江苏经济报》2008年3月15日。

就萧山衙前镇来说，农民对维权结果的满意度在提高。

在实地调研的过程中，南庄王村王某根据自己的亲身经历，讲述了维权过程中的"满意"和"不满意"：

"政府对坏人处理太宽，特别是小偷强盗，都是以教育为主，所以现在小偷强盗的事情越来越多，处理太宽，不太严格……要是我遇到小偷这样的事情只有报案了，但是你报案他给抓进去教育了又马上放出来了。以前我们家里小偷也来过，过了两三个月他抓到了，带到我家里来我说小偷来过，偷了东西也没还，公安局来了拍了几张照片，拍了小偷从哪里进来的从哪里出去的，处罚措施太宽了不够严格。这个比较不满意。现在我们农村遇到矛盾都是自己解决，打官司的比较少的。如果发生纠纷，村里干部讲讲就是了，村里人都是很好说话的。那么普通村民对村干部的解决结果一般都满意的。所以打官司的人就少了很多。"①

在农民维权逐步走向理性化、制度化的今天，运用法定程序解决纠纷、维护权益，在很多农民的心中有不可取代的公正地位。但是由于通过司法途径维权费时、费力、费钱，所以很多农民在遇到侵权事件时是否要采取通过此种途径的维权还要思量对比过后再做决定。大多数时候，在一般手段不能维护自身权益，或者与自己预期目标有差距的情况下，才会采取这种手段。

衙前镇中学的何老师说：

"真正触及到很大利益的，我会去（维权），但如果只是几块钱的话，就觉得没有必要。这个也不是说没有维权这个观念。如果为几块钱损失更多，就没有必要。"②

南庄王村42岁的王女士表示：

"买到假冒伪劣产品，买小的东西就算了，大的产品就会去打官司，但是浪费钱。"③

---

① 访谈者：龚玲燕、周婧旻，被访者：王某，南庄王村，男，74岁，党员，初中，年收入8万—12万元。2009年5月12日下午。

② 访谈者：王艳丽。被访者：何某，毕公桥社区，男，40岁以下，本科，教师，年收入3万—8万元。2009年5月14日上午。

③ 访谈者：邵琴芬、洪坤、杨柳。被访者：王某，南庄王村，女42岁，家庭主妇，2009年5月12日下午。

个案访谈的过程中有多位访谈者谈到了他们自身的维权经历,都表示通过维权行动取得了令自己满意的结果。螺山村的徐某说:

"维权,基本上会保存一些发票,电器坏了,都会让他们来修,他们一般也都会过来修的。遇到侵权行为,比如是邻里街坊的都会通过村里协商解决,打架的比较少,也会用些法律手段打官司什么的。以前这种现象比较少,帮助解决的途径也少,现在不一样了,维权的观念比以前多少是强了的,我们村的人还是比较注意维权的,看电视里也介绍过,比以前知道的多了。"①

2. 对法律制度的信心提升维权满意度

可以说,不管采取的是何种维权方式,正是这种维权成功的经历增多了,农民才会对维权产生认同感,进而提高维权意识,使维权成为一种持续性的观念和行为。在2008年10月10日召开的"12315"消费维权热线开通十周年座谈会上,上海社科院披露了针对"12315"消费维权热线社会满意度调查的结果。"有99.4%的消费者熟悉或知道'12315'热线,在拨打'12315'热线的消费者中,有89.5%的消费者通过热线维护权益获得了成功。"②

新林周村的一位阿姨曾做过较长时间的妇女主任,所从事过的工作有经济、计划生育以及妇女工作,对维权还比较了解,她举了生活中一个小例子:

"家里上次的空调装的技术不好,打了五个洞,家里刚装修好的这样很不好。然后我们就给这个公司打电话,公司派人再来看,看了好几次,最后跟我说,大妈,这个内机外机挺好的,但真的这个装得不好,这内机外机也都掉过好几次,我们给你换个新的。最后帮我换了新的,他们的老总也很好的,这售后服务很好的,处理结果我们很满意。对于我们来说装得不好打电话叫他们过来修就是维权。"③

杨汛村的夏某对"村民对法律的判决结果是满意还是不满意"这一

---

① 访谈者:林如。被访者:徐某,螺山村,男,党员,40—60岁之间,高中,年收入12万元以上。2009年5月13日上午。

② 《"12315"消费维权热线社会满意度调查结果披露近九成拨打者维权成功》,"中国上海"政府门户网(http://www.sh.gov.cn/shanghai/node23141/node 2315/node4411/uziai301389.html)。

③ 访谈者:林如。被访者:朱某,新林周村,女,65岁,现在村上开着一家小店铺,曾在村里担任较长时间的妇女主任。2009年5月12日下午。

问题的回答是:"还是满意的多。现在法律是公正的,要不然也不会那么多人解决不了的事情都跑去打官司了。"①

3. 维权行为的理性化提升维权满意度

农民在维权的过程中有比较明确的诉求,明确提出了维权目标,而维权的结果与其既定目标大方向的一致决定了农民对维权结果的满意度逐渐增加。农民对维权结果满意度的提高,首先,要处理好了维权目标"度"的设定。这里的"度"是指维权目标要设置得合理,不能把自身的权利无限放大,维权目标的设定要根据事实情况来定,除此之外,维权目标的设定更要符合国家的法律法规的规定。有的消费者在食物中吃到头发动辄就要求赔偿几千上万。比如说曾经在网上闹得沸沸扬扬的北京女大学生告华硕维权索赔500万,却反被华硕反告敲诈勒索,险些成为"过度维权"。②其实遇到侵权事件时,要提出合情合理、最重要是合法的维权目标,这样才能有效地维护自身权益,有关部门或者侵权方才能够认同自己的要求,有助于维权目标的实现。过度的维权不仅不利于维权目标的实现,反而有可能事与愿违。

其次,维权目标有理有据。有的农民在遇到维权事件后想要维护自身权益,却因为拿不出有力的证据而不能很好地维护自己的权益,不能达到维权目标。比如说一般正规的消费品都会有"三包"规定,那么享受"三包"服务也必须要持有相关的票据,如果遗失了这些相关的票据,那么消费者就不能享受消费品"三包"服务。比如说农民买种子后,发现

---

① 访谈者:周婧旻。被访者:夏某,杨汛村,男,40岁以下,党员,中专,干部,年收入3万—8万元。2009年5月13日上午。

② 2006年2月6日,北京经贸大学学生黄静买了一台价值2万余元的华硕V6800V型笔记本电脑。后发现电脑有质量问题,几经周折并未修好。而且她发现在维修过程中华硕维修点给她的电脑换的CPU是英特尔公司的工程样品处理器,即测试版CPU。而恰好这种CPU性能稳定性差,是英特尔公司明令禁止在市场销售的。随后她去华硕公司进行了谈判,希望能按照华硕年营业额0.05%进行惩罚性赔偿,数额为500万美元,并且声称该赔偿将用于成立反欺诈基金会。但多次协商未果。华硕反告她,后黄因涉嫌敲诈勒索被刑事拘留直至批准逮捕,并被送到海淀看守所羁押。在经过290多天的牢狱生活后,2007年11月9日,黄静等来了案件的"结果",不起诉决定书中写道:检察院认为海淀公安分局认定的黄静的犯罪(敲诈勒索)事实不清,证据不足,不符合起诉条件,故决定对黄静不起诉。

种子有问题,但是没有保存好票据,那么在维权过程中可能就会产生一系列的困难。所以一定要保存保护好证据,以便更好地维护自己的权益,最终实现维权目标,得到满意的结果。访问过程中一名 73 岁的老党员说自己家里买东西都会有意识地把发票、收据之类的东西留下来,以防东西坏了要修理、退换货之类的。与之形成鲜明对比的是改革开放之前,甚至是 20 世纪 90 年代之前农民留存发票的意识很淡薄。

  总体而论,伴随着经济社会的巨大变迁,农民的权利意识和维权观念也开始发生深刻变化。尤其是改革开放以来,现代思想不断影响和冲击着祖祖辈辈守着田地的农民们,他们开始接受新思想并树立了现代农民的新形象,打破了我们心中固有的观念。具有明确的权利观和维权意识成为改革开放现代化过程中、社会转型的过程中凸显出来的当代农民的一个重要标志。"维权"观念逐渐深入到他们内心,成为他们生活中不可缺少的一部分。

六 农民生活观念变迁与乡村社会精神共同体的构建

生活方式是一个含义广泛的社会经济范畴,它是指在一定生产方式的基础上,在一定的价值观指导下,人们的物质生活和精神生活活动的形式和条件。物质生活通常指人们的吃穿住用等方面,而精神生活一般指文教娱乐方面的生活。新中国成立以来,尤其是改革开放以来,浙江省的生产力有了极大的发展,物质生活更加富裕。2006年人均GDP达到31874元。1979—2006年平均年增长12.1%。2006年城乡居民消费支出的恩格尔系数分别为32.9%和37.2%,按国际标准已经进入了富裕型。浙江在经济得到极大发展的同时,农民的生活方式观念也发生了一系列的变迁。新时期农民生活方式变迁发展的缘由与表现如下:

一是浙江农村社区服务快速发展为农民提供了新的生活场域。2007年起浙江开展了"千村示范万村整治"的新农村建设,一个个文明和谐的农村新社区正在全省各地涌现。近年来浙江省连续出台了《关于推进农村社区建设的意见》(浙委〔2008〕106号)、《中共浙江省委关于加强和创新社会管理的决定》《关于加强和改进城市社区居民委员会建设工作的意见》(中办发〔2010〕27号)、《浙江省国民经济和社会发展第十二个五年规划纲要》等文件加快推进新农村建设和农村社区服务的发展。据统计,到2010年年底,全省已有乡镇社区服务中心764个,占乡镇总数的65.2%;全省行政村总数为29632个,其中已建成村级社区服务中心12061个,服务范围覆盖了60.3%的行政村。社区服务网点由"十一五"初期的5万个增加到12.3万个,初步满足了不同人群就近就便服务的需求。在《浙江省国民经济和社会发展第十二个五年规划纲要》中,明确提出了要强化城乡社区建设的要求。这样一来,农村社区发展具有更好的政治环境和政策条件。根据浙江省11个设区市新建村级社区服务中心目标（见下表）分析，浙江农村社区获得了快速发展。

表 6—1　　　浙江省设区市新建村级社区服务中心表　　（单位：个）

单位	"十一五"已建数	"十二五"新建数	合计
杭州	1146	650	1796
宁波	1313	650	1963
温州	1558	800	2358
嘉兴	676	110	786
湖州	585	210	795
绍兴	1693	450	2143
台州	1808	750	2558
舟山	182	130	312
金华	1569	800	2369
丽水	825	450	1275
衢州	706	500	1206
合计	12061	5500	17561

二是浙江农民生活消费方式为其生活方式变迁提供了必要条件。根据杭州市统计局、国家统计局杭州调查队、杭州市社会经济调查局提供的"2010杭州市国民经济和社会发展主要指标数据解读"，2010年杭州市区城镇居民的生活消费支出达到20219元，比上年增长8.7%，其中食品消费7790元，增长11.7%，按照食品支出占生活消费支出的比重计算的恩格尔系数为38.5%，而农村居民则从上年的33.8%下降到32.5%。恩格尔系数城镇上涨，农村下跌，说明城镇居民的食品消费支出受价格上涨影响较大，而农村居民则较小，杭州农村居民的生活质量水平显然在一定程度上高于城镇居民生活。再从农户家庭年开支情况的调查来看（见表6—2），杭州五县市样本行政村绝大多数居民的年消费支出在3万元以下，其中32.5%的农户家庭年消费支出在20001—30000元之间，超过杭州市城镇居民生活消费支出的20219元。

表 6—2　　　　　　　　农户家庭年消费支出表

家庭年消费支出（元）	样本统计数（户）	占比（%）
20000 及以下	156	37.2
20001—30000	136	32.5
30001—50000	77	18.4
50001—60000	19	4.5
60001—70000	7	1.7
70001—80000	6	1.4
80001—100000	7	1.7
100001—120000	5	1.1
120001—150000	2	0.5
150000 以上	4	1

从消费构成来看，60.2%的受访农户主要消费为日常生活支出，6.0%的家庭主要消费为人情往来支出，5%为住房建设支出，8.8%是孩子教育支出，4.3%的农户则为医疗卫生支出，15.5%的受访者主要花费为休闲娱乐支出，选择其他支出的只有0.2%。在日常消费支出中，食品消费支出通常是主要花费。从受访农户家庭年食品消费支出（见表6—3）来看，62.5%的受访农户家庭年食品消费支出在15000元及以下，18.1%的家庭年食品消费支出在15000—20000元之间，7.2%的居民家庭年食品消费支出介于25001—30000元。这种消费支出也为农民的生活方式多样化提供了一定的支持。

表 6—3　　　　　　　　农户家庭年食品消费支出表

家庭年食品消费支出（元）	样本统计数（户）	占比（%）
15000 及以下	262	62.5
15000—20000	76	18.1
20001—25000	25	6.0
25001—30000	30	7.2
30001—40000	7	1.7

续表

家庭年食品消费支出（元）	样本统计数（户）	占比（%）
40001—45000	1	0.2
45001—50000	5	1.2
50001—60000	3	0.7
60001—80000	8	1.9
80000 以上	2	0.5

三是浙江农民的居住方式变迁，为其生活提供了坚实的基础。从抽样调查来看，除了极少数的居民由于土地拆迁补偿、房屋改建及中心村建设安置、宅基地置换等原因暂时没有自己的住房外（占比2.6%），受访农村居民普遍都拥有自己的宅基地住房，住房面积主要在51—200 ㎡之间（见图6—1），其中26.9%的家庭居住面积在51—100 ㎡之间，30%为101—150 ㎡，17.9%在151—200 ㎡之间。实际上，受访农村家庭居住面积通常计算的是一层居住面积，若以普遍性的三层来计算，则农户实际居住面积要高得多。总体而言，杭州五县市农村居民的人均住房建筑面积要高于2010年杭州市统计局公布的城镇居民人均30.86 ㎡的住房建筑面积，也高于全市农村居民71.22 ㎡的人均居住面积。总之，新时期的农民居住朝舒适度、安全度和享受型方向发展，为农民的舒适型生活方式提供了坚实的基础。

四是浙江农民工作方式开始呈现多元化和差异性。由于经济发展的带动，相关产业如交通、餐饮、旅游、环卫、城建、建筑等行业也迅速兴起和扩大，为新时期农民提供了多种多样的工作机会，为此，农民不但适应生产方式的多样性，也逐渐适应了复杂多变的城市生活。

五是浙江农民的文化娱乐生活的多样性。在近年新地政策下，由于农民的生活环境的变化，从分散的村落组织到集中的居民社区，生活环境发生了巨大的变化，优美的生活环境也进一步提升了农民的生活质量，农民的生活理念也悄然发生变化。随之而来的是农民的文化娱乐生活的多样性，例如老年人的生活则更为舒适，冬天晒太阳，夏天乘凉，三五一群或唠家常，或打牌搓麻将，不亦乐乎；青年唱歌跳舞、健身旅游等；孩童娱乐的节目也是五彩缤纷，娱乐活动更加丰富多彩。显然，浙江农民正在朝

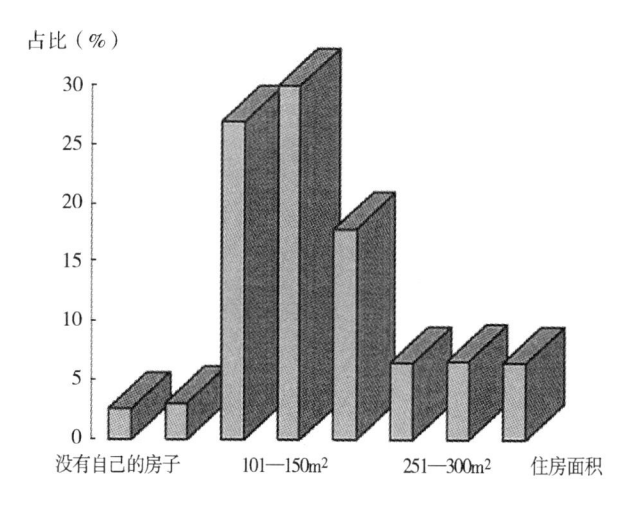

六 农民生活观念变迁与乡村社会精神共同体的构建　　151

占比（%）

[图表：显示不同住房面积的占比分布，横轴从"没有自己的房子"到"住房面积"，包含101—150m²、251—300m²等区间]

图6—1　农户产权房面积图

着科学、文明、健康、和谐的农村生活方向发展，这在发达地区的衙前镇表现得极其明显。

（一）物质生活方式的品质化追求

生活富裕的农民在物质生活方式方面发生的变化主要表现为，农民的饮食观念由只求吃饱向追求健康营养转变，服饰观念由只求穿暖向追求款式新、个性化转变。在住房方面，则由过去的安于寝居之地向追求舒适宽敞转变，家庭用品观念由讲究经济实用向追求高档耐用转变。

生活富裕是党的十六届五中全会提出建设社会主义新农村的目标和要求之一，也是继温饱和小康之后国家提出的对人民生活水平的更高要求。生活富裕不仅意味着物质生活的满足，它有更丰富的内涵。2010年，浙江农村居民人均纯收入为11303元。

表6—4　　浙江省历年农村居民生活水平（1978—2010年）

年份	人均纯收入（元）	恩格尔系数（%）	人均居住面积（平方米）
1978	165	59.1	
1979	195	57.1	

续表

年份	人均纯收入（元）	恩格尔系数（%）	人均居住面积（平方米）
1980	219	56.8	16.07
1981	286	55.2	14.02
1982	346	56.3	16.57
1983	359	56.2	19.32
1984	446	54.6	20.45
1985	549	52.1	22.08
1986	609	50.3	23.02
1987	725	48.6	24.73
1988	902	46.4	25.98
1989	1011	48	27.09
1990	1099	46.1	29.26
1991	1211	50.5	30.77
1992	1359	49.2	31.34
1993	1746	50.2	32.62
1994	2225	47.6	32.77
1995	2966	50.4	34.14
1996	3463	50.6	35.78
1997	3684	48.5	37.30
1998	3815	47.1	38.53
1999	3948	46.1	40.27
2000	4254	43.5	46.42
2001	4582	41.6	47.82
2002	4940	40.8	49.53
2003	5431	38.2	50.73
2004	6096	39.5	51.29
2005	6660	38.6	54.98
2006	7335	37.2	55.57

续表

年份	人均纯收入（元）	恩格尔系数（%）	人均居住面积（平方米）
2007	8265	36.4	57.06
2008	9258	38	58.50
2009	10007	37.4	59.29
2010	11303	35.5	58.53

根据政府公布的数据及衙前农民自己的体会，"生活富裕"在衙前镇有如下体现：生活富裕程度居全国前列，生活得到极大丰富，应该说单纯从物质丰裕的角度来说，衙前镇人民的生活是富足的，绝大多数的村民对现在的经济状况是满意的。到2007年，全镇村级可用资金达到4500万元，比2006年增长33%；农民人均年收入14750元，同比增长10.9%（全国数据为人均年收入2006年5025.08元，衙前镇2006年为13305元，是全国水平的2.6倍）；农民参加新型农村合作医疗覆盖率达到100%。在2008年度中国"乡镇综合实力500强"名单中，萧山区衙前镇列116位，同时被评为改革开放30周年30个最受关注的乡镇之一。[①] 就农民自己的体会而言，生活富裕通过生活方式的品质化追求表现出来。

1. 注重饮食的营养与健康

民以食为天，"食"是生活的最基本需求，同时也是生活的最高追求和享受之一。饮食需求是人们获取营养元素的重要来源和维持生命的一项基本要求。食物消费需求结构的变化，关系着国民营养水准的高低和健康的好坏，也影响着政府农产品产销政策的制定、农业生产资源利用和生产结构的调整，直接影响到社会的生产方式。

新中国成立初期，全国的农村居民收入和消费水平较低，食物消费的特点主要表现在：恩格尔系数在60%以上，食物消费量低而不稳，食物种类不丰富，食物结构以植物性食物为主，植物性食物中又以粗杂粮为主，营养水平也较低，温饱问题还没有解决，农民生活水平普遍较低。据

[①] 资料来源：《改革开放30周年》30个最受关注的乡镇评选结果，2009年4月26日，人民网（http://unn.people.com.cn/GB/1242231141148/inder.html）。

《衙前镇志》记载：1953年11月起，国家实行粮食统购统销，粮农必须将应统购的粮食交售给国家或国家指定的商业部门，由国家集中管理，对城镇居民和需用单位有计划地进行分配和供应。当时的粮、油是有计划的、限量供应的。农业集体化后，由于这种生产关系挫伤了农民的生产积极性，粮食产量不能有效增长，农民分到的口粮十分有限，绝大多数人处于求温饱的阶段，为争取满足最基本的生存需求而努力奋斗。农民有饭吃就算不错了，就别说什么质量和营养价值了。在农村许多地方，人们的口粮总是青黄不接，吃肉是过节才有的奢侈享受，那时农忙时的"点心"，不过是麦饼、冷饭、杂粮糕团等凑合。只有过节待客时，才会有所改善。①

随着农村经济的快速发展，农村居民现金收入增加较快，购买力迅速提高，农村居民生活消费逐步转向以货币商品性消费为主。农民的物质生活开始极大丰富，农民可以到遍布城乡的商店、菜市场中购买自己所需要的各类食品，各类食品应有尽有，想吃什么，就能买到什么。衙前农民的食品消费也由过去只求吃饱转向吃好，越来越多的人更加关心食物的质量和科学的营养构成，合理地安排自己的食品消费结构。

进入21世纪后，衙前人民生活水平不断提高，人民群众的消费水平、生活质量明显改善，人均年收入达到10000元，恩格尔系数下降到40%以下。农民日子越过越好，吃的是越来越丰盛，特别是到了过年的时候，鳗鲤、河蟹、海鲜已进入普通农家，少数办企业的富户自备汽车，除夕夜举家入城内大酒店，包厢内团聚吃"年夜饭"。② 近年来，衙前农民的饮食观念不断变化，人们对于吃的要求也越来越高，不仅要"吃好"，还要吃得健康。营养均衡，粗细搭配，口味清淡，多吃蔬菜水果，少吃高脂肪高胆固醇的食物已成为饮食文化的核心内容，乡下现在也流传"穷人吃肉，富人吃素，老板吃草（野菜）"的俚语。

采访中王某说：

"我们村子里办起来好多厂子，经济发展了，我们生活都比以前好多了，不再只是像以前那样只重视有得吃、吃得饱就行了，现在会关心营养

---

① 衙前镇志编纂委员会：《衙前镇志》，方志出版社2003年版，第940页。
② 同上。

搭配问题,早餐会讲究营养,鸡蛋啊、牛奶啊都要搭配上。午饭嘛,也会素菜啊、荤菜啊混着搭配的,蔬菜也要红色的、绿色的各种都要的,要讲究、要漂亮。现在天天吃肉都不算什么啦,那样也不好,要讲究营养了。改革开放的时候分田到户,去萧山围垦干活,买菜要跑10来里路,现在买个菜也很方便,想吃什么就买什么了,出去买菜今天吃过,明天就不要吃了,天天要换,时不时地也买些海鲜吃。"[1]

从王某的话中笔者能真实地体会到如今衙前农民的生活条件是越来越好,饮食观念越来越科学化,不仅要吃饱还要吃出营养和健康,从过去的吃饱型向营养健康型转变了。

2. 追求服饰的时尚

服饰是人类不可缺少的生活资料,也是居民生存的必要物质条件,同时由于服饰具有其特定的精神属性,它能够直观地反映一个地方的物质经济文化内涵等种种社会信息。从衙前农民服饰的观念变迁中,我们也能感受到不同时代的气息。

新中国成立初期,农民的服装仅仅具备了保暖和遮体的基本功能,颜色单一,样式简单。在访谈中和老一辈的衙前农民聊到过去的穿衣情况,老农感慨地说道:"以前没什么衣服穿的,身上也不能戴首饰,一个季节一套衣服,都是自己织的粗布,穿上去刺刺的。20世纪60年代,由于三年自然灾害,棉花大幅减产,棉布供应极为紧张,人们买服装、棉布和日用纺织品都要凭布票,为了尽可能地节约,购买服装的标准是耐磨和耐脏,灰、黑、蓝色等深色成为街头流行色,千篇一律、季节不分、男女不分的服装样式也更流行。"[2] 一直到20世纪70年代农民的服装也还是比较朴素单一的。访谈中南庄王村的田某也谈道:

"我生在70年代,自小家里贫穷,说真的,那时候连件像样的衣服都没有。唯一好点的衣服都是表姐穿剩下的,因为年纪小,怎样穿也无所谓。到上初中时,也就是80年代,表姐的衣服因为自己长高了穿不下了,

---

[1] 访谈者:林如、刘娟、魏勇强。被访谈者:王某,女,65岁。新林周村。2009年5月12日上午。

[2] 章立:《衣食住行看巨变》,《共产党人》2008年第9期。

自己一条好点的黑裤子,被我天天穿,终于夭折了。看着同学们每天换衣服,心里那个羡慕啊!我发誓,等咱以后有了钱一定也要像她们那样。在自己17岁那年,妈妈破天荒买了件价值50大洋的衣服,衣服是黑色的,袖子是网状的,一排黄色的纽扣亮闪闪,还是收腰的,到现在我都还记得很清楚。那时候穿颜色鲜艳点的衣服都不好意思出门。一家几口人一年四季的衣服,一个衣橱就可以轻松装下。那时候生活艰苦,供应紧张啊。那时买布得有布票,一个人一年就给三四米布,想做件新衣服得在过年时才有可能哦。"[①]

访谈客观地反映了在那个特殊的年代农民服饰观念的朴素与单一,也反映了他们对服饰美的内在向往。到了20世纪90年代后期,随着浙江农村经济发展水平的提高,农民的社会购买力得到普遍增强,衙前农民对服装的需求也得到极大的满足,出现了多样化、个性化的趋势。农民买衣服不只是注意价格,更多的是注重服装的款式和品牌,努力展示服饰文化中的个性魅力。当然,老年人依然保持了一种勤俭节约的衣着观念。

表6—5　　农民购买衣服时最看重的要素　（$N=500$）　　（单位:%）

	价格	实用	款式	衣料
40岁以下	12.1	16.8	50.9	20.2
40—60岁	21.5	19.1	34.5	24.9
60岁以上	37.5	25.0	12.1	25.4
总体	23.7	20.3	32.5	23.5

根据问卷分析显示,对"您购买衣服时最看重的是什么"这个问题的作答情况是:有32.5%的人选择了款式,有23.7%选择了价格,另外有23.5%选择了衣料,只有20.3%选择了实用性。这表明了当地人民对服装的要求已经有了改变,农民选购服装的标准已从改革开放初期的"实用、经济、美观"转变为如今的"美观、经济、实用"。根据问卷不同年龄段的选择来看,年轻人选择最看重款式的比重达到50.9%,而老年人只有12.1%。当地的年轻人,因为家庭富裕,在买服装时不但对服

---

① 访谈者:邵琴芬、杨柳、洪坤。被访谈者:田某,南庄王村,女,36岁。2009年5月12日下午。

装质量有了较高要求，对服装的款式、品位、风格等方面都有了较高要求，而对价格却并不是很在意。讲究造型、款式，注重商标名牌已成为当地年轻人消费选购服装时最普遍的心理；而老年人大多选择了实用性或价格，表明老年人还是坚持了勤俭节约的优良传统。这在课题组对萧山衙前进行的个案访谈中得到了很好的印证，衙前一名刚毕业的大学生说：

"现在我们这儿基本上达到了小康水平，现在的人衣服不时髦了就不穿了。家里有钱，我一般都是去比较正规的店买，都是名牌，要好看，穿新的款式，我大学是在杭州读的，一个月要消费2000元，我周末都回家的，长辈都比我节俭，爷爷他们更节俭，穿暖就好，不追求什么样式品牌的，他们总说以前日子苦，现在日子好了，也要节约啊。"①

3. 住房条件的实用性与舒适化

住房是人们生存的基本条件之一，新中国成立以来，人们居住的房子在不断变化：从土房到板房，从木头房到水泥房，从平房到楼房，从福利房到商品房，从狭窄黑暗到宽敞明亮，从冬冷夏热到冬暖夏凉，从"居者忧其屋"到"居者有其屋"。衙前农民对住房的要求也经历了只求能遮风避雨到追求舒适化的转变。

新中国成立初期，衙前农村多为低矮茅屋，大多数农家住的房子都是土房子。农户家一般都有自己的院子，农民就在院子里养鸡、猪等家畜，厕所就建在猪圈旁边，一些地方人畜混居一室，卫生条件差，严重影响着人们的健康。这种住房条件一直到20世纪70年代也还是如此。

在解决了温饱问题之后，20世纪80年代初期，衙前农村掀起了建房热。对于一个普通农户来说，建房几乎是其一生中最重大的事情之一，建房所需费用也几乎是农户一生中最大的开支。所以，农户会根据自家的积蓄和近年的收入情况及对收入的预期，决定是否建造新的住房。20世纪90年代末以来，衙前农村经济快速发展，引发了农村新一轮的建房高潮，楼房、洋房逐渐取代了原来的砖瓦房，成为目前住房消费的主流。衙前各村都统一规划，严格限制建房用地，采用钢筋混凝土结构，向高楼多层次发展，农村中三四层楼已常见，且多用新材料、新工艺油漆装潢，选用中

---

① 访谈者：刘娟、王海峰。被访者：李某，四翔村，男。2009年5月15日上午。

西新颖式样，饰以玻璃幕墙，琉璃盖顶。这些年衙前发展迅速，人民生活水平提高，2000年农民人均收入7350元，95%以上农户均已建造了3—4层式新颖楼房，内部装饰华美，庭前屋后栽植花卉树木。① 对于新式农村楼房建筑看重的因素，50%以上的农民选择了楼房的实用，近30%倾向楼房内部的装修和内部设施。

表6—6　　　　　　农民建造房屋时看重的因素（$N=493$）

面积	外部气派	内部设计与装潢	实用
6.7%	7.1%	28.5%	54.6%

这样的单体农村住宅，在衙前农村比比皆是。朱大妈一家5口人，包括她和老伴还有儿子、儿媳妇及孙子，老两口在村里开着家小店，她告诉笔者说：

"家里重大支出就是造房子，这是很大一项支出，房子也建得差不多了，都是村里统一安排的，装修是自己的，这个村里不管了。每家每户的装修都很好的，外面一样，但是里面是很不一样的，现在的房子很多都专门找装潢公司，以前是不装修的。以前房子很小，以前有平房还有草房，外面就涂层灰，没有高楼大厦，现在房子很讲究，楼上有卧室，楼下有厨房、客厅什么的，以前根本没有。现在每个卧室都有卫生间的，厨房还有抽油烟机什么的。"②

新林周村徐大伯现今自己经营着一家厂子，在下海之前也在村里任职，谈到家里住房时他感慨地说道：

"老房和新房的差别非常大，以前的老房子没什么装修，现在基本上每家房子建好都要七八十万元装修，里面的设施都要全部装修好，以前你看涂料一涂就好，现在房子不管里面外面都要装修好，都是比较美观的，现在的家具都是买的，不是做的，现在农村的厨房都是成品橱柜，以前用水泥一打，瓷砖一贴就可以了，现在都用整套的抽油烟机什么的。以前一个房子都没有一个卫生间，现在一层就有两三个卫生间，以前客厅和厨房都是放一起的，不分什么客厅，现在客厅里都要放电视、沙发，是分开

---

① 衙前镇志编纂委员会：《衙前镇志》，方志出版社2003年版，第7页。
② 访谈者：林如、刘娟、魏勇强。被访谈者：朱某，新林周村。2009年5月12日上午。

的,专门会客的,像我们这里的生活和城里没什么差别了,甚至比城里人好。现在装修就是追求像别墅一样的,我们现在的新房子一般都是别墅样的。"①

出租房屋和房屋的买卖也成为农民新的生活方式之一,统计显示,出租旧房屋的达到23.6%,出卖的达到16.3%,二者相加达到39.9%:

表6—7　　　　　　农民对旧房子的处理方式 ($N=481$)

自己留用	卖给他人	出租	其他
22.9%	17.3%	24.9%	34.9%

4. 高档家庭耐用品的消费观念形成

在家庭设备用品中最能体现农民对家庭设备思想观念变迁的主要是农民耐用消费品的变迁。所谓耐用消费品,是指使用周期较长,内含价值量较多的消费品。② 随着人们科学文化水平的提高,国际互联网的使用已经进入了普及时代。截至2011年12月底,浙江全省农村宽带接入用户达到426万户,占全省宽带用户的41.8%,绝对数和占比均居全国首位。平湖市新埭镇星光村50%的农民家庭有了电脑。

表6—8　　农村居民家庭拥有生产性固定资产情况(2003—2010年)

年份 指标	2003	2004	2005	2006	2007	2008	2009	2010
户均生产性固定资产原值(元)	9223	10078	12005	11946	12140	13107	14917	16770
役畜、产品畜	143	185	267	275	310	782	846	871
大中型铁木农具	280	248	238	203	229	229	618	270
农林牧渔业机械	499	1304	1459	1355	1497	1374	3598	1933
工业	2569	3072	4212	4296	4206	4525	5227	5738
运输	1437	1796	1807	1745	1825	1692	1558	2197

---

① 访谈者:林如。被访谈者:徐某,新林周村,男,40—60岁,已婚,中共党员,家庭年收入12万以上。2009年5月12日上午。
② 汪玉奇:《试论八十年代耐用消费品消费对社会的若干要求及满足途径》,《经济科学》1983年第4期。

续表

年份\指标	2003	2004	2005	2006	2007	2008	2009	2010
平均每百户拥有								
汽车(辆)	2.2	2.2	1.9	1.8	2.0	1.5	1.7	2.1
大中型拖拉机(辆)	1.5	1.3	1.5	1.8	1.6	1.2	1.1	1.1
小型和手扶拖拉机(辆)	4.9	4.2	2.7	2.8	3.4	2.9	2.5	2.6
机动脱粒机(台)	27.5	25.6	16.5	16.4	16.6	15.8	17.0	15.7
水泵(台)	21.7	22.0	19.6	19.3	19.7	19.6	20.6	19.0
役畜(头)	3.0	2.0	3.5	3.0	2.4	2.8	6.1	6.5
产品畜(头)	14.0	24.7	30.2	44.7	67.6	77.4	78.8	74.6

表6—9 浙江省农村居民家庭平均每百户耐用消费品拥有量(2003—2010年)

年份\名称	2003	2004	2005	2006	2007	2008	2009	2010
自行车(辆)	168.7	161.6	129.0	124.6	125.4	123.0	125.2	125.1
家用电脑(台)	6.0	6.9	10.8	14.3	19.4	23.4	28.6	35.6
洗衣机(台)	43.1	45.6	52.4	55.2	59.7	62.6	65.6	68.3
电冰箱(台)	53.1	56.6	62.2	67.8	75.0	80.2	85.3	89.4
摩托车(辆)	47.6	52.7	61.0	62.7	57.8	56.9	55.6	54.0
黑白电视机(台)	39.9	33.7	22.0	17.0	11.2	9.2	7.5	6.1
彩色电视机(台)	109.7	116.7	130.0	136.9	144.2	149.6	157.0	161.4
电话机(部)	84.2	88.8	94.4	95.0	93.2	92.2	89.9	88.4
移动电话(部)	73.5	89.7	119.2	134.7	150.7	159.7	176.6	189.1
照相机(架)	7.9	8.6	8.7	9.2	9.0	9.6	11.2	12.6
抽油烟机(台)	28.4	30.7	35.4	38.0	43.0	46.0	49.5	52.7
吸尘器(台)	2.8	3.4	3.8	3.6	4.0	4.4	4.7	6.1
空调机(台)	20.4	26.6	36.0	42.6	54.0	61.3	69.6	78.6

随着社会的进步,家庭休闲设备的更新,人们的休闲方式与内容也发生着深刻变化。衢前农民耐用消费品的需求观念也经历了一个从讲究经济

实用向追求高档耐用的转变。

在消费品匮乏的年代，农民的基本消费品凭票供应，耐用消费品的消费也自然成为一种奢求。基本的日常用品也非常紧缺，1970年衙前农村配给物品情况如下：①

表6—10　　　　　　　　1970年衙前农村配给物品的情况

	分配情况
肥皂	农村社员每人一小块，集镇居民、机关、企事业单位职工每人2小块
火柴	农村社员每人3小盒，单身汉5小盒，集镇居民每人2小盒，单身汉4小盒
三股线	不分农村集镇每人2小支，一只线球抵一支三股
铁锅	在供应新铁锅的同时，回收旧铁锅

从表格中可以看出在那个饥寒型消费层次下的年代，农民全部收入都用于解决温饱问题，甚至有些还要靠借贷、救济才能够生存下来，一些基本生活用品都很难得到满足，家里经济条件稍微好点的才有余力购买一些低值耐用消费品，也就是钟表、收音机、自行车这类了。

到了2000年，衙前农户中电视机、彩电、收录机、电话机、缝纫机、自行车、电风扇等低中档耐用消费品基本上都得到了普及。但是像汽车、助动车等高档耐用消费品在农民家中却还是少有的，拥有率仍然不高，特别是汽车，全镇总共才126辆。到了2009年，衙前农户家中所拥有的耐用消费品又发生很大变化，各种耐用高档消费品明显增加，以下是萧山衙前调研小组就农户家中所拥有的耐用消费品所作的问卷调查结果：

表6—11　　　农民家中所拥有耐用消费品的分布情况（$N=400$）

	汽车	电脑	空调	冰箱	彩电	热水器
拥有率	49%	64%	69.4%	82.1%	100%	88%

根据表格我们可以看出，衙前农民家中拥有汽车的为49%，电脑为64%，空调为69.4%，冰箱为82.1%，彩电为100%，热水器为88%。

---

① 衙前镇志编纂委员会：《衙前镇志》，方志出版社2003年版，第563页。

可以看出，经过这几年的发展，衢前农户的汽车拥有率已达到相当高的水平。在访谈中南庄王村田某告诉我们：

"现在我家各种各样的家电都有啦，太阳能热水器、电冰箱、电视机、洗衣机家家户户都有的，客厅里有高档红木家具。现在家里买家用电器质量要好的，家里电视机啊、冰箱、空调跟其他电器都有，还有电脑、家庭影院、摄像机。以前家里自行车都没有，现在不少家里有两辆汽车。"①

四翔村的一名刚大学毕业的学生，现在一家企业工作，他说：

"我们家从小生活就挺好的，我现在就希望车子再好点，我的车是毕业的时候买的，我现在开的是奥迪，还想再开更好的，都是想越来越好啊。家用电器差不多都有了，觉得有这些是很平常的，家里才买了三辆汽车。"②

小汽车作为方便的交通工具，适应了人们对于提高出行效率和舒适性的追求，家用轿车进入家庭，极大地提高了农民的生活质量，加快了生活节奏，提高了工作效率，扩大了活动范围和消费领域，丰富了生活内容和情趣，这些都给衢前农民生活方式带来很大改变，到附近的城镇首选自驾车的比例甚至已达到21.9%。

表6—12　农民外出到附近的城镇首选的交通工具情况（$N=498$）

自行车	摩托车	公交车	私家车	其他
19.5%	16.5%	39.2%	21.9%	3%

新中国成立以来，中国社会经历了高度集中的计划分配、计划调节与市场调节相结合以及社会主义市场经济三个阶段，每一步变革对于普通百姓而言，最能体现他们的生活质量改变的就是衣食住行方面的变化。这种百姓日常生活的变化，反映的却是新中国经济的发展经历，证明的更是只有国富才能民强的道理。在一穷二白、百废待兴的背景下，计划分配制度

---

① 访谈者：邵琴芬、杨柳、洪坤。被访谈者：田某，南庄王村，女，62岁。2009年5月12日下午。

② 访谈者：刘娟、王海峰。被访者：李某，四翔村，男，为刚毕业的大学生。2009年5月15日上午。

为保障居民基本生活发挥过重要作用，但只有在社会主义市场经济的条件下，农民才能真正分享到改革开放的成果，才有可能依据经济条件来自由支配自己最基本的生活消费，安排自己的日常的生活。

（二）精神文化生活方式的多元化

人类文明的历史，既是人类物质和精神文化发展的历史，也可以说是人类的物质需要和精神文化需要不断引发、生成、满足、拓展和创造的历史。在不同的时代，不同的历史发展阶段，人们的精神文化生活各自带有自己所处时代的烙印和历史的痕迹。当生产力的进步推动着社会向前发展，丰富的物质生活已不再是追求的唯一目标时，步入小康阶段后的衙前农民对精神文化的需求就变得愈发强烈，精神文明生活方面也有了极大的改善，农民群众的文化生活越来越多姿多彩。当然，农村社会构建社会主义精神共同体的任务仍然艰巨。

1. 传统习俗的维系力量日渐消解

乡村社会秩序的形成与民间信仰习俗有着密不可分的关系，中国传统文化经过几千年的历史变迁延续至今，其中所承载的丰富历史文化内涵已经充分体现在村民的信仰民俗里，植根于他们的现实生活中。

农民传统习俗是乡村民众在长期生活中所形成的生活方式与行为习惯，是具有鲜明特色的乡村文化，它既反映了村民生存、生活状态与精神面貌，又维系着农村生活秩序与邻里关系，对农村社会稳定与经济发展，具有十分重要的影响与作用。萧山衙前农村是一个文化底蕴深厚、乡风纯朴的典型的江南乡村，对于盛行于江南的端午节仍有着比较多的关注：

表6—13　　　　农民认为过端午节的意义表 ($N = 499$)

是	没有	不知道
82.8%	13%	4.2%

传统文化能够守护，与民间的自我传承和发扬有关系，衙前的统计显示，传统的文化娱乐节目中，对传统文化能够保留和发展的仍达到51.8%：

表 6—14　农民认为传统文化娱乐活动在本村的保留表（$N=83$）

有保留并有所发展	几乎没有保留	和以前差不多	不太清楚
51.8%	21.7%	19.3%	7.2%

传统文化在发展，但农民对这种发展表现出复杂的心态。以春节为例，春节是中华民族传统文化中最隆重最有特色的部分，是中华民族文化认同的印记。它起源于农耕文明，不仅是维系农村社会和谐的重要节日，更是农村社会分享伦理情感、增加乡情友谊的重要纽带。在衢前农村，春节的一些较为固定的习俗习惯还相传至今，如春节的贴春联、守岁、放爆竹、拜年等。这些传统文化习俗依然是联结乡村社会情感的重要纽带。但也应该看到，随着经济的发展，年货增加了，但年味也变了，传统农业社会赋予春节的文化意义也在发生着变化：

"我们以前一进腊月还是很忙碌的，要准备很多年货，那些年货都是自己亲手做，做了之后拿给乡亲们送去一些。正月里有客人来了，这些年货都要拿出来给客人们吃的，当然还要买一些肉鱼招待客人。但是改革开放之前，农村人经济上还是有些紧张的，一般是用腊肉腊鱼来招待客人，走亲访友更多的是联系感情，并不在于吃多少好吃的。而今，腊月底很是轻松，年货都不用自己准备了，市场都有卖的。我的儿媳妇们一到那个时候就自己去买好了，让我不用再做了，她们也不会做，这么长时间没有做了，我也不知道自己还做不做得好呢……最近几年亲戚之间一般也不怎么走动了，正月里，我是跟着儿子、儿媳、孙子们一起到外地旅游。我本来说这么大年纪了就不出去了，她们硬是要拉着我一起出去，说是看看外面的世界。"①

2. 现代休闲文化消费逐渐成为主流

改革开放前，我国实行的是单一的计划经济体制，文化也是为政治所服务的，所凸显的是文化的政治功能，而文化的娱乐、审美功能都被淡化甚至是抹杀了，文化因此成为政治的附庸。这种单一的经济结构和格局、

---

① 访谈者：邵琴芬。受访者：田某，南庄王村，女，62岁，无党派人士，2009年5月12日。

特殊的文化氛围和政治环境严重地束缚人们的身心，几乎所有的人都遵循着同样的生活模式，人们的精神文化需要受到严重压抑。[①] 而农民的文化娱乐生活就显得更为单调乏味，由于紧张的劳动、匮乏的物质生活，使农民很少有时间、有条件去享受精神文化生活。那个年代衙前农民娱乐意识还是比较淡薄，每天都为了能吃饭穿衣而忙禄，根本就没什么闲暇时间进行娱乐活动，娱乐活动比较单调。新林周村的王大妈告诉我："那时候天天要出工，还要去割茅、砍柴、扯猪草，回到家还要收拾家里的活，哪里有时间去享受文化生活呢？平常里村子来了演戏、放电影的，我让孩子们去看，自己在家里剁猪草、煮猪潲。"[②] 在20世纪六七十年代政治挂帅的日子里，以精神促生产，天天排练政治性文艺节目，饿着肚子搞活动。农村中有一些娱乐性节目是政治性极强的。农村最普遍的娱乐生活也主要就是看剧团表演，那时候政府为开展政策宣传，各村都有文艺宣传队下到农民中进行文艺演出，穿插一些扭秧歌、打腰鼓、打"连响"等文娱方式，农民很喜欢。农村少数青少年相对活跃组建农村业余剧团，购买剧本，排演现代戏，业余剧团的活动全是业余的，利用晚上学习、排列和演出。但这些青年还是凭借自己的热情与刻苦排出来一场场精彩的话剧。剧团有了几个大小节目，就出去公演，一般就在农户的稻地、晒场或者是学校的操场。村民得知晚上有戏，到了下午就带凳子、椅子去台前，占个好位置。可见在当时农村文化娱乐相对匮乏的时期，这些不专业的业余剧团的演出也得到农民的支持，这也是农民在日常辛苦劳作后得以放松娱乐的主要方式。20世纪60年代，随着"四清"运动的开展，衙前农村普遍建立了农村俱乐部，除开展歌舞、演剧等娱乐宣传活动外，也办图书室，出黑板报，并有棋类、球类等活动。[③] 农村俱乐部用唱歌、快板、呼口号等形式，到田头或村里巡回演出，白天晚上都有。农村的俱乐部和文宣队的骨干都是青年人，农村青年们也都喜爱这样的文化娱乐表演，积极参加演出。老人和孩子也都热衷于观看这类节目，每次有演出，都会围着看。到了20世纪70年代，萧山县里已建立电影放映队，但很少下乡来放电影，

---

① 梁胜初：《当代中国人的精神文化需要》，《前沿》2005年第12期。
② 访谈者：林如、刘娟、魏勇强。被访者：王某，新林周村。2009年5月12日上午。
③ 衙前镇志编纂委员会：《衙前镇志》，方志出版社2003年版，第305页。

农民也很少能看到电影。1975年，衙前公社才建立公社放映大队，到各大队巡回放映，大约各个村每月能看到两场电影。当时放电影大多数是在村里的露天晒谷场，而且还要配合各项宣传工作，因此每次放电影时间都比较长，但是农民却是不管刮风下雨，只要有电影看，手头上有啥事都能先放下，跑去看电影。

改革开放后尤其是进入20世纪80年代，卡拉OK从日、韩、东南亚等地传入我国，它填补了我国人民的这种精神需求上的空白，因而迅速得到普及。为迎合这种需要，各地卡拉OK厅如雨后春笋般冒了出来，一时形成一股热潮。不过当时衙前农民还是很少进这样的高档娱乐场所，其高昂的消费价格远远超出了农民的消费水平，使广大群众无形中被拒之门外。同一时期，录像放映以其短平快的优势，迅速抢占了市场，录像放映厅生意红红火火，很快从城市遍布乡村。衙前镇在20世纪80年代开始出现录像电视，衙前镇文化站成立录像放映队，下到各村放映。农民对这种新鲜的娱乐方式很是好奇和热情，每次放映，农民都喜欢去看。这一时期农民的文化娱乐生活得到丰富，农民也积极地投入到各种文化娱乐活动中去。1985年，城南区举办青年歌手大奖赛，衙前文化站推荐4名歌手参赛；同年举办了"业余戏曲清唱选拔赛"，凤凰村业余演员徐建根参加，获得二等奖。1987年"五四"青年节，城南区举行青年"声乐杯"歌手大奖赛，衙前镇选派5名青年歌手参赛，其中汪亚萍获三等奖。[①]

20世纪90年代农民的文化娱乐方式更加丰富，其中，农民读书看报的积极性明显提高，大多数富裕后的农民正在合理有序地安排自己的文化娱乐生活。

表6—15　　农民目前主要的娱乐生活方式可选择多项（$N=420$）

看电视、电影	看戏（文艺演出）	读书看报	打牌、打麻将、下棋	上网	唱卡拉OK（歌舞厅）	其他
70.3%	15.4%	45%	11.2%	36.9%	9.2%	11.7%

中老年农民对传统地方戏曲、民间游艺活动比较喜欢，而青年农民则偏爱现代文娱活动，如看电影电视、参与卡拉OK、唱歌跳舞等活动，同

---

① 衙前镇志编纂委员会：《衙前镇志》，方志出版社2003年版，第306页。

时还在学知识、学技术等方面投入大量的精力和财力。浙江历史悠久，文化基础雄厚，浓郁的乡土风情孕育了绚丽多姿的民间文化艺术。2007年全省有61个县的115个村庄的农村居民参与"种文化"百村赛，把农民休闲活动推向了高潮。2006年，公共图书馆发放借书证83万个，书刊外借815万人次，外借1612万册次书刊。全省科协以"农函大"为阵地，共培训农村党员干部和群众547万人次，评定农民技术职称10万人，组织科技下乡5460多场次。

在过去很长一段时间里人们曾把旅游与物质生产对立起来，认为旅游是一种非再生产性的活动，其消耗是对物质生产资源的扣除，是一种浪费，特别是勤劳而又淳朴的农民，对于旅游非常陌生，很少有机会出去旅游。从中国的消费传统看，一直是物品消费占绝对主导地位。长期以来，仍然是"衣、食、住、用"这几大项，特别是衣食占主导。至于"玩"（娱乐与旅游），人们似乎觉得无关紧要，总认为是一种铺张，这样即使是有支付能力的家庭，真正安排自费外出旅游的也并不太多。在过去很长一段时间里农民都被束缚在土地上，很少出去走走看看。20世纪80年代以来农村居民旅游市场得到开发，可是衢前农民出游率依然不高，相关部门和旅游企业对农民旅游宣传少，主要是城镇居民出去旅游，农民还在充当边缘角色，有些先富起来的农民想外出旅游却不知道该怎么去旅游，该去何地旅游，旅游过程中的吃、住、行等问题应如何安排。农民旅游总量不高，农民旅游发展处于初级阶段。

新林周村的朱大妈说：

"以前日子过得那么苦，哪会想到旅游啊，别说去，想都不会想啊，大家都是先把肚子填饱了，不要为吃发愁就好啦，哪能和现在比啊，现在日子过好了，有时间的话就可以出去走走，玩一下啦，看看风景啊。"[1]

随着经济社会的现代化，人们收入水平不断提高，闲暇时间增加，旅游消费肯定不再是少数富人的奢侈品，而是开始进入平常百姓家。农民旅游也逐渐成为一种新时尚，农民旅游得到很大的发展，每逢节假日，尽管众多旅游景区"人满为患"，让不少人望而却步，但还是有更多的人乐于在节假日外出享受大自然的乐趣。2006年，浙江省接待省内旅游人数达

---

[1] 访谈者：林如、刘娟、魏勇强。被访者：朱某，新林周村。2009年5月12日上午。

到6492万人次，人均旅游1.4次。省内旅游人数占到同期国内游客的40.2%，成为浙江旅游市场的最主要的客源地。2006年，浙江省有组织出境旅游人数达到28.9万人次，其中出国游人数占49.3%，港澳游占51.7%。2007年前9个月出境人数已经达到2549万人次，其中，出国游人数13.69万人次，港澳游12.77万人次。休闲旅游出现了一些新的形式，如农业观光游、渔业观光游、工业体验游、校园游等，在农村居民到城里旅游的同时，城镇居民纷纷走向农村，走向山沟。特别是近两年，家庭游、自驾游、自助游渐渐成为衢前农民的"新宠"。

表6—16　　　　　农民出游率调查（$N=400$）

经常去	偶尔去	没去过
11%	77.7%	11.3%

根据调查分析：有11%的农民经常去旅游，另外77.7%的农村居民偶尔去，有11.3%的农村居民没去旅游过。从数据我们可以看出，衢前农民如今对旅游的态度相对以前相比还是有很大变化的。绝大多数农民都有外出旅游的经历，只有不到两成的农民没有出去旅游过。衢前农民的旅游观念发生了很大变化，有其主客观原因：

从主观上看，首先是随着衢前农民收入水平不断增加以及消费意识的改善，农民旅游意识也在不断增强，他们不再满足传统的日出而作、日落而息的小农生活方式，在充分享受物质生活之余，还要追求精神文化方面的享受，旅游消费也就成为他们选择的可能。

其次是农民整体素质在不断提高，文化程度逐年上升，农民消费结构不断优化，出现向享受型、发展型转变的趋势。农民自身为出游提供了越来越坚实的基础。[①]

从客观上看，衢前农村交通通信等基础设施这些年发展较快，这使农民出行以及获得和旅游相关的信息也比从前方便了很多，农民获取信息方法的丰富，增加了其对旅游产品的认识，农村广播、电视、报纸杂志、电脑等使农民可从中了解各地的旅游资源和旅游设施情况。还有就是旅行社

---

① 曹新向、安传艳等：《我国农民旅游研究评述》，《桂林旅游高等专科学校学报》2007年第1期。

十分重视对农民进行旅游宣传，旅行社业务不断向农村领域扩展，极大激发了农民出游的动机。

通过入户访谈调查笔者发现衙前农村居民对旅游的看法不尽相同：有很少一部分人一提到旅游，依然联想到的是"吃、喝、玩、乐"、高消费、公费旅游、享乐主义，等等。他们认为旅游只不过是"游山玩水"，为此花钱太不值得，付出精力更是不值，更不知旅游本身就是一种特殊时尚活动，仍然拒绝"旅游"这项有益身心健康的活动。而大多数农民观点截然相反，他们认为，旅游其实是现代社会中的一种短期而特殊的生活方式。外出旅游，可以领略各地风光，并获得平时不易得到的知识和快乐体验。所以，"旅游"绝不是"游山玩水"这个词能概括的。对一个家庭来说，借助旅游，一家人在真情和需要得到满足的同时，更有充裕的时间交流思想，互相理解、体谅，达到沟通的目的。同时，家庭旅游可以向家庭生活注入丰富多彩的生活情趣，使人在体验异地风土人情时，汲取丰富知识，锻炼自己的身体，充实自己的精神生活，为旅游花费一点钱，还是非常值得的，一位刚毕业的大学生也和我们谈道：

"我经常出去旅游，我去了澳门，国内很多地方都去了，近的地方基本上都去了，开个车就到了。趁现在还年轻就多出去走走，长长见识，也可以学点东西，和家人一起去，大家在一起玩得很开心，比总是待在家里好多了。我爷爷也经常去，他是党员，村里都会组织着去的，香港、澳门都去。"[①]

项漾村的项先生谈道：

"西湖我早就去过了，去年我去了台湾，不只是想去那玩玩，还是想去那看看。这几年去旅游了两次，去了新加坡、马来西亚。就是想出去看看，现在家里条件好了，有机会就多出去走走，长长见识，看看人家是怎么办厂子的啊，看看外面的生活怎么样啊。"[②]

衙前农民解脱了工作负担，并完成了养儿育女的任务以后，他们更愿意"换一换活法"，以享受生命，享受生活，就想出去走走看看。通过异

[①] 访谈者：刘娟、王海峰。被访者：李某，四翔村，男，刚毕业的大学生。2009年5月15日上午。

[②] 访谈者：刘娟、魏勇强。被访者：项某，男，60岁以上，已婚，中共党员，家庭年收入12万元以上，项漾村。2009年5月13日下午。

地旅游、观光和学习，衢前农民的信息接受量大大增加，其知识面、价值观和消费观均得到改善。在旅游中，游览祖国大好河山，放松身心，也像城里人一样体验享受旅游带来的乐趣和收获。

3. 核心家庭成为家庭结构的主要形式

家庭是社会关系的细胞，也是构成整个社会的基本单位。生产力的发展和生产关系的变革都会造成人们婚姻家庭观念的变化。改革开放以前，无论是城市还是农村，高度集中的政治经济体制和一元化的意识形态支配着人们的婚姻家庭生活方式的选择。实施改革开放后，中国农村社会逐渐摆脱政治力量的影响，开始向社会基本单位回归，有了更多的自由选择空间。

在婚后家庭结构的选择上面就可以看出大家对家庭生活都有着自己的看法：

表 5—16　　农民婚后是否赞同与父母同住（$N=469$）　　（单位：%）

年龄段＼态度	愿意	不愿意	无所谓
40 岁以下	44.5	44.1	11.0
40—60 岁	55	10.5	34.5
60 岁以上	65	0	35

我们发现，越是上了年纪的老人越是喜欢大家住在一起，向往一大家子其乐融融的生活；而年轻的一代选择生活在各自的小家庭中，享受婚后的核心家庭[①]生活的比例则要大很多，这也反映了不同时代的人们对于家庭成员结构选择的一种变化。

无独有偶，《萧山日报》在 2000 年围绕"婚后，与父母分开住还是一起住"发起了一个征稿活动，在收到的 24 篇文章中，赞成"分开住"的有 16 篇，赞成"一起住"的有 8 篇。大家各执一词，具体意见如下：

赞成"分开住"的读者认为社会越来越现代化，保障机制也越来越

---

① 核心家庭：父母与未婚子女两代人组成的家庭。

完善，本来需要大家庭承担的事现在基本可以由国家和社会来给予保障了。众所周知，子女与父母之间存在着不少分歧，观念、生活方式存在差异，双方生活理念一般不能互相认同。如果勉强住在一起，即使没有大矛盾，也必然会有小冲突。如果已婚子女与父母分开住，一方面保持了适当的距离，有利于疏解双方内心的紧张情绪，还能增加亲情，因为空间的距离能把家庭中扯不清、道不明的关系简单化，使双方在一定的距离之外更多地体会对方的难处与关爱；另一方面，有利于培养年轻一代的自立、自理能力，刺激自身对家庭责任心的增强——在父母眼里，孩子永远是长不大的，即使是结婚了，家长一般也会把大部分家务包揽下来，让孩子过得舒适点，这些都无益于年轻人操持家事的切身体验，与其将来遇到事情手忙脚乱，还不如现在就开始独立生活；另外，已婚子女同父母分开住，还可以给父母多一点自由空间，让他们按照自己的生活习惯生活，减轻他们在家务上的负担。

赞成"住一起"这一观点的读者主要是受传统道德所认为的"与父母分开住是子女的不孝"这样的观念影响，而且家人住在一起，照顾老人比较方便，老人还能及时给子女提供养儿育女的经验。在农村，人们也喜欢热热闹闹地过日子，大家在一起享受天伦之乐，这也是一部分人赞成"住一起"的重要因素。[①]

核心家庭这种生活方式进入了越来越多的农村家庭。早在1982年中国进行的五城市家庭研究证实，城市中核心家庭已经占家庭总数的66.41%，位居各种家庭模式之首，而我国农村现在也正朝着这一方向前进。由于核心家庭对亲属网络的依赖性较小，独立性、灵活性、机动性较大，有利于形成家庭中的平等关系、平等权利，简化家庭代际关系，减少家庭生活中的矛盾和纠纷，实现家庭中的民主，有利于培养青年的独立性，满足不同代人对不同生活方式的追求，因此受到了农村青年的青睐；但是另一方面，它在无形中削弱了两代人之间的关系，不利于两代人在家庭生活中相互帮助和救援，尤其在老人赡养和儿童抚育方面会带来一些实际问题。所有这些仍值得我们对核心家庭的生活模式进行深入的探讨。

---

① 许益飞：《婚后与父母分开住?》，《萧山日报》2000年10月20日。

从衙前镇农村调研来看，核心家庭生活模式具有以下几个特点：

第一，家庭成员平等思想逐步确立。新中国成立以来，封建的"父为子纲""夫为妻纲"的纲常观念随着反对封建观念运动的开展日益消亡，再加上国家制定了许多保护妇女权益的措施，并且通过成立妇联组织，对男女平等的思想进行宣传，领导妇女解放运动，使得男女平等的观念深入人心。这种男女平等的性别观念反映在婚姻观念上，就是男女在婚姻和家庭中的地位平等，女性有权作主自己的婚姻，再不是男性的附庸，她们在家庭中和社会中已经不再是完全无权的"失语"分子，在国家的建设中同男性一起贡献自己的力量，受到了大家的尊重。《萧山日报》就报道过这样万万千千劳动妇女中的一员：

塔楼乡岩一社管理委员会徐爱岳（中共党员），是一个四十来岁的妇女。她干起活来，像青年人一样，不论耕田、种地、割稻、砍柴样样有劲。她还积极带动其他妇女参加生产，她常说："在社会主义建设中，我们妇女也应该贡献出自己的一切力量，不能光靠男人。"农业发展的第二十四条中，要求做到一个农村女子全劳动力参加农业和副业生产劳动时间不少于八十到一百十天。徐爱岳在五七年（五六年十一月二十二日到五七年十一月二十二日止）一年中，实际做到劳动工分达九百六十二工分。而且她还养着一百三十多斤重的肥猪。[1]

特别是在改革开放后，随着社会的发展，女性独立经济地位的确立，使家庭中平等意识得到了强化，民主与平等的观念深入到家庭生活领域，家庭决策过程中夫妻共同协商的比例越来越大。[2] 据统计，在中国2.6亿个城乡家庭中，由夫妻共同决定家庭重大事务的占总数的58.1%，城镇为68.2%，农村为55.9%，而且呈不断上升的趋势。[3] 这一现象，在经济发达的萧山农村更加明显，在40岁以下年龄段，家中有重大事件需要决策时，由夫妻二人共同决定的占72%，远远高出全国平均水平。[4] 具体的

---

[1] 章润堂：《一个劳动生产的女共产党员》，《萧山日报》1958年1月7日。

[2] 穆秀华：《20世纪80年代以来江浙沪农村婚姻观念变迁考察》，华东师范大学硕士学位论文，2006年。

[3] 杨秀莲：《现代文化冲击下农村婚姻观念的变迁及特征》，《吉林省教育学院学报》2005年第3期。

[4] 萧山衙前问卷调研数据。

六 农民生活观念变迁与乡村社会精神共同体的构建

调研数据如下：

表6—18　　　　　农民家中有重大事件需要决策时的决定　($N=479$)

（单位：%）

决策方式 年龄段	夫妻二人共同决定	丈夫决定	妻子决定	其他
40岁以下	72	15	5	8
40—60岁	61	27.8	11.2	0
60岁以上	55.3	33.8	10.9	0

家庭成员的平等还表现在父母教育孩子的方式上，粗暴的教育方式逐步被相对平等的引导式教育方式所替代。傅女士说：

"现在的时代不一样了，教育孩子的方法也科学了。现在小孩子懂的事情比原来多，只用简单的打骂是不行了。家里就一两个孩子，一般家长也舍不得（打）了。现在教育孩子是很让人费神的事情。现在的孩子，你要求他做到的，自己要首先做到，否则他就不服气。现在的孩子要求更多的是平等，是尊重。"[①]

在不少村民看来，对子女教育注重平等的原则并不意味着放纵和自由式发展，在孩子成长的初始阶段，针对孩子的不当言行适当地采取一些惩罚措施还是必要的。卢某说：

"我认为在小孩子没有形成规矩之前，做家长的还是要适当地运用一些惩罚的手段。当小孩子被养成了一定的规矩时，做家长的就不要对他进行过多的干涉了，可以给他自由的空间，让他自由地发展。"[②]

第二，家庭教育消费成为家庭生活消费的重要部分。新中国成立后农村传统的多子多福、养儿防老的生育观念仍有很大的影响。虽然新的国家给社会生活的各个方面都带来了翻天覆地的变化，但是由于农民被固定在土地上，农村劳动的形式和内容决定了男性仍然是家庭的主要劳动力，因

[①] 访谈者：周静旻。被访谈者：傅某，衙前村，女，40岁以下，党员，高中或大专，年收入12万元以上。访谈时间：2009年5月13日下午。

[②] 访谈者：何冬雪。被访谈者：卢某，衙前镇初级中学，女，47岁，高中学历，教师，家庭年收入12万元以上。访谈时间：2009年5月14日上午。

此在农村生育男孩的养老功能有其存在的合理性。伴随着农村妇女地位的提高，农民生活的自由度和自主性逐渐放开，加之农村最普遍的养老方式——养儿防老避免不了自身局限，养儿防老开始"防不胜防"，保障程度不断下降[1]，农民开始反思传统的生育观，这也促进了农民的生育观念向理性务实转化。这种转化体现在生育子女的数目上由多变少，体现在对子女的性别选择上便是由注重生男孩到认为生男生女都一样。农村经济的发展在客观上促进了农民生育观的变化，特别是在东南沿海经济发达地区，农民生二胎的观念普遍淡化。

这在课题组对萧山衙前进行的调研活动中得到了很好的印证，具体情况如下：

表6—19　　　　　农民生育意愿调查　　　　　　　　　　　（％）

年龄段＼数量	不生	一个	两个	三个或更多
40岁以下	5	40	55	0
40—60岁	15	30	45	10
60岁以上	0	10	28	62

表6—20　　　　　农民生育子女性别偏好　　　　　　　　（％）

年龄段＼性别偏好	男性	女性	双胞胎	随便
40以下	27.7	27.5	2.3	42.5
40—60岁	55	32.8	11	1.2
60岁以上	70	10	15	5

附：双胞胎即默认为龙凤胎，一男一女。

我国农民的生育观念在自然演进的过程中深深地折射国家意志的影子。我国自1971年开始实行计划生育政策（稀生、晚生、少生政策，80年实行一胎化的生育政策），随后确定为基本国策，大大缩短了我国农民

---

[1] 《银发浪潮考问农村养老难》，《半月谈》2008年第9期。

生育转化的历史进程。计划生育政策迫使人们不得不在考虑生育子女的数量、性别偏好方面越来越有意识地进行盘算，传统的生育观念对农民的影响逐渐淡化，"晚婚晚育、优生优育"开始取代传统的"早生儿早受益、多子多福"的老观念。

子女的教育成为家庭生活中的重要部分，教育消费越来越成为家庭支出的主要部分。

表 6—21　　　　　　　　农民家庭在生活中开销支出

	频率	百分比（%）
教育支出	172	35.2
抚养子女、赡养老人	213	43.6
人情往来（请客送礼）	46	9.4
其他	57	11.7
合计	488	100.0

在采访中，大部分农民都说，教育经费在家庭支出中占据了重要的部分。徐某说：

"原来农民生活中的消费主要包括三大部分，生活消费、教育消费和医疗消费。以前农民生病住院要花掉好多钱，现在衙前镇的很多村都实行了农村公费医疗，一些钱基本上都可以报了，所以农民现在看病也不要花自己很多钱了。现在剩下的就主要是生活消费和教育消费了，相比之下，教育消费占的比重可能要更大一些。现在小孩子需要用钱的地方太多了，英语补习班、奥数补习班、钢琴班、围棋班，一个月下来要很多钱的。"[1]

我们可以从徐先生的谈话中发现，农民教育消费的内容已经从学校内扩大到学校外。一些农民将自己的孩子送去少年宫和各种业余培训学校，希望孩子能在学习的同时得到更加全面的发展。而这些业余学校的收费标准往往是要高于学校的。以乐器培训班为例，比较普通的价格是每次课100元。

在短时间内骤然增长的高等教育学费，使得农民的教育成本大大增

---

[1] 访谈者：林如。被访谈者：徐某，螺山村，男，60岁，党员，公务员。访谈时间：2009年5月13日上午。

加。衙前农民面对这种情况，也有自己的想法。螺山村村长周先生说：

"我家目前最大的消费是教育消费。家中有两个女儿，小的女儿还在上中学，花销不是很大。家中的大女儿现在在宁波大学工业工程专业就读，她每年的消费在一万五千元左右。学费每年六千多，生活费每月八百块左右。我女儿的生活费还不算多的，她的同学一个月花一两千的也有很多。我一年的收入是五万左右，大女儿就拿走了收入的三分之一，觉得蛮有压力的，虽然觉得贵，但还是比较值得的。"①

在我们所做的个案访谈中，95%以上的家长认为孩子的教育消费在家庭生活消费中占较大的比重，家长们表示，目前高等教育消费的支出让他们觉得家庭负担比较重。但也表示，只要孩子自己有意愿继续读书，花钱让孩子接受高等教育是值得的。

农民教育消费观念的变迁还体现在农民教育消费类别的增加，中学阶段择校选择中的"买校行为"就是一个明显的例子。"买校行为"简单地说，就是没有被该学校录取的学生在符合一定条件的情况下，可以选择向学校缴纳一定的费用后在该校进行学习的一种行为。农民中有很多人是赞同"买校"的，他们认为，买进好的学校，给孩子一个更好的教育环境，多花些钱是值得的。王大爷今年六十九岁，他向我们谈了他对"买校"的看法。王大爷说：

"我上学那会，家里的（经济）条件不好，兄弟姐妹又多，家里需要劳动力就让你下地干活了。我连小学也没有上完。哪里会像现在，家家的经济条件都好了，只要你肯读书，家里给花多少钱都不心疼。就是你没考好上好的学校，家长花钱也要让你去好的学校读。'买校'这个到底对不对，好不好，我也说不准，不过我倒是不反对的。给孩子创造个好的学习环境总没错吧！现在和过去完全不一样了，过去是只要你吃饱、没病，爸妈就开心了，不会去管你学习的。现在的家长不一样了，对学习更重视了，也舍得花钱。我认为以后家长对孩子的教育投入会越来越大的，教育消费在生活消费中所占的比例也会越来越大的。"②

---

① 访谈者：张红斌。被访谈者：周某，螺山村，男，51 岁，党员，村长。访谈时间：2009 年 5 月 13 日上午。

② 访谈者：王燕丽。被访谈者：王某，南庄王村，男，69 岁，小学。2009 年 5 月 12 日下午。

除了"买校"行为增加了教育经费的支出外，还有一种现象在衙前也较为普遍。目前很多家长为了能使孩子受到更好的教育，在城区的附近买房或租房。王大爷说：

"现在我自己一个人住在衙前，儿子和儿媳都在萧山市区住，星期六、星期天的时候才会回来。儿子在萧山市区买的房子，就是为了能让孙子在城里上学，城里的教育会更好点。和在衙前镇上学的孩子比，钱是要多花些的……就一个孙子，花点钱在教育上，不亏！"[1]

王大爷的话，代表了很多家长的心声。把钱花在教育上，他们认为是值得的。有很多在经济上不具备买房实力的家长，也选择了租房，目的就是使孩子能更好地学习。

在农村中也出现了"全职妈妈"的家庭子女教育方式，比如衙前镇南庄王村的鲁丽娟，为了能够更好地培养儿子，毅然放弃了生意，选择做了一名全职妈妈。她通过自己不断的学习和摸索，形成了自己独特的教育方法。

鲁丽娟是衙前镇南庄王村的一个普通的农村妇女，自己只有初中文化，可是她对孩子的教育投入和教育方法，却有独到之处。鲁丽娟前些年在商业城里租了个摊位经营食品之类，赚了点钱。自打生了个儿子，她就思量着：丈夫成年累月地在外地开矿，培养儿子的责任全落在了自己的身上，又要经营生意，又要照顾儿子，两头为难。两相权衡，她放弃了商业城的生意，回家做起了"全职妈妈"。当孩子还被鲁丽娟抱在怀里的时候，她就对着他说啊讲啊，不停地用语言来启发孩子。她喜欢寻找书报上有关培养孩子的文章来看，并且学着做。哪里有教育讲座，如"知心姐姐"之类的，她都会赶去认真地听讲，细心揣摩。儿子大了一点，她又带着他到城里的绣衣坊去溜达，因为那里有许多的培训班。儿子说喜欢学什么，她就顺水推舟，鼓励他去试试。这样下来，儿子特别的好学，喜欢的东西也越来越多。不过，在对儿子的教育中，鲁丽娟可不做"陪读妈妈"，从8岁起，就让儿子自己坐公共汽车从南庄王村到绣衣坊去上课，完了自己坐车返回，从小培养孩子的自立意识。鲁丽娟还非常重视培养儿

---

[1] 访谈者：郭旭鹏。被访谈者：王某，新林周村，男，66岁，群众。访谈时间：2009年5月12日下午。

子的爱心。儿子第一次参加城厢街道的围棋比赛就得了奖，拿到了100元奖金。鲁丽娟抓住这个契机，引导他把人生得到的第一笔钱捐给了贫困的学生。后来，儿子多次把参加围棋或书法比赛的奖金捐助给有困难的孩子。如今，儿子已升为围棋三段，是全区中小学棋手中最高的段位。鲁丽娟说，儿子拥有了扎实的知识、健康的身体、阳光的心情。每年少赚几万元，值！[①]

鲁丽娟的成功之处就在于她能够运用正确的教育理念和教育方式来教育孩子，因材施教，在关心孩子的同时又不溺爱孩子，使孩子能够健康地成长。

从以上几个方面，可以看出衙前镇农民对于下一代子女教育的关注和投入。绝大多数家庭为了子女的教育可以不计成本，牺牲自我。当然，在目前中国的教育经费支出中，城乡都普遍存在因家庭教育的误区带来的问题。深受中心城市影响的衙前农村，在教育中存在的问题与城市子女的教育问题极其相似。比如教育消费观念的盲目性，当我们问及农民"为什么要花钱给孩子上补习班啊？对孩子的成长有帮助吗"诸如此类的问题时，农民的回答大都是"别人家的孩子都是这样，我们也要这样""没有想过为什么"。显然，农民的教育消费观念要走向科学化、理性化，不仅农民自身素质需要提高，而且政府也要对农民的这种盲目教育消费观念进行正确的引导，同时加强教育资源的公平化，而这需要我们全社会的共同努力。

第三，农民子女回乡就业、创业的观念正在形成。传统的乡村社会中，农民体验过了农村的疾苦，尝过了贫穷的辛酸，把所有的希望都寄托在下一代身上，希望自己的子女能走出农村。新中国成立以后在相当长的时间里，农民的孩子，如果想摆脱农民的身份，上大学似乎是改变命运的唯一办法[②]，只有考上大学，才能端上铁饭碗，成为城里人。徐先生说：

"我们那个时候，农村的生活还很苦。大家主要的经济收入还是土地收入。那个时候，城市和农村的差别还比较大。大家还是比较羡慕城市里

---

① 《鲁丽娟：把儿子当企业来"经营"》，http：//www.xsnet.cn/html_yaqian/zhxw/2006/8/158465.shtml。

② 还有一条路是参军，通过当兵转变自己的农民身份。因为这不是本课题的探讨内容，在此不做详细介绍。

六 农民生活观念变迁与乡村社会精神共同体的构建

的生活的。那个时候，谁家的孩子考上大学，在全村都是大喜事，全村的人都为他高兴。一旦考上大学，就是'国家的人了'，吃国家饭，端国家饭碗……"①

随着中国高等教育的大众化和农村社会的快速发展，农民有了更多的发展自己的机会，上大学也就不再是农村学生发展自己的唯一出路了。对这个问题衙前镇的农民有他们自己的看法。徐先生说：

"现在学生上大学，大家也都是支持的。但是现在不会把它作为唯一的出路了。能够考上大学，学到知识，这样固然好。就是不能考上大学的那些人，也不必就放弃自己啊！现在的年代和原来不同了，现在是改革开放，经济发展了。除了上大学，也可以有很多别的路走。我总是教育孩子，行行出状元，不一定非要学习。我教育孩子要选择好一个目标，选择好了就要去做，不管做什么都要做好……"②

言女士说：

"现在的就业形势越来越紧张了。我觉得教育的投入与产出根本不成正比。现在辛辛苦苦上了大学之后，毕业出来没有办法就业。我看那还不如早点让孩子找到适合自己的道路。近几年国家一直都在提倡'职业教育'，现在市场上的'蓝领技工'也很走俏，我觉得只要你勤勤恳恳工作，不上大学一样也可以发展得很好。很多工人都从基层做起，后来做到工程师、经理的也很多。"③

夏先生说：

"'一技在手，万事无忧'。现在社会对人才评价的标准，正在逐步地发生改变，现在更看重的是你的能力。孩子能好好学习，考上大学当然好。就是不能，他也可以从事别的行业。'三百六十行，行行出状元'这话是没错的。我认为只要能发挥所长，对所从事的工作尽职尽责，对社会

---

① 访谈人：林如。被访谈者：徐某，螺山村，男，中年人，党员，高中，年收入12万元以上。访谈时间：2009年5月13日上午。
② 访谈人：林如。被访谈者：徐某，螺山村，男，党员，高中，年收入12万元以上。访谈时间：2009年5月13日上午。
③ 访谈者：杨柳。被访谈者：言某，明华村，女，46岁，群众，大专，打工者，年收入4万—5万元。访谈时间：2009年5月14日下午。

建设做出自己的贡献,这就是成才了。"①

从上面生动的话语中,我们看到,农民的教育思想观念被深深地刻上了时代的烙印。不同时代的人有着迥然不同的教育观念。我们分析农民转变"上大学是唯一出路"这一观念的原因,一是社会对人才评价标准的改变,现在社会上不再是唯"学历"用人。二是目前大学生就业形势不容乐观,在这种情况下,很多农民转变了自己的思想观念。他们开始鼓励自己的子女努力学习,鼓励他们学好知识,回到自己的家乡,为家乡的建设服务。螺山村的村长周先生说:

"我的大女儿现在在宁波大学学习工业工程专业,如果她愿意的话,我以后就想让她去东南网架工作。家乡现在的发展很好了,大学生回到家乡也可以发展自己的事业,而且家乡现在也需要这些有知识有能力的大学生来促进家乡的发展。"②

现在衙前的很多农民为自己是一名农民感到自豪,在我们采访的个案中,经常可以听到这样的话,"我们现在的农民过得比以前好多了""我们现在过得不比城里差""我觉得做农民挺好"。我们采访的言水娟女士说:

"现在的形势和以前不一样了,原来是农村户口转非农户口难,现在是非农户口转农村户口也难了。我的女儿即使以后考了大学,我也不让她把户口转出去。大学毕业回到家乡,一样有很好的发展。家乡有很多大的集团和企业,这里需要有大学生,同时大学生在这里也会有好的发展。现在的农村一点也不比城里差,我们住的房子都是几层的,又宽敞,很多人家都有车了,去哪里也很方便。不要以为回农村就业是不光彩的事,现在这里找事做也要看你的学历和能力的。"③

家乡的不断富裕和发展,使很多大学生也转变了就业观念。他们中越来越多的人认识到,把自己的青春和学识奉献给这片生养他的土地是一件

---

① 访谈者:徐皓。被访谈者:夏某,螺山村,男,37岁,党员,村委会干部,年收入3万—7万元。访谈时间:2009年5月13日上午。

② 访谈者:张红斌。被访谈者:周某,螺山村,男,51岁,党员,村长。访谈时间:2009年5月13日上午。

③ 访谈者:杨柳。被访谈者:言某,明华村,女,46岁,群众,大专,打工者,年收入4万—5万元。访谈时间:2009年5月14日下午。

六 农民生活观念变迁与乡村社会精神共同体的构建　　181

幸福的事情。

2008年,衙前镇凤凰村委以用人单位身份直接招聘了一名大学本科生,名叫沈江,是土生土长的凤凰人,毕业于浙江工业大学机械自动化专业。沈江是该村第一位本科学历的工作人员,7月1日到村委会工作以来,沈江感觉很亲切:"凤凰村就是我自己的家。再说,这几年凤凰村发展快,前景好,对我来说,舞台也是很大的。"[①]

针对这个问题,我们进行了问卷调查。通过对回收的478份有效调查问卷进行统计,我们得到了下面的一些数据:

表6—22　　　农民期望孩子毕业后的工作地点（$N=410$）

回本地就业	外地就业	其他
48.5%	30.6%	20.9%

有48.5%的农民赞同子女回家乡就业,有30.6%的农民赞同子女去外地就业,有20.9%的农民选择了其他。通过这一系列的数字我们发现已经有将近一半的农民不再认为上大学就一定要去外地就业。更多的家长对孩子上大学也不再以"跳出农门"为目的了。

（三）社会公共服务需求意识的提高

农村的社会事业整体上说就是公共产品的提供,农村公共产品从理论上大体可以划为两类:一类是生产性公共产品,主要包括水利灌溉、道路运输、电力供应、农技推广、病虫害防治等;一类是非生产性公共产品,主要包括教育文化、医疗卫生、社会保障、行政服务、社会治安等。前一类公共产品事关农村经济的"造血功能",是后一类公共产品发展的基础和条件。可以说,农村生产性公共产品的供应好坏,对整个乡村经济与社会的发展起着决定性的作用。[②]

[①] 《凤凰村大学生毕业回村服务》,http：//www.xsnet.cn/html_yaqian/pic/2008/8/722726.shtml。

[②] 龚德汉等:《农村生产性公共产品供应机制的思考》,《湖南农业大学学报》2006年第2期。

1. 村民公共环境意识的增强

北京大学中国经济研究中心主任林毅夫就新农村建设特别强调,社会主义新农村建设虽然包含5个方面,但真正着手点应该是在公共基础设施的建设,也就是从村容整洁入手,增加政府对农村基础设施方面的投入。[1] 也有专家认为,村容整洁就是要改善农村人居环境,使农村的发展得到合理规划。加强农村环境建设,开展农村生活垃圾、沟渠水塘、院落畜圈的整治;加强危旧房屋更新改造,创造良好的生态环境和优美的生活环境;搞好乡村建设规划,因地制宜地建设具有民族特色和地域风情的民居民宅,美观实用,节约土地。[2]

衙前镇公共服务的意识与观点与时俱进,这可以从街道及村庄规划中得以体现。衙前镇2001—2006年完成了新一轮集镇发展总体规划的编制,老区以凤凰村改造为中心,实施"三园两区"建设,已完成凤凰大厦为标志的老区相关改造项目;新区以政府行政大楼为中心,构建融行政、商贸、金融、卫生为一体的"全方位、多层次、多元化"的建设规划。按照布局合理、资源整合的要求,规划调整村行政区域,设立行政村11个,社区1个。投资2500余万元完成镇政府行政大楼的迁建;投入2.1亿元,改造城镇和村庄道路,迎宾大道北段、环镇南路东段、螺东路、草漾路、吟新路等路段相继建成,并在主要道路安装了路灯;新增公园绿地3.8万平方米;村庄基础设施配套加快,主要河道进行砌石,村庄道路基本硬化,自来水通水率达到100%。积极做好萧明线改造、衙坎公路拓宽、杭甬运河等省、市、区重点工程的协调和配合工作,全镇基本形成"一联一通道,六横十四纵"的道路框架;架设了22万伏合兴线、11万伏翔凤线等五条供电线路,有效地缓解了用电紧张矛盾;扎实开展环境卫生综合整治,投资300余万元,建设了标准化垃圾中转站,并落实管理制度;积极开展整治村、示范村创建,5个行政村顺利通过省、市、区农村示范村、整治村的考核验收。2007年衙前镇成为杭州市第一批整体推进村庄

---

[1] 林毅夫:《新农村建设从村容整洁入手》,2006年10月11日,中国政协新闻网(http://cppcc.people.com.cn/GB/45581/54779/4954334.html)。

[2] 《紧扣五句话,建设新农村》,《铜陵日报》2006年3月6日。

整治的乡镇之一,开展生态镇创建工作,6个村完成生态村编制规划,3个村通过生态村验收,衙前镇成功创建为省级生态镇。

衙前镇公共服务的意识与观点不仅可以从街道及村庄规划中体现出来,也可以从这次调查中居民对公共设施的满意度和个案访谈中得以反映。

表6—23　　农民对本村公共场所的环境的评价 ($N=497$)

非常满意	比较满意	一般	不太满意	不满意
17.1%	42.5%	30.8%	6.6%	3%

据统计,衙前镇村民对公共场所环境的满意度达到了59.6%,不太满意和不满意的仅占9.6%。可见,近几年衙前镇公共场所环境整体上有了明显的改善。58.3%的被访谈者满意所在村镇的绿地面积。

表6—24　　农民对所在村镇的绿地面积的评价 ($N=499$)

非常满意	比较满意	一般	不太满意	不满意
16.2%	42.1%	29.9%	8.6%	3.2%

公共场所环境的改善和绿化面积的提高直接影响着衙前镇的空气质量,空气质量的提高与改善也可以从居民对空气质量的满意度中得以体现。村民对所在村镇的空气质量满意的比例为42.1%。

表6—25　　农民对所在村镇的空气质量的评价表 ($N=492$)

非常满意	比较满意	一般	不太满意	不满意
11.4%	30.7%	38.6%	13.6%	5.7%

衙前公共意识的变化,公共设施的改善,居民对公共设施的满意度也可以从个案访谈中得以反映:

"这边工业也不是对环境太有影响,噪音污染嘛就是,我们工业区都在这边,居住区就都在另一边,这样没什么关系。住的地方还在慢慢规划中,原先的房子可能就是自己家一栋一栋的,现在要造新房子就是村里统一划好地。"[①] "村里环境很好,河道、道路、桥都很整洁方便,小车都能

---

① 采访者:刘娟。被访者:石某,四翔村,男,30岁,大学,企业老板。2009年5月14日上午。

开到家门口;家家户户门口都有垃圾桶,村里每天有两个人专门负责村里卫生;过去环境脏得不得了,但是现在治安好。"①

以前我们这根本也没什么路的,慢慢到后来,开始修路了,不过那时候更多的是泥路,雨天裤脚会粘满泥。到后来换成石子路了,但是再看看现在,找都找不着那种石子路了。这路上也是越来越好、越来越宽、路也越来越亮的。②大家有了这种需求的倾向,政府就为民谋福利,一次次地修路、扩路,路面也由原来石子铺到沥青、水泥,再到柏油马路的。这些年道路建设变化真的是很快的,原来这根本不是路,没路的地方变成了宽阔的大道,出去几年没回家的人回来都可能找不着地儿。总的说,路宽路好了,大家出行、出出入入也都好了。③

处于江南水乡的河流曾为船运、灌溉和居民的生活用水起过重要作用。贯穿于衙前各村内的城河曾为这一方百姓提供了自然的生活保障。但后来由于河道年久失修,以致河坎坍落,污泥淤积,河道蓄水量减少,水流不畅,水质污染,城市防洪能力降低。为此,历史上曾作过多次疏浚整治。新中国成立后,为使城市水网符合卫生要求,多次对城河及其支流进行整治。④

"去年我刚写了一篇文章,是衙前关于改革开放 30 年的征文比赛,就是家乡在这些年的变化,这些变化中最明显的主要就是基础建设。像我小时候,基本上是石子路、泥路,现在基本上都通了水泥路,而且村子的路灯都装好、装起来了,原来这些也都是没有的。另外,基础设施类的还有就是休闲场所,原来村里也是没有的,现在每个村基本上都有一个休闲

---

① 访谈者:王海峰、孙美艳、李红霞。被访者:周某,四翔村,男,党员。2009 年 5 月 13 日下午。
② 访谈者:林如、刘娟、魏永强。被访者:朱某,新林周村,65 岁,中共党员,从 1978 年到 1998 年曾在村中负责经济、计划生育等职。2009 年 5 月 12 日下午。
③ 访谈者:林如。被访者:徐某,螺山村,男,48 岁,高中,已婚,中共党员,曾在村中任职,现经商,年收入在 12 万元以上。2009 年 5 月 13 日上午。
④ 其中几次较大的主要有:1955 年夏,疏浚城河西门至东旸桥河段和西河、桥下达河,整修三碰桥等处的坍坎和 10 余个河埠。1984 年 8 月,疏浚城河环西桥至城桥等部分河道;之后的 1988 年、1989 年、1991 年、1996 年、1998 年又进行了系列的整治工作。萧山市志编纂委员会:《萧山市志(简本)》,方志出版社 2001 年版,第 55—56 页。

场所，有些大点的村，有两到三个，这是比较大的一个变化。"①

"过去环境脏得不得了，村里的垃圾都是乱堆的，根本没有专门放垃圾的地方，要不也是在很远不方便的地方，大家的垃圾基本上都在住的附近随便一放。所以看上去到处都是垃圾，又乱又脏。现在按中央的话说就是'以人为本'多了，家家户户门口都有垃圾桶，方便很多，而且村里每天有两个人专门负责村里卫生，保持街道环境。"②

"现在的卫生条件好多了，以前街上厕所都有很多苍蝇、蚊子，现在除四害还有卫生日活动，这些虫子都少了很多。还有现在的村容村貌很好，路上扫垃圾的也一天到晚扫。"③

以上个案访谈资料都从不同侧面肯定了筲前镇公共基础设施发生的巨大变化，这种变化与基层政府和村民公共意识的觉醒、增强等有着密不可分的联系。

2. 村民社会医疗保障意识的提高

生活富裕以后的村民对医疗健康的关注度越来越高。目前，筲前镇实施了新型农村合作医疗制度，参保人数达到100%，着力解决农民看病难的问题；2007年，筲前镇社区卫生服务中心被命名为"市级示范社区卫生服务中心"。实施农民养老金制度，70周岁以上的老人普遍享受生活补助；建立镇劳动保障管理站，积极调处劳资纠纷和工伤事故，大力推进企业职工养老等保险工作，维护劳动者合法权益；投资280万元建成老年颐乐园，集中供养"五保"老人，并不断提高最低生活保障金。2007年全镇投资2100万元的镇中心卫生院主体工程基本完工。抓好新农医保工作，全镇共参保22916人，参保率保持100%，参保金额达到316万元，全年共报销医药费335.9万元。继续实施农民健康工程，农民健康体检率达到87.6%。保障体系逐步完善。

---

① 访谈者：王燕丽。被访者：何某，筲前镇高级中学（毕公桥社区），男，36岁，本科，已婚，群众，家庭年收入3万—8万元。2009年5月14日上午。

② 访谈者：林如。被访者：徐某，男，螺山村，48岁，高中，已婚，中共党员，曾在村中任职，现经商，年收入在12万元以上。2009年5月13日上午。

③ 访谈者：林如、刘娟、魏永强。被访者：朱某，新林周村，65岁，中共党员，从1978年到1998年一直在村中负责经济、计划生育等。2009年5月12日下午。

表6—26　　　农民对生活中部分指标的重要度认识（$N=420$）

物质财富	感情	技术	健康
14.3%	9.4%	9.1%	64.1%

从农民对本村（社区）的医疗保障来看，全镇已经100%覆盖了农村合作医疗。随着村民健康保障意识的提高，农村社会保障制度的推进，衢前镇村民对所在村医疗条件的满意度有了明显的提高，具体数据参见下表。

表6—27　　　农民对本村医疗保障的满意程度（$N=420$）

非常满意	比较满意	一般	不太满意	不满意
29.5%	40.9%	23.8%	4.4%	1.4%

3. 村民参与社会精神文化生活意识的强化

衢前镇志记载，1995年衢前镇建成集影剧院、卡拉OK、录像厅、游戏房、台球室、阅览室、乒乓球室和图书馆于一体，结构先进、布局合理、功能齐全、设施优良的衢前文化中心，这是群众参加文化娱乐、调适身心、学习文化与知识和业余休闲的场所。文化中心平时都会有剧团、艺术团体演出，还会放电影、录像等。1999年累计观众达19366人次，净收入13.35万元。衢前农民也经常去文化中心阅览和借阅图书，根据衢前镇志记录，1999年借阅2200人次，年末外借各种图书2382册。文化中心除开展日常活动外，还积极组织镇内文艺活动，一年中举办各种大小活动15次，参加者达800人次，观众1.2万人次以上。1999年，新中国成立50周年大庆，举行文艺专场，上到党委书记、镇长，下到幼儿园幼儿，都登台表演，热烈庆祝改革开放的升平盛世，共演出节目64个，连演3夜，场场爆满。①

目前衢前全面展开"农家书屋"与"休闲广场"建设活动，积极引导农民树立学科学、用科学、健康娱乐、快乐休闲的生活方式。如今，该镇原先的"三个一群甩纸牌、四个一伙打麻将"的休闲方式渐渐被"农家书屋读书看报、休闲广场下棋聊天"的新型休闲方式所取代。衢前农

---

① 衢前镇志编纂委员会：《衢前镇志》，方志出版社2003年版，第308页。

民文化娱乐活动丰富多彩：看电视、报纸、影碟和光盘；还有上网、听广播、打麻将、打牌；再有是逛公园、运动健身、盆栽养花、旅游、看学习研究类书籍、看戏剧歌舞、绘画书法等。村民的休闲生活方式已发生了显著的变化，每天吃完饭之后，很多村民都会自发集中到健身场地上去健身，既愉悦了身心，又锻炼了身体。各个村的老年活动中心也为老人提供了各种娱乐设施，老人可以聚在那里聊天、喝茶、下棋、打牌、看书、看报纸。我们在衙前进行调研访问时也深刻感受到了这些变化。

衙前镇村民参与社会精神文化生活意识的强化与村镇娱乐设施的完善有着密不可分的联系，据调查结果显示：近几年，农村的老年活动中心、村文化室等有了明显的改善。衙前镇村民精神文化基础设施的改善和活动的增多也带动了当前社会风气的变化。据杨汛村王大妈反映：

"现在村里的文化娱乐活动比以前丰富多了，公园，健身器材，老年活动室的话搓麻将的人很多。但也只是娱乐下的，不赌博，还会在那下棋，打乒乓球，看看报纸什么的，而且现在为了跳舞配备的音响等器材都很齐备，都是好的。以前萧山城里广场上边六七十个人在那儿跳舞，现在农村里不仅我们出去跳舞，连大伯也都出去的，以前吃过饭就是坐家里看看电视，现在喜欢出来走走了。"

杨汛村的村主任也坦诚说道："现在真的是进步多了，生活水平大变样，不管是物质上还是精神上。在精神上，尤其是文化娱乐上、广播电视、电脑，以前想都不敢想，想都想不到的，现在都发生了。村里人生活得比以前有意思多了，更有精神了。"[1]

农村公共环境意识的转变，基础设施的完善，医疗保障观念的增强，医疗保障水平的提高，村民参与精神文化生活意识的强化，精神活动的增多都从不同层面提升了农民对农村的认同感和自豪感。见表6—28：

表6—28　　　　　农民认为城市生活的特点（$N=489$）

热闹繁华、挣钱容易	花费很大、人情冷淡、竞争激烈	法规健全、秩序好	空气污染严重	其他
16.4%	34.4%	20.4%	21.9%	7%

---

[1] 访谈者：王艳丽。被访者：王某，杨汛村，村主任。2009年5月13日上午。

当然，我们也不应忽视，浙江村民获取社会公共服务意识的提高，对基层政府的服务供给和管理能力提出了挑战。据万亚伟等学者的研究成果显示，有近39%的被调查者最担心目前农村社区基础设施"建后管不好"，这表明村民比较担心公共设施的日常管理问题。调查也反映，村民有强烈的为其他人提供服务的愿望，有近90%的被访者"愿意放弃休息时间去做没有报酬的公益性活动"，这种强调参与村级事务管理的需求与意愿，对村镇原有的组织管理方式提出了挑战。[①]

（四）农民生活方式存在的问题

应该肯定，现阶段我国乡风的主流是文明的、健康的、向上的。在社会经济比较发达的浙江农村，浙江农民以其积极的市场经济意识和敢为天下先的进取意识得到了世人的肯定；同时，浙江农村发达地区物质文明的进步也为文明乡风奠定了良好的基础。但也应该看到当前乡风不文明现象及乡风文明建设中出现的问题。

学术界已经对上海、浙江相对比较发达的地区的乡村文明中的问题进行了较为系统的调研和研究，有人将其总结为："竞争观念的兴起，关爱意识有所淡化；个性观念的兴起，公益观念有所弱化；开放力度的加大，仁义廉耻观念有所退化；利益格局的不断调整，义利观念有所变化。"甚至"在一定的乡村社区内，打牌赌博风行、迷信陋习泛滥、宗族势力盛行、贩黄吸毒抬头、社会信任缺失、伦理道德失范、优良传统遭到冲击。这些，都严重影响了乡风文明和社会和谐，制约了乡风文明主体的培育和成长"[②]。

同时，"农村人口的流动性使农民缺乏稳定的生活，造成大量空巢老人和留守儿童，老幼得不到应有的关照，孩子缺少家庭辅导、家庭管教和家庭温暖，乡风文明建设主劳动力缺乏"。而"政府提供给农村的文化、

[①] 万亚伟、陈建义等：《浙江农村社区公共物品的需求与治理》，《浙江民政》2008年第5期。

[②] 陈勇：《乡风文明及其主体培育研究——围绕上海市金山区、浙江省宁波市江北区的调查与思考》，《上海党史与党建》，2007年2月。

教育、医疗、最低生活保障等基本的公共产品相对城市而言存在明显的不公平,乡风文明建设硬件严重缺乏,农民素质受到极大影响"。部分地区生活环境脏乱差,不讲卫生的坏习惯依然存在;农村的有些地方,小赌怡情成为部分人饭后茶余的主要消遣,家庭办事攀比成为部分人暗自模仿的时尚,尤其是"在城市外围的城中村、城郊村和远郊村,都面临着外来务工人员的日常管理问题,特别在日常卫生、村容整洁、公共服务设施、社会治安管理等方面,政府部门难以治理和引导。如果卫生状况很差、偷盗成风、居民文明素养低下,这样的郊区农村社会也很难达到乡风文明"[①]。

这些问题,如不及时加以解决,农村的一些优良传统会逐渐弱化,不但影响到乡风民俗,而且会影响到农村发展稳定的大局。依据浙江省民政厅于2007年在全省22个市县110个行政村组织开展的有关农村社区建设现状与需求的调查研究,农村社区的文明发展呈现了一种矛盾的现象:经济相对不发达的"偏远类型村庄比近郊和集镇村庄在村级管理方面更有秩序,村民之间更信任,干群关系更融洽"[②]。这一矛盾现象也说明了形成良好乡风绝不是单一的经济发展所能决定的,课题组在浙江衙前的调研也反映出农民对农村精神文化缺失状态的忧虑。

1. 非理性消费之风的存在

物质文化消费的攀比之风

在住房条件得到极大改善的同时,农户消费心理、消费观念上也发生了改变,较为明显的表现就是攀比心理。目前,住房除了可以满足居住的需求外,也成为农户体现自身价值、彰显社会地位的一种方式。在农村,房子是农户的经济和社会地位的象征,是农户的生产经营能力及经济实力的最直接的体现。农民凭借一幢好房子可以赢得乡邻的赞叹和羡慕,因此,农民热衷于建房。贫困农民攀比富裕农民,富裕农民攀比城市居民。调查发现,富裕起来的萧山衙前农民,有"建房如更衣"的"建房—拆

---

① 陈勇:《乡风文明及其主体培育研究——围绕上海市金山区、浙江省宁波市江北区的调查与思考》,《上海党史与党建》,2007年2月。

② 万亚伟、陈建义等:《浙江农村社区公共物品的需求与治理》,《浙江民政》2008年5月28日。

房—再建房"循环冲动,以前挣钱是填肚子,现在攒钱为盖房子。在采访中我们也确实了解到了农民普遍存在的攀比心理问题。项女士说:

"我们村就是这十几年发展起来的。我们这个村普遍还是比较富裕的,做轻纺生意的。现在我们有钱的话,攀比心很强,都想把房子建高大,但是上面管得很严,几十万几百万都是这样造,所以整个村看上去都差不多。现在造房子都没有土地的,有控制的,上面不批土地,在村里还是有土地的,但是都归村委。没钱的话,不造房子,过日子还是可以的,一旦造房子就要欠几十万。如果家里不开厂子,要注意造房子也是很辛苦的,但是村里大家都那么造,穷点的也会借钱来造的。"①

笔者在走访其他村与农户交谈后也了解到大多农民家中三楼、四楼都是闲置的,有些村还有相当一部分是空房,因为主人或在外发展,或住在单位里,或在萧山城区有房。在吟龙村我们就发现这个村子里很多住房都没人住,以下这段访谈案例也说明了这一点:

老人家今年已73岁,是名老党员,1959年就入党了,以前在村里当过村委书记,其子本为镇政府的一名工作人员,但在一次出差途中不幸撞车不治身亡了。我们问到老农:村里的房子都建得那么好,为什么村里都没看到什么人在啊,本地人是不是基本上都出去了。老人家告诉我们:村里很多人都出去开店、工作,全国各地都有。还有些人都在萧山买房子了,我孙子也在萧山买房子了,就我们两老在这住。我们问那为什么还要在这里造这么好的房子啊。老农说:家里一定要造好,因为这是他们的老家,大家都这么造的。②

同时,农民在住房拆迁上也存在很大浪费。按照衙前现在的规定,农户住房实行一户一宅制。要建新的房子,就意味着要把老房子拆除。房子拆下后剩下的就是一堆垃圾,还要支付很多劳务费,无疑加重了农民自身的负担。

婚庆文化中的铺张之风

婚庆观念具体来说指的是婚礼流程的具体实施形式的选择以及各项过

---

① 访谈者:邵琴芬、洪坤。被访者:项某,杨汛村,女,53岁,已婚,家庭年收入12万元以上。2009年5月13日上午。

② 访谈者:林如、刘娟。被访者:老农,吟龙村,男,73岁,中共党员。2009年5月14日上午。

程的安排意愿。不同时代的婚礼折射出不同时代的特点。从新中国成立初期发展到如今，婚庆方式演变到如今已经形成了一个庞大的产业链，不管是从婚礼筹划还是到具体实施，凡是与结婚有关的每一个细节都可以找婚庆公司筹划、定制，为客人量身打造的婚礼，这与新中国成立初期简单朴实的结婚方式不可同日而语。进入20世纪90年代，一方面是婚庆方式出现了"个性化色彩更明显"的优点，"集体婚礼、旅游结婚、派对婚礼……结婚的方式越来越趋向多样化"；另外一方面存在婚庆仪式的繁杂和铺张，"拍好几千的婚纱照，摄制婚礼录像、婚车当道……"[1] 婚礼的消费由几十年前的几十元，发展到现今的几万元到几十万元。一味追求新颖独特的婚礼容易造成铺张浪费，演变成以规模和投入为标准的炫耀和攀比，对父母、对新婚夫妇都于事无益。但是为人父母，面对儿女的婚事，当然还是希望办得热闹体面。就像施某说的："现在结婚好看是好看，就是冤枉钱花得多，不值得。不过家家都这样办，农村婚礼就讲求个热闹，不办也不行。再说了，我们结婚的时候太简单了，现在生活条件好了，自然要给子女风风光光办一回。不过说到底，还是他们之间的感情好才是最要紧的事情。"[2] 农民对于子女婚庆一方面是具有拒绝铺张与豪华的真实情感，同时内心又无法抗拒并选择从众的铺张行为。

丧葬文化的浪费之风

在传统文化中，丧葬礼俗被视为可以加强宗族血脉联系的重要活动。当代学者们已经认识到，随着农村的富裕与农民的自由，有的传统习俗重新复兴，复古的习俗往往与时代相悖，加大了农民的经济负担与精神压力。不少地区的农村为原本非功利性的农村习俗中增加了很多的功利性，如殡葬事宜，由原本的邻居相互帮忙演变为雇佣服务关系（专业服务队来完成），农忙季节或修缮房屋，原本也是邻居相互帮助，而现在演变为打工，这样使相互帮助的关系转变为雇佣关系，情义关系转变为利益关系。[3] 追求功利的另外一个重要表现是殡葬等方面出现高消费，且还在节

---

[1] 朱华华：《牵手50年》，《萧山日报》，2000年4月14日。
[2] 访谈者：孙美艳、李红霞。被访者：施某，毕公桥社区，女，40—60岁，群众。2009年5月14日下午。
[3] 焦静宜：《浅析民初华北农村社会习俗变化中的逆向势力》，《南开学报》1996年第1期。

节攀升,这样使有些家庭因此重新陷入贫困,使更多的人感到"跟不上"而产生了巨大的精神压力。衙前镇农村也出现类似的趋势,特别是部分富裕家庭借助给家中老人办白喜事的机会,为了讲大排场大气势,除了邀请家族的人员帮忙之外,还会雇佣专业服务队来助阵。丧事办理过后,有些不和睦的家庭还会因为过高的丧葬费用的分摊问题而争吵,严重影响了家庭的和谐和乡村的民风。

"我们农村人讲究'入土为安',因此农村殡葬改革最初实施的时候,遭到了民众不同程度的抵制。一些群众与民政部门玩起了'捉迷藏',家里死了人一家人不敢哭,偷偷埋掉了事,待几年过去,'风平浪静'时再'办事'。不过偷埋的人家一旦被举报,轻者被罚几千元不等的罚款,重者甚至被挖出尸体重新火化。而尸体被火化后家人还大张旗鼓地将骨灰土葬,不管留多大的坟头也无人过问,罚款、收钱反倒成了硬指标。于是传统的丧葬中又增加一项新内容——尸体火化,而农民为这项'新内容',又将多花费上千人民币,包括火化费、往返运送交通费、其他诸如烟花爆竹仪仗费,等等。然而具有戏剧性又极富讽刺意味的是,火化后的骨灰仍要放进棺材,摆成'人'字形,出殡的排场一样都不少,棺材仍要埋进耕地。"①

如此一来,在农村部分地区殡葬改革不但不能起到移风易俗、节约耕地的目的,反而给死者家庭增加了诸多负担,远远背离了殡葬改革的初衷,成了建设社会主义新农村、构建和谐社会的杂音。许多村民表示,他们理解殡改的意义,也反对挤占浪费土地资源,但传统的"入土为安"的思想根深蒂固。部分村民都不愿大张旗鼓操办丧事,只是担心别人会"戳脊梁骨"指责对老人不尽孝,才只得硬着头皮撑起门面,不敢省去这道程序。显然,民政部门不能只管收钱、追求火化率,在宣传教育、完善机制上还有很多工作要做。

"春节回农村老家探亲,刚好碰见同村两家老人去世举行丧葬之礼。排场特别大,铺张浪费更不必说了。其实这种现象的出现,标志着农村人们生活水平的提高,晚辈为逝去的亲人举行丧葬,追寻遗志,孝心可嘉,但是丧葬是否有必要如此烦琐,的确值得我们深思。从现实中我们看到,

---

① 访谈者:杨柳。受访者:王某,南庄王村,男,57岁,无党派人士。2009年5月12日。

丧葬支出的不菲花销往往令小辈们不堪重负，有几个子女还可能因分摊丧葬花销不均引发家庭不和，最终将好事闹得不欢而散，这恐怕也有违丧葬的初衷。一些家庭亲友中老人多的更是忙于应付，耗费大量的财力和精力。究其原因，还是陈旧的传统观念影响。一些家境富足的人不排除有露富炫耀的心理，而那些经济实力不济的又存有盲目攀比心理，担心不如此会被乡邻耻笑无孝心，所以没有力量操办也要苦撑。希望那些为人子女者将对父母的孝心更多地放在平时的饮食起居上，而将丧葬所耗费的财力精力用在致富奔小康上。"①

2. 老年人的精神生活缺少关怀

上文所述，随着核心家庭成为家庭结构的主要形式，家庭观念和养老观念也随之发生着深刻的变化。农村老人遭到子女遗弃或者虐待的人数不断增加。据黑龙江省人大代表翟玉和进行的一个全国农村孝道现状调查显示，农村有53%的儿女对父母感情麻木，80%的老人因儿女嫌弃和排斥被迫独居。② 由于孝道缺乏、养老观念淡薄，一些农村老人晚年生活缺衣少食，贫病交加。在发达地区的江浙一带，老人来自子女的迫害等令人发指的现象也经常见诸报章媒体。课题组在衙前的调研中发现，老年人受到尊重基本成为一种风尚，但相对于物质生活条件的满足，社会尤其是家庭对老年人的精神生活特别是情感世界缺少足够的关怀。以老年人的再婚为例，当人们对年轻人离异后再婚开始司空见惯的时候，老年人的再婚长期难以妥善解决。下面这位老人的叙述为我们展现了老年人自身对于再婚问题的关注以及随之而来的烦恼与困惑：

> 我们认识三年了，第一次见面是在1998年1月14日，就在西山茶室，我记得挺清楚的。第一次见面我们对彼此都还满意，就这样开始了交往……没有想到，没过几天，她却来找我，十分委屈地说："我的名声都让你坏了，这下子我只能跟你了。"原来我们交往期间我去过一次她家，被人看到了，现在竟传得沸沸扬扬，害得人家抬不

---

① 访谈者：刘娟。受访者：项某，项漾村，男，21岁。2009年5月13日。
② 李彦春：《乡村孝道调查让我们忧心如焚》，《北京青年》2006年3月1日。

起头来。我是老党员，心想应该为这件事负责。"

但是她的思想比较传统，身为女同志又更加注重自己的名声。她的婆家是萧山的一个大户人家，她回老家去，那边的亲戚一听说她的事就极力反对，说他们家历史上从没有媳妇改嫁的，她要是不改嫁，就还是他们的家人，要是改嫁了，对不起列祖列宗，就别进婆家门了。走了那么多年的自家人一下子要成陌路，她心里挺接受不了的。还有她那么多的女伴，也没有几个支持她再婚的，有的还说：'你有知识、有钱、有房子，子女又孝顺，什么都不愁了，为什么非要嫁人呢？别人一定会说你是老不正经。'后来，她提出了分手。

我觉得做人真是很难，女的要三从四德，人言又实在可畏，当初是舆论逼我们走到一起，现在又是舆论不让我们在一起，她也有63岁了，我们身体再好，又还能这样互相等待几年呢？

照理说，其实我们俩的结合应该没有多大问题。双方经济条件都不错，各自有一套三室一厅的房子，子女都分开住。两家的子女也都很孝顺，对我们这件事尽力支持。1999年春节的时候她的小儿媳出面代请我们吃饭，劝我们和好。"①

《萧山日报》的记者曾经做过这样一个调查访谈，具体内容如下：

老陈身体不错，今年74岁了，是一位有着42年党龄的老党员，年轻时曾当过民兵队长、小队长、食堂主任。20世纪70年代，年过半百的老陈承包了数十亩西瓜地。老伴病倒后，他一直煎药服侍，照顾她的饮食起居。孩子们没有来煎过一帖，每一帖都是老陈煎，老陈说："老伴有我照顾，将来我生病了，没有老伴，谁来照顾我？"老伴过世后，老陈常常设想如果再有了老伴，就有了热饭、热菜等着了。而且老人有一次和媳妇吵嘴时，媳妇曾嘲笑他："有本事你再去找一个人进来呀！"为了争这口气，老人也想再找个老伴。

据老人讲，介绍人本来与他约定农历二月到老太太家见面。有的村民说他"你这样的事情比烂鸡粪还臭"，他可以不理睬，但见面前两天，他还是听到了风声，说儿媳妇准备极力反对这件事，于是他去和介绍人说：

---

① 许益飞：《成也舆论，败也舆论》，《萧山日报》2000年8月18日。

"见面的事缓一缓,等过了这一阵再说。"不料,这一缓就缓到了现在。在老人的家里,我们看到了与几件破家具极不相称的一辆崭新的永久牌自行车。老陈告诉我们,这是今年年初,他为了第一次去见老太婆特地买的。老人本打算用这辆自行车带老伴呢。临出门,老陈再三跟我们说:"我年纪不大,身体也没有什么病,你们帮助做做我儿子的思想工作,我真的很想再找个老伴。"

关于老年人的再婚问题,各方众说纷纭。调研组在衙前访谈时,就村民对老年人再婚的看法进行了调查,被访者整体持宽容的态度,但是各个年龄段对于这一现象所持的态度还是有所不同。下面就选取有代表性的谈话来对这一问题展开论述。

访谈中周某谈道:

"作为子女,我们当然是希望自己的父母能有一个幸福的晚年。如果一旦老人出现丧偶现象,没了老来伴,心情自然会比较沮丧。如果是我的家庭需要接纳另一位陌生的老人与自己亲人结合,这我确实还要好好考虑考虑。毕竟这个人对我们来说是完全陌生的,他还有一个家庭,这个人好不好,对方的家人好不好相处,他的生活习惯怎么样,以后财产问题怎么办都是要考虑的,而这些问题又是很麻烦的。又比如万一我们这方的老人一过世,对方老人又由谁来抚养呢?这种情况要是发生了,我们不仅要去和他商量,还要和他的子女商量,总是事情一扯就要扯出一串来的,麻烦得很。所以,老年人再婚问题支持不支持也蛮难说清楚的,做子女的需要考虑太多。"[①]

不仅如此,作为子女的还要考虑到自己家庭的需要,因为"一般五六十岁、六七十岁年纪的人,都是围绕孩子转,这个时候孩子正是干事业的关头,家里老人身体还好的话正好可以帮我们带带小孩看看家。这个年纪再去结婚、换个环境也没多大意思,换个生活环境还要换人相处,要是脾气不对路,就算走拢了,合适的也少,再说村里都会说来说去,蛮难听的。这样大的年纪再结婚,有自己本身的问题,也有家庭的问题,即使我们愿意了,那对方的儿女愿不愿意,老人的财产问题怎么处理。再说了和

---

① 访谈者:孙美艳、王海峰、李红霞。被访者:周某,新林周村,女,40—60岁,群众。2009年5月12日上午。

以前的老伴生活惯了，他们组成新的家庭还要像小夫妻一样磨合的话，更加难弄，本来就上了年纪了嘛！说来说去，现实问题还是很多的。所以即使子女反对，我觉得也是可以理解的"①。

通过对各方的了解，可以看出影响老年再婚的因素主要有当事人的态度和当事人家人的态度。而当事人家人的态度中多是考虑经济方面的因素而不是老年人的情感："因为婚姻关系的确立必将伴随着经济关系的生成。一方面，男方子女怕老人再婚后，继母平分家产，并且要承担赡养义务，故以种种借口，制止老人再婚；而另一方面，女方的儿女们，又怕母亲再婚，带去财产，因而在老人婚前急于把财产分掉，可老人一旦再婚，又不肯承担赡养义务。因此，女方对跨出再婚这一步也往往要斟酌再三。"②

在长期得不到家庭和亲人的关心和精神温暖后，老年人很容易在宗教的生活中寻求心灵的安慰和寄托：

"我是佛教徒，村里大部分的老太太们也信佛，我们经常是结伴，一同有什么事情都会去烧香拜佛……人老了，不会经常想着出去走动，我只有两个儿子，没有女儿，所以也没有走动的亲戚啥的，其他的一些亲戚嘛，时间久了，就慢慢地没有来往了。我还是喜欢当年的那种集体劳动，集体分配，虽然大家都穷，但是都是平等的，也没觉得怎么样……"③

社会的可持续发展要求社会结构的健康和稳定，要求社会各子系统的功能能够正常发挥。为了实现构建和谐社会的美好理想，不能不关注包括农村老年人在内的问题。关注老年人就是关注每一个家庭，关注每一个人。

3. 农村社会的公德意识的培育更加艰巨

基于农民勤劳、节俭、善良、纯朴、厚道、诚信的个人私德基础而形成的关爱他人、守望相助的乡村社会公德，曾经是几千年被传唱下来的我

---

① 访谈者：孙美艳、李红霞。被访者：项某，项漾村，男，40—60 岁，群众。2009 年 5 月 13 日下午。

② 策龄：《夕阳恋途有"四关"》，《萧山日报》，2000 年 8 月 18 日。

③ 访谈者：邵琴芬。受访者：田某，南庄王村，女，62 岁，无党派人士。2009 年 5 月 12 日。

国农民的传统美德。然而，受市场经济大潮的冲击，在物质利益的驱动下，不少人把"一切向钱看"作为自己行动的准则，处处追求个人利益最大化，认为过好自己就行，自己和他人没有什么关系，集体观念淡薄，个人主义严重，拜金主义、功利主义、极端利己主义逐渐在农村蔓延开来。另外，一部分农民道德意识滑坡、精神生活空虚等问题比较突出，影响着乡村良好风气的形成。在金钱至上的诱导下，农民感受到事态的炎凉和人情的冷漠：

"我们年轻的时候，很穷，大家都穷开心。那个时候饭也没得吃，吃番薯、萝卜、粗粮，但是很开心，人活得没有压力。现在生活条件是好了，但是压力很大，外面竞争很激烈。以前没有竞争，大家都在一起干活，现在是各人管自己，人与人之间的竞争太大了，人活得很紧张，相互之间感情也淡薄了。"[①]

在农村市场经济发育的初级阶段，守法诚信的社会关系也遭到一定程度的破坏，在农村的市场交易中，一种是欺行，吹牛，城南乡有一个养兔专业户，打了两块牌子，一块是西德振兴兔场，一块是信息服务站，开办养兔技术函授班，向全国招生，每人收取学费14元，参加者，优惠提供西德纯种兔，各地兔农致富心切，报名参加函授达400多人，有的从新疆等地远道赶来采办种兔，结果，既拿不出优良的种兔，也拿不出像样的函授资料。一种是投机取巧，坎山有一花木种苗专业化，用以次充好，以假乱真的手段，骗取钱财，大园乡渭水桥的一些农民一次就被骗了3000多元。一种是损公利己，义桥乡有一个捕捞专业化，长期采用滚钓、密网作业，屡教不改。孙丰乡有一个捕捞专业户公然用电捕鱼，这是种破坏水产资源的违法行为。一种是不守信用，城厢镇湘兰村有一个养鸡专业户，与杭齿厂挂钩订合同，他一次卖鸡蛋，臭蛋充好蛋，不仅使厂方在经济上遭受损失，还危及工人的身体健康。[②]

在这里，不难发现货币经济和拜金主义对民间固有道德的解构作用，正如马克思所言，在这种货币为主导的社会中，"人的依赖纽带、血统差

---

① 访谈者：杨柳。被访者：言某，明华村，女，46岁，大专文化，在本地私营企业务工。2009年5月14日下午。

② 传忠：《致富要走正道》，《萧山农科报》1985年5月21日。

别、教养差别等等事实上都被打破了,被粉碎了",个人似乎获得了独立。但是,这种独立一般只不过是错觉,确切些说,可叫作人际关系冷漠。[①] 在市场经济尚不完善的社会主义初级阶段,人们无法从传统道德习俗中寻找到既定的准则来约束自己与陌生人的关系,所以引发了社会秩序紊乱、人际关系紧张、瞒骗欺诈泛滥等一系列不道德现象。这表明农村出现道德失范和信仰危机,同时,随着村常住人口发生改变,乡风文明建设主劳力缺失,关心集体、热心公益等集体主义观念正在逐步淡化,公共道德的形成产生的一种阻隔,严重阻碍了农村乡风文明的发展,一种具有普遍实践意义的公共美德的建立更加困难。

(五) 乡风文明的理念引导:从生活共同体到精神共同体

新中国成立以来,影响农民生活共同体意识变化的原因主要来自于农村社会生产关系的变革,突出表现为三个方面:一是农村土地制度的变革,农业从集体生产转为家户经营;二是市场经济的发展,农民不再束缚于土地,可以自由择业进入农业以外的产业;三是城乡一体化过程中的原有村落的合并和调整。这些从不同的方面削弱了传统的农村认同,影响了农村社会的内在凝聚力和向心力。因此,乡村文明的建设和农村社会的和谐有序发展,要首先依赖于新的乡村生活共同体精神的发育和成熟。从生活共同体提升为精神共同体,将是未来农村乡村文明建设的方向。

1. 新中国成立以来农民生活共同体演变

探索农村生活共同体的未来发展一定要从历史发展的内在变迁中寻找内在根据。恩格斯指出:"必须先研究事物,尔后才能研究过程。必须先知道一个事物是什么,尔后才能觉察这个事物中所发生的变化。"[②] 在中国几千年的历史发展中,农民作为从事农业生产的劳动者,自古以来都是中华民族共同体中最庞大的群体,并且在几千年的农耕生产实践过程中形

[①] 《马克思恩格斯全集》第30卷,人民出版社1995年版,第113页。
[②] 《马克思恩格斯选集》第4卷,人民出版社1995年版,第211页。

成了具有自身特色的生活共同体。1887年,著名社会学家滕尼斯在《共同体与社会》中首次提出了"共同体"概念,并指出"共同体"有三种基本形式:血缘共同体、地缘共同体和精神共同体,它们分别以亲属、邻里和友谊为纽带。① 在传统社会中,乡村的生活共同体以宗族礼法为关系构成的自然村落为中心,维系着自然经济的发展和人口的繁衍,带有封闭性和稳定性等特征。② 新中国成立以后,随着农村社会生产所有制关系和社会组织结构的快速变化,农村社会的生活共同体也先后经历了互助组、人民公社的生活共同体。③

改革开放以来,伴随城乡一体化的加快,中国农村进入了生活共同体构建的新的转型时期,"尤其是东部相对发达的地区正大力推进合村并居,通过旧村改造和撤村并居等形式进行新农村社区建设"④。随着合村并居的广泛展开,许多地方出现了大规模的"造城运动",村落数量快速减少,而新建集中化的楼房居住区大量涌现。从全国看,行政村(村民委员会)的数量1990年最多时达100多万个,此后数量明显减少,2000年有73万多个,到2010年减至59万多个。⑤ 据预测,我国到2014年城镇人口将首次超过乡村人口,到2020年城市化率将达到近60%,比现在提高近10个百分点。⑥ 这意味着"未来15年内将有大约1.5亿农村人口转变为城市人口,因此大量的村落将走向终结"。⑦ 农村社区将成为未来中国农村主要的基层社会组织和生活共同体。在这种背景下,党和政府及时提出了构建农村社会和谐社会的构想。党的十七大报告提出,要"把城乡社区建设成为管理有序、服务完善、文明祥和的社会生活共同体"。2010年年底召开的中央农村工作会议,把加大统筹城乡发展力度、进一步夯实农业农村发展基础作为一项重大任务。农村社区建设作为统筹城乡发展和推进社会主义新农村建设的一个重要载体,正在全国各地深入推

---

① [德]斐迪南·滕尼斯:《共同体与社会》,商务印书馆1999年版,第67页。
② 肖红军、秦在东:《中国农民精神共同体的特点及其形成背景研究》,《学校党建与思想教育》2011年第6期。
③ 丁越华:《中国农民精神共同体历史演进及形成路径》,《人民论坛》2012年第5期。
④ 林聚任:《村庄合并与农村社区化发展》,《人文杂志》2012年第1期。
⑤ 国家统计局编:《中国统计年鉴2011》,中国统计出版社2011年版,第864页。
⑥ 蔡昉主编:《中国人口与劳动问题报告No.11》,社会科学文献出版社2010年版。
⑦ 林聚任:《村庄合并与农村社区化发展》,《人文杂志》2012年第1期。

进。"特别是北京、河北、浙江等地率先着手编制农村社区规划，以新理念、新思路、新标准指导农村社区建设。"其中，北京"新农村社区公共设施和服务将纳入城市管理体系"，把"与市区水平相同的管理和服务，都将深入村里乡间"；河北立足于"农村新民居保持传统风貌避免千村一面"；浙江则提出了"打造15分钟农村社区生活圈"的口号。①

早在2008年，浙江省在推进农村社区建设时就明确提出，争取用5年左右时间，在全省建立集管理、服务、教育、活动等功能于一体的1200个乡镇社区服务中心、15000个村级社区服务中心，提供社会救助、社会保障、卫生计生、司法调解、公共安全及证照办理等服务。② 为了对每个农村社区范围、中心进行空间确定，2010年5月，《浙江省城乡社区建设领导小组关于农村社区布局规划编制的指导意见》（下简称《指导意见》）出台。对于农村社区的布局，该《指导意见》提出，要按照管辖人口适度、区域相对集中、服务半径合理、资源配置有效、群众充分自愿的规划原则，明确农村社区设置的主要类型及次要类型，即"一村一社区"或"几村一社区"。针对农村社区人口密度较小、道路条件相对较差的实际情况，确定一个农村社区以1000—5000人、农村居民出行15分钟为宜，这样既可以防止规模太小、资源配置过于分散，又可以防止人口规模太大、地域范围太广，不利于方便群众办事。该《指导意见》还提出，要利用农村社区现有的村级办公服务场所、社区卫生服务站、文化室、学校等设施，加以整合利用，建设社区服务中心。相互比邻或杂居，且人口规模小于1000人的村，提倡两个村或几个村联合组成一个社区，以利提高公共财政和基本公共服务配置的效率。毫无疑问，这种农村社区的规划和建设，正如学者总结的："社区制的建设将是我国农村基层组织与管理体制的第三次重大变革。"③ 也为以精神共同体的形成确立了相对稳定的空间地域。

---

① 县域经济观察员：《怎样将农村社区建成社会生活共同体》，《领导决策信息》2011年第7期。
② 同上。
③ 戚学森：《农村社区建设理论与实务》，中国社会出版社2008年版，第2页。

2. 乡风文明的导向：从"生活共同体"到"精神共同体"

新农村建设是个系统工程，如果说"生产发展是建设社会主义新农村的物质基础，生活宽裕是建设社会主义新农村的重要表征，村容整洁是建设社会主义新农村的生态状况，管理民主是建设社会主义新农村的政治保证"，那么乡风文明便是"建设社会主义新农村的灵魂"[①]。社会主义新农村的乡风文明，指的是农村文化的一种状态，是一种有别于城市文化，也有别于以往农村传统文化的一种新型乡村文化，农民在思想观念、道德规范、知识水平、素质修养、行为操守等方面，"形成积极、健康、向上的文化内涵、社会风气和精神风貌"[②]。一种优良的村风，反映的是农村一种共同的内在精神。不言而喻，一种高尚文明的乡村社区精神共同体是乡村文明建设的内在要求和逻辑归宿，也是引领农村生活共同体走向的风向标。

精神共同体指"人类一种特殊的社会现象和组织形态"，"具备一定的内部结构和生成方式"，"精神共同体的内在结构主要是指精神共同体内在具体的组成要素及其相互联系的方式"[③]。中国农民精神共同体是具有共同志趣、共同价值追求的人们为了满足主体心理、情感、意志等精神方面的需要所结合起来的共同体。也就是说，中国农民精神共同体是一个以共同的志趣和共同的价值追求作为其内核，由主观认同这一志趣和价值追求的农民个体为成员所形成的一种精神场域。当农民个体认同并自觉捍卫共同的精神价值的时候，共同的精神价值便内化为农民的精神共同体的核心要素；精神共同体对个体的凝聚和辐射作用越大，意味着生活共同体越稳定，生活共同体自然也更加和谐。

我们认为，党和政府对于农村社区精神共同体建设的内涵和路径已经进行了全面的总结，早在2005年12月31日，中共中央、国务院联合颁布了《关于推进社会主义新农村建设的若干意见》，提出在新农村建设的精神导向应该"大力弘扬以爱国主义为核心的民族精神和以改革创新为

[①] 董欢：《乡风文明：建设社会主义新农村的灵魂》，《兰州学刊》2007年第3期。
[②] 杨茂奎：《社会主义新农村建设中的乡风文明》，《山东省农业管理干部学院学报》2006年第2期。
[③] 丁越华：《中国农民精神共同体历史演进及形成路径》，《人民论坛》2012年第5期。

核心的时代精神,激发农民群众发扬艰苦奋斗、自力更生的传统美德,为建设社会主义新农村提供强大的精神动力和思想保证。加强思想政治工作,深入开展农村形势和政策教育,认真实施公民道德建设工程,积极推动群众性精神文明创建活动,开展和谐家庭、和谐村组、和谐村镇创建活动。引导农民崇尚科学,抵制迷信,移风易俗,破除陋习,树立先进的思想观念和良好的道德风尚,提倡科学健康的生活方式,在农村形成文明向上的社会风貌"。党的十七大报告在论述"坚定不移发展社会主义民主政治"时,不仅首次把基层群众自治制度纳入到中国特色社会主义民主政治的总体框架和发展格局,而且还相应地提出了"要健全基层党组织领导的充满活力的基层群众自治机制,扩大基层群众自治范围,完善民主管理制度,把城乡社区建设成为管理有序、服务完善、文明祥和的社会生活共同体"的崭新论断,新论断具有十分重要的理论意义和实践意义。新论断明确了社会主义新型社区的性质与要求:"党的领导是根本,社会主义是方向,基层民主自治是关键,有序管理、完备服务是功能,文明祥和是标志,社区和谐是形态。"[①] 社会生活共同体首先是一种精神的共同体,有着一致性的价值认同,就是要在社区建设中倡导主流的社会理想、价值取向、精神风貌和行为准则,这也是中国未来乡村生活共同体的精神基础和辐射源。

[①] 张艳国:《"社会生活共同体"论断的内涵与意义》,《学习月刊》2007年第23期。

七　从自治到善治：观念变迁下的农村和谐有序发展

任何发展中社会的政治秩序都有赖于农村的稳定有序与和谐发展，没有农村的和谐稳定，社会就会出现各种意想不到的不稳定因素。美国政治学家塞缪尔·亨廷顿在《变化社会中的政治秩序》中提到，农村的作用是一个变数，它不是稳定的根源，就是革命的根源。亨廷顿提出观察农村不稳定的两个指标要素：一是农民福利和客观条件的恶化，在传统社会，主要是土地问题；二是现代化过程农民的渴望上升。[1] 将其转化为农民思想观念的话语来说，即是既需要认真对待农民的利益性诉求，又需要认真对待农民的观念认知的变迁。可见农民观念的变化是观察农村和谐有序发展走向的一个重要变量，需要进行合理的引导，提供认同性治理路径，以建构一条适合农村和谐有序发展的道路。

（一）新中国成立以来农民思想观念的变迁

对于任何国家农村的发展来说，最重要的是解决农村的贫困问题。在关于农村贫困原因的分析过程中，舒尔茨等人否认农民是因懒惰愚昧导致的贫困，认为农民同样也是经济人、理性人，也是有进取精神并对资源能作最适度运用的人。传统农业资源可能是贫乏的，但效率很高，它逐渐接近一个"均衡"的水平，在这个"均衡"里，"生产因素的使用"较少有不合理的低效率现象。但是由于外部商品化的冲击，使得农村经济趋向

---

[1] ［美］塞缪尔·亨廷顿：《变化社会中的政治秩序》，王冠华等译，生活·读书·新知三联书店2008年版，第241—245页。

无效率而致贫困；马克思同样认为商品化给农业经济带来困境，同时强调了生产关系互动中，对农民的剥削也是导致农民贫困的主要因素。马克·艾尔温基于对中国农村的研究，从人口与农业土地集约化的关系出发，认为中国农业伴随着帝国后期的人口增长，集约化程度发展到愈来愈高时，边际劳动生产率就逐步下降，小农农场在必要消费上的剩余也随之消失，从而使小农无法积累"资本"，使中国农业陷入一个"高水平均衡的陷阱"。黄宗智综合了上述研究的各方面因素，从农民与土地及其作物之间的关系、人口密度、农民分化、农民与士绅、帝国入侵、官僚政权等方面的关系入手，分析中国华北平原和长江三角洲地区几个世纪以来农村发展内卷化的原因所在，[①] 突出了人口与土地关系以及农民与各相关主体的治理互动关系是决定农村贫困与分化的决定性因素。

从学者们的阐释中可以看出，农民在追求发展过程中，一方面要面对经济发展过程中的自发性要素，如人口增长；另一方面要面对外部冲击的附加性要素，如商业化、政府税收、帝国入侵等。从而使农民在农村发展过程中具有两种发展意识：一是自主性意识，二是面对外部冲击的反应性意识，这两种意识的相互作用，决定了农民采取不同的策略行动。詹姆斯·斯科特注意到这两种意识交互导致农民的策略性行动，他认为，小农总是基于现实生存的状况，将"安全生存"作为关键的问题，强调生活的困境促使农民社会产生了许多奇特的技术的、社会的和道德的安排。为了规避经济灾难，而发展了许多互惠的道德安排。"剥削和反叛问题不仅仅是食物和收入问题，而且还是农民的社会公正观念、权利义务观念和互惠观念问题"[②]，一旦共享价值观遭到背离，这种平衡性将被打破，人与人之间的互动方式也将发生改变。要想理解农民采取的策略性手段，必须了解农民之间的背后议论、流言蜚语、语言攻击和匿名的暗中嘲讽，以及对公共仪式秩序的否认等。[③] 人们只有在观念上认识现实并战胜了自我以

[①] [美] 黄宗智：《华北的小农经济与社会变迁》，叶汉明，黄宗智译，中华书局2006年版，第10—23页。

[②] [美] 詹姆斯·斯科特：《农民的道义经济学：东南亚的反叛与生存》，程立显，刘建等译，译林出版社2001年版，第1页。

[③] [美] 詹姆斯·斯科特：《弱者的武器》，郑广怀等译，凤凰出版传媒集团2007年版，第31页。

后，才能采取行动去对抗或改变现实。

1. 积极与消极：农民反应性意识的生成与变迁

新中国成立以来，农民更多体现的是反应性意识。随着土地改革、合作化、联产承包责任制以及新地政策的调整与实施，农民的思想观念也随之发生了巨大的变迁。

土地改革之前，人们认为摆脱贫困主要依赖个人和家庭的自主性努力以及族群、亲戚、邻里、村落关系的互惠性道义来追求生存与发展。但是新中国成立以后，土地改革使人们意识到外部的植入性力量能够解决生存和发展问题，只要按照具体的安排和部署就可以实现和谐有序的发展。这种植入性的力量主要来自于两个方面，一个是政策调整带来的好处；另一个是教育动员产生的渴望。

首先是农民传统的族群意识在土改、合作社运动以及人民公社期间遭到削弱与解构，随之建立了一种集体认同的群体意识形态和对社会主义、共产主义具有朴素认识和使命的政治意识；农业合作化和人民公社化运动使得农民在阶级身份之外又获得了社员身份，而阶级身份依然得到延续、扩展并走向强化。与土地改革时期相比，集体化时期的阶级身份越来越深地楔入农村社会生活的深处，镶嵌在农民的日常生活和心理世界之中，并借助于日渐强化的阶级政策和不断发生的政治运动而扩展其政治社会功能。

配合着国家的意识形态动员和各种教育政策的实施，农民逐渐在实践与教育中确立起一种以阶级伦理和平均主义为基础的新的秩序观，这种秩序观的建构得益于土改运动对农民思想观念的影响，主要目的是党和国家要获得农民对新生政权的认同与支持；合作化运动中，中国共产党通过多种方式、方法加强对农民群体的整合，并进一步促进农民对新生政权的认知、了解与认同；随着各种运动的推进，逐渐把农民纳入新政权的政治体系和意识形态之中，进而导向党对农村社会政治性整合机制的转型；人民公社期间，随着对农民集体主义行动的加深，农民一方面强化了对自身阶级身份的认知，但另一方面也弱化了自身的自主权和参与权。

初期的反应性意识的生成，使国家社会主义建设获得了很大的成就，农民以对国家的高度认同和对政策的充分信赖的热情投入到国家建设之中，但是随着这些政策的深入，出现了反应性意识的转向，即产生了消极的反应性意识。

消极性意识的生成来源于以下几个方面：一是国家战略发展的需求，对于农村的超负荷资源索取，加上人口的增长，土地的集约化经营达到极限，导致农村发展内卷化，一直到20世纪80年代初期，中国农民还维持在一个糊口的状态，依然呈现如黄宗智所说的"无发展的增长"[①]。浙江农村内卷化现象更为严重，因为1978年，土地和浙江人的紧张关系依然没有丝毫改变。是年，浙江人均耕地0.68亩，不足全国平均水平的一半，仅为世界人均水平的六分之一[②]。二是城乡差异化发展的映射，由于国家的战略发展需要，以工业化、城市为重点发展对象，农村提供无私的支援和帮助，同时因为流动性政策和户籍等政策的限制，导致城市农村的二元格局，农民产生身份认同和发展的差异性思维。三是商业化的浸入，使农村那些敢于冒风险的人的境况发生了很大的变化，这些都引发对原先集体合作化发展方式的热情出现动摇，从而引发集群效仿的效应，这一点以浙江最为明显。四是农村生产合作和生活方式的差异性，农村的生产以生产队为单位，但是消费却以家庭为单位，特别以家庭的劳力为绩效计分，从而产生了平均主义的表面背后，因家庭劳力的差异导致家庭生活的差异性变化，产生新的不平等。五是合作化过程中的"搭便车"行为，使农村集体合作发展方式出现离心现象，这使农村对改革之前农村的发展方式产生了很大的动摇性，客观上要求形成一种新的发展方式，以解决农民的消极意识。

但是集体合作式的农村发展方式，同样也给农民带来一些积极的反应式思维。他们意识到农村发展不仅与自己有关，而且还与很多外部力量，特别是政府有关。从而强化了农民关于生存发展的自主性意识，也培育了农民参与性意识。

2. 生存与发展：农民自主性意识的强化与变迁

詹姆斯·斯科特认为，农民首要关注的是"生存安全"问题，这是

---

① [美]黄宗智：《长江三角洲小农家庭与农村发展》，程洪、李荣昌、卢汉超译，中华书局2000年版，第11页。

② 章敬平：《浙江发生了什么》，东方出版社2006年版，第3页。

他们自主性意识的主要目标,任何能够给他们解决生存安全的措施,农民都会表示热烈的欢迎,在国家嵌入农村的发展过程中,农民虽然更多体现反应性意识,但是这种反应性意识主要是以自主性意识为参照系的。如果没有这个自主性的参照标准,反应性意识就会发生转向和变迁,从这个意义上说,那种反应性意识,是一种嵌入性的自主意识。当农民在集体合作制下,解决不了温饱问题的时候,农民开始寻求他路。一是自己的闯荡,二是寻求政府管理路径的改变,还有就是寻求两者之间的调试和融合。在浙江就出现了各种走乡串户的小贩子,在街头摆摊的小摊贩,以及各种生产性经营的走私贩,同时在土地上开发各种自留地、滩涂地等,以增加家庭收入。

随着私营经济的发展以及家庭经营制度的推进,农民再一次获得了解放,农民的主体性观念逐步形成,自主意识逐渐增强,政治权利观念开始觉醒,法治意识也逐渐强化,尤其是随着国家又一轮对土地政策的调整,农民对土地资源的商品化、资本化、价值性、增值性以及对土地拥有的各种权益的理性认识也越来越清晰,农民的维权意识也越来越明显,使农民在发展过程中,形成发展性自主意识。

随着农村经济体制改革和对外开放政策的推进和实施,农民长期封闭型的生活环境逐渐被打破,农民的传统观念也遭到了激烈的冲击,开始向现代观念转变。农民的发展性自主意识主要表现在以下几点。一是乡土观念逐渐淡薄,城乡一体化观念逐步明显;二是宗族观念开始淡化,对差异多元开始适应;三是农本观念逐渐消退,商品经济观念意识逐渐增强;四是传统生活方式大为改变,对新村生活方式逐渐适应。农民追求利益的观念也由单一性向多样性过渡。农民的政治诉求不再是单一的、零碎的,而是多样的、复合的。农民对村社政治的认识由肤浅逐步走向深刻;对村社政治的参与也由被动逐步走向主动;对村社政治的态度由消极逐步走向积极;尤其是围绕土地,渴求国家对农地制度政策再次创新与调整,实现"为富求变",谋求和谐有序的小康生活。

因此在农村和谐有序发展过程中,既要注意农民自主性意识问题,还要注意在农村建设过程中反应性意识的变迁,不断调整、完善引导和治理的策略路径,以建设一条符合农民利益需求和发展需求的社会主义新农村建设的和谐有序的发展道路。

（二）农村和谐有序发展道路的治理实践

国家秩序和农村秩序既相互依存，又相互分离。可以说，农村治理体制属于国家体制的一部分，是国家进行农村治理构造的行为模式。在传统中国，农村治理包含着国家行政权力和社会自治两个方面，农村社会在这两种权力的相互作用下实现其治理过程，实行费孝通所说的"双轨政治"。①

传统意义上，农民认为生存发展是自己和家庭的事情，外部力量是可望而不可求的。农村基础秩序主要依赖于宗法制度和秩序伦理，政府只是一种辅助性的角色。因而中国传统的农村治理的一个重要特点是皇权止于县。国家的正式政权机构只设在县一级，县以下设置相应的组织与管理机构，承担户籍、税赋、治安及教化的责任。由本地有能力、有权威的乡绅担任乡里组织领袖，协助官府办理乡里事务，实行官僚体制下的农村自治。正是基于这样的历史事实，胡如雷指出："乡里、保甲等基层政权总是掌握在当地的'乡贤''望族'手中，成为乡绅地主欺压农民的工具。封建国家就是依靠这些地主绅士，作为政治统治的基础。"② 乡绅掌握着农村基层社会的公共权力，操控农村公共权力的运行过程，由此形成了中国独特的乡绅治理体制。

农村的道义基础主要在于村落自身，依靠自身的秩序伦理和熟人制度自我地维持生存和发展，除了国家用一般的赋税劳役干预农村以外，都是自我维持和运转的共同体，体现一种自然演化的秩序发展局面。但是随着新中国的建立，为了国家政权的巩固以及整体化发展的需要，国家对农村的渗透深入而彻底，由此形成了社会国家化的农村秩序发展格局，这可以说是一种统制性治理。

统制性治理

基于国家政权巩固和社会发展的战略需要，新中国成立以后，国家政权开始深入农村基层社会，加强对农村社会的控制。农村基层治理开始国

---

① ［美］费孝通：《费孝通选集》，天津人民出版社1988年版，第125页。
② 胡如雷：《中国封建社会形态研究》，生活·读书·新知三联书店1979年版，第149页。

家化、行政化、权力化。逐渐建构起一套"政社合一"的统制性农村治理体制，主要表现为人民公社制度。国家权力一直延伸到农户，公社社员同时是国家政权体系的一份子，实现了真正意义上的"政权下乡"。

"人民公社体制的一个重要后果是国家权力对农村的全面渗透，从而打破了千百年来农村的血缘地域限制。农村社会以生产队、生产大队、公社的层级组织加以组合，生产资料实行'三级所有，队为基础'。"[1] 人民公社体制的突出特点是政社合一。正如《农村人民公社工作条例修正草案》所说，公社"是我国社会主义社会在农村的基层单位，又是经济组织，又是政权组织，既管理生产建设，又管理财政、粮食、贸易、民政、文教卫生、治安、民兵和调解民事纠纷及其他基层行政任务，实行工农兵学商结合，成为经济、文化、政治、军事等的统一体"。人民公社组织将多种功能集于一身，真正体现了政权下乡、政党下乡、行政下乡、政策下乡和法律下乡[2]，实现了对农村的整合式治理。具体来说，原来由家族组织负责的社会教育、治安、司法诉讼以及收缴赋税都收归公社，家族功能日渐萎缩；原来由单一家庭负责的私人生产、劳动都归于公社组织。每一位村民被严格地束缚在公社组织内，参加由公社组织安排的统一劳动、统一分配，固着在农村从事集体农业生产经营。国家委派的公社干部把握着党、政、财、文大权，实行统一管理。从而为利用行政手段管理经济提供了组织保障，同时又为行政机构全面干涉农村社会经济生活的各个领域奠定了组织条件，形成了一种全权全能主义的农村基层治理体系。

应当肯定，"政权下乡"，特别是"政社合一"的人民公社制度，推进了国家的一体化，国家的动员和整合能力大大增强。同时，推进了农村的现代化，农村社会纳入到了国家体系之中。然而，由于特殊的现代化道路，使20世纪中国的"政权下乡"带有很强的传统国家特性。这种政经不分、高度集中的体制，实质是"把集体经济组织当作国家基层政权的

---

[1] 张厚安、徐勇、项继权等：《中国农村村级治理——22个村的调查与比较》，华中师范大学出版社2000年版，第9页。

[2] 徐勇：《现代国家、乡土社会与制度建构》，中国物资出版社2009年版，第203—263页。

附属品,以政化社,使集体经济完全失去了自主权和独立性"①。国家的治理体制仍然围绕便于从农村汲取资源的总体目的而建构,而且由于国家的一体化能力增强,农村的资源汲取能力大大提高。

自治与分治

统制式治理在农村随着时间的推演,对于农民的热情越来越呈现边际递减的效应,集体化合作带来农村经济的增长,但并没有带来农民收入的增长。农民依然处在贫穷的状况下,而且还有了更多的约束性限制。自古有农民善分不善合的说法,他们开始从传统中寻找可能的路径,也在实践中为家庭收入的增长探索新的路径。

20世纪80年代初,"农民开始自发突破原有治理体制带来的困境,兴起了以家庭联产承包责任制为主要内容的经济体制改革。其探索出的家庭承包经营制,极大地调动了农民群众的生产积极性,并直接冲击了人民公社体制,导致了人民公社制度的解体"。"其结果不仅使农村经济管理体制发生变革,同时也带来农村政治社会体系的重大变动,并产生出新的问题。"②

家庭承包责任制包含着重大的思想交锋,其中,正是在关于所有制的交锋过程中,最终解决了思想观念上的认知,认为"包产到户是经营管理问题,不是所有制问题,不是方向问题;是个人负责制与产量责任制相结合的一种较完善的责任制;是个人计件小段包工演变而来的,是经营管理中必然出现的一种形式"③。

于是,国家也开始自觉反思原有体制存在的问题,进行新的经济模式的优劣分析。家庭承包经营制虽然取代了人民公社时期的生产经营方式,但与新的农村经济体制相匹配的新的治理模式尚未建立,由此导致了一系列的新问题。农村社会因长期沿袭的严密控制体系的突变而"失范",出现了一定程度的失序和混乱。针对这一情况,中共中央1982年[一号文件]在批转《全国农村工作会议纪要》的前言中指出:"最近以来,由于

---

① 陈吉元、陈家骥、杨勋主编:《中国农村社会经济变迁(1949—1989年)》,山西经济出版社1993年版,第11页。
② 徐勇:《中国农村村民自治》,华中师范大学出版社1997年版,第26页。
③ 卓勇良:《解放思想:浙江改革发展的根本经验》,浙江大学出版社2008年版,第10页。

多种原因,农村一部分社队基层组织涣散,甚至陷于瘫痪、半瘫痪状态,致使许多事情无人负责,不良现象在滋长蔓延。这种情况应当引起各级党委的高度重视,在总结完善生产责任制的同时,一定要把这个问题解决好。"①

正是在农民自主探索和政府自觉回应的基础上,农民群众在经济体制改革中创造了村民自治的农村基层治理形式。1980年年底,广西宜山和罗城两县的农民在自己推举的带头人的组织下,率先选举成立中国最早的村民群众自治组织(当时名称不统一,有的叫"管委会"、有的称"议事会"、有的叫"治安领导小组"等),制定了基于民主选举、民主管理和民主监督原则的村规民约。之后,四川、河南、安徽、山东等部分地区也陆续出现了类似的组织形式。

鉴于此,1982年12月,五届全国人大新修改的《宪法》第九十五条规定:"乡、民族乡、镇是我国最基层的行政区域。"第一百一十一条规定:"城市和农村按居民居住的地区设立的居民委员会或者村民委员会是基层群众性自治组织。居民委员会、村民委员会的主任、副主任和委员由居民选举。居民委员会、村民委员会同基层政权的相互关系由法律规定。""居民委员会、村民委员会设人民调解、治安保卫、公共卫生等委员会,办理本居住地区的公共事务和公益事业,调解民间纠纷,协助维护社会治安,并且向人民政府反映群众的意见、要求和提出建议。"由此在法律上确立了"乡政村治"的农村治理新体制。即在乡镇建立国家政权,对农村实行行政管理;在村庄建立村民自治组织,实行村民自治,自我管理村庄事务。从此,"乡政"与"村治"以多种形式和途径在中国农村社会展开互动,构成一种具有显著的时代特点和中国特色的政治现象和现代农村治理新格局。

1983年10月12日,中共中央下发了《关于政社分开、建立乡政府的通知》,着重阐述了实行政社分开、建立乡政府的目的、意义和内容等。在中央的重视和支持下,各地逐渐开始了政社分开、建立乡政府的改革。同时,开展了在乡以下建立村民委员会的试点。到1985年,全国完

---

① 中共中央文献资料研究室编:《三中全会以来重要文献选编》(下册),人民出版社1982年版,第1061页。

成了"社改乡""队改村"的工作,充分体现了分治的特色。

由此可见,村民自治和分治是农民群众在建设有中国特色社会主义基层民主政治上的伟大创造,"乡政村治"是国家对现代农村治理体制的理想建构。通过"乡政村治"的制度安排,国家试图让农民群众自己依法办理自己的事情,国家只负责办理农民无法自己办或应当由国家办理的事务,从而可以较好地调动国家与农村社会两个方面的积极性,实现国家权力与农村社会权力的良性互动。

村民自治的推行和"乡政村治"体制的构建,意味着国家政权主动从村庄撤离,实质是国家向村庄和村民下放部分农村治理权,由村民群众依照法律规定对村庄公共事务实行自我管理,是一个国家向农村社会分权,主动推动农村民主进程的改革过程。农村治理体制的这一根本性改革,主要受以下因素影响:

第一,顺应农村经济体制改革的需要。在"政社合一"的农村治理体制下,农村治理的权力过于集中于国家。这不仅使得农民群众的公共参与和民主权利难以落实,而且使农民的生产经营主体地位"虚置",严重压抑了农民的生产积极性,造成农业经济长期的低迷徘徊、农村社会的贫穷落后以及农民群众的普遍贫困化。为摆脱农村经济社会发展的困境,调动广大农民群众的积极性,20世纪80年代初,中央尊重农民的创造,逐渐在农村推行了以家庭联产承包制为核心的经济体制改革。家庭承包制将土地等生产资料由集体承包给农户,以农户为单位进行生产经营和分配。其核心是将生产经营权下放给农户,使农民成为生产经营主体,由此重构了农业生产的微观组织,扩大了农民的生产经营自主权,充分调动了农民群众的生产积极性。农村经济体制改革势必要求农村治理体制作出相应的调整,特别是需要从政治社会方面保证农民生产经营的主体地位和自主权力。"乡政村治"治理体制正是顺应了农村经济体制改革的需要:一方面,实行村民群众自治,有利于保证农民利益不被随意侵害;另一方面,关系农民群众利益的公共事务和公益事业有了管理组织和人员,因农村经济体制改革及其导致的人民公社制度解体而造成的农村社会"失范"和混乱问题也因此得以解决。

第二,国家民主化的客观要求。从理论上分析,现代国家建设内在地包含"民族—国家建构"和"民主—国家建构"两个方面。在改革以前的中国现代国家建设过程中,"民族—国家"与"民主—国家"建构不同步,国家的一体化与国家的民主化进程不均衡,民主化相对滞后。由于经济落后及其造成的"落后就要挨打"的危机意识,和国家内部的裂变性及其引起的外部冲击,使"民族—国家"建构始终处于最为迫切的地位。民族主义与民主主义相比,始终处于优先地位。在国家转型中,统一的中央国家机器得以建立,但能够保证国家机器持续运转的制度体系、健全的公民社会及广泛的国家认同有待进一步建构。从某种意义上说,20世纪80年代初实行村民自治和"乡政村治"农村治理新体制是国家民主化进程的必然结果。农民通过村民自治参与农村基层公共事务的决策和管理,体现着基层直接民主原则,是国家民主化进程在农村的具体体现。

民主始终是中国共产党的追求。新中国成立以后,农民成为了平等的国家主人,随着国家治理农村体制的变化,农民参与农村治理的民主权利得到了国家法律的确认和保护。即使在合作化和人民公社时期,农民的民主管理权利也一再受到中央强调和国家制度的规定(尽管在权力集中的体制下没有得到有效落实)。党的十一届三中全会以来,民主化的价值取向逐渐在中国占据了主导意识形态的位置,从而使扩大农村基层民主作为一个原则规定了下来。早在党的十一届三中全会上,邓小平在其所作的主题报告《解放思想,实事求是,团结一致向前看》中就强调了民主的追求。他指出:"当前这个时期,特别需要强调民主。因为在过去一个相当长的时间内,民主集中制没有真正实行,离开民主讲集中,民主太少。"并提出"要切实保障工人农民个人的民主权利,包括民主选举、民主管理和民主监督……必须使民主制度化、法律化,使这种制度和法律不因领导人的改变而改变,不因领导人的看法和注意力的改变而改变"[①]。1981年,党的十一届六中全会通过了《关于建国以来党的若干历史问题的决议》,提出"逐步建设高度民主的社会主义政治制度,是社会主义革命的根本任务之一"。[②] 党的十二大更进一步指出,社会主义民主要扩大到政治生活、经济生活、社会生活的各个方面。正是在这样的背景下,1982

[①] 《邓小平文选》第2卷,人民出版社1994年版,第144、146页。
[②] 中共中央文献资料研究室编:《三中全会以来重要文献选编)(下册》,人民出版社1982年版,第819页。

年12月通过的《中华人民共和国宪法》从法律上确认了"乡政村治"的农村治理体制。

"乡政村治"体制作为中国农村治理制度的历史延续,势必具有一定的继承性,与历史上的农村治理存在着形式和内容上的种种关联。因此在研究现代农村治理结构和运行机制时,不应忽视其与以往农村治理制度之间的联系。同时,"乡政村治"体制作为中国农村治理制度的一种创新,势必具有独特性,与历史上的农村治理存在着形式和内容上的各种差异,呈现出自己的特色。因此在研究现代农村治理时更需要深入分析其现代特性和中国特色。

总体而言,"'乡政村治'治理模式的核心是在坚持国家统一领导的同时,重视农民群众的参与,体现了国家与社会的分权原则"[①]。"乡政村治"治理体制的构建是中国农村社会民主的一大进步。这一制度将国家的农村基层政权定位在乡镇,在乡镇以下实行村民群众自治,其实质是将原来由国家包揽的农村基层公共事务管理权部分下放给农民,使农民群众在获得经济自主权的基础上拥有政治自主权。邓小平说:"把权力下放给基层和人民,在农村就是下放给农民,这就是最大的民主。"[②]

从管制到自治和分治,是农民自主意识引导下的探索过程,也是政府在适应性迎合、包容性引导、鼓励性促进的回应过程,这两种力量的结合,在农民利益诉求过程中引发农村管理方式的变迁。

共治与善治

农村自治和分治体现了农民自发和政府自觉互动而产生的农村治理路径。调动了农民追求发展的积极性,盘活了农民经济,推动了农村的发展。就浙江而言,农民创造了很多经济发展的奇迹,成就了一系列农村建设的伟业:第一座农民城,第一个个体工商户,第一家农村股份合作制企业,第一批专业市场,第一家农业合作社,第一个土地流转中心(土地信托银行),第一家农业跨国公司,第一次村务公开,第一次罢免村官,全国最多的农民老板。[③]

---

① 徐勇:《中国农村村民自治》,华中师范大学出版社1997年版,第32页。
② 《邓小平文选》第3卷,人民出版社1993年版,第252页。
③ 毛丹:《村庄大转型:浙江农村社会的发育》,浙江大学出版社2008年版,第252—254页。

但是自治和分治也面临着重大的难题。主要包括农民自治和分治的边界、内容、成本、治理能力，治理主体的职责界定，互动中可能存在的分歧矛盾的化解，以及在治理过程中面临新的变化等，从而村庄治理再度面临转型。

对于农村治理来说，"乡政村治"首先需要确立各个治理主体的治理边界问题。村庄事务涉及社会安全、基础设施建设、农村经济事务的发展、公共物品和服务的供给以及各种政策性事务的处理（如税收、补贴、计划生育、邻里纠纷……）等。学界曾根据物品分类，提出了政府供给和其他主体供给的理论依据，为自治和分治提供了一定的理论和实践参照。但是在具体实践互动过程中，往往会出现越位、失位、缺位现象。导致农村发展出现多头管理、真空和扯皮推辞现象。

其次，是农村发展过程中面临薄弱环节：主要包括治理成本高、治理能力、制度科学化水平等的不足。改革初期，虽然国家从制度层面上确认了村民自治，理论上国家权力开始向社会回归，但由于民主、自治观念还没有真正深入农村，加上制度本身的缺陷和国家对传统管理方式的"恋恋不舍"，农村自治实际上是一个缺乏社会功能的低程度自治，整个农村社会并没有走上法律所期许的高度自治的状态。著名社会学家毛丹基于浙江的调查研究总结出，家庭联产承包责任制虽然很大程度上促进了农村经济发展，缓解了国家财政压力，但事实上，村民自治所确立的"国家弱主导型"模式既无法回应市场经济对农村社会，特别是农村集体经济所造成的冲击，也无法回应服务型政府需求的现代潮流。[①] 农村自行组织社会生活的空间，生产、生活以及社区活动的农村集市网络，由于自身能力的不足，加上缺乏国家提供的公共物品和公共服务保障，社会不平等问题无从缓解，如果遭遇自然灾害、战乱等，农村地区更是会凸显贫、弱、散、乱的特征。

再次，是村民自治中出现的新问题。在浙江，村民自治的民主化路径有了很多的创新，但是在民主选举、民主决策、民主管理和民主协商等环节依然存在许多需要克服的问题，如村官贿选、村官贪污腐化、村官治理中的多元主体的冲突、村官管理的制度化、科学化、处理关系的不足、管

[①] 毛丹：《村庄大转型：浙江农村社会的发育》，浙江大学出版社2008年版，第132页。

理中的多元互动机制等。从而在权力制约、制度防腐、民主化参与、财务公开、事务公开等方面,需要政府等多元主体的介入。

最后,是新的社会力量的崛起。随着家庭承包责任制、民营经济的发展、体制外市场主体的形成,以及人口流动导致农民入市、入政和入团以及外来务工人员的增加,农村出现了多样化的互动主体,他们参与到农村社会事务中来,使得农村自治不单纯是农民自己的事务。主要包括:

1. 新富参政现象。新富参政是指现行富裕起来的企业家、工商户或种养殖大户,他们不仅依靠自己灵活的头脑和辛勤的劳动,成为先富起来的农村经济能人,而且基于政治参与的诉求开始通过民主选举参与村庄政治。

2. 民间社会组织的发育。随着社会的发展,浙江农村的社会组织不断壮大而成为一股新的势力。它主要包括以下几股势力:第一是几十万的经纪人,不仅给农户提供了原材料、加工技术等方面的信息,而且帮助农户销售他们生产出来的农工商产品。先找市场和买主,再组织生产,规避风险、利润可期。第二是农工商专业大户带动作用,提供生产资料、资金、管理以及销售等方面的帮助。第三是村庄的集体组织。第四是专业协会、行业协会或合作社的壮大。[①]

3. 外来人口不断增多。随着浙江经济的发展,民营企业和乡镇企业是浙江经济发展的主要动力所在,因而吸引了很多外来人口就业,外来人口的增多,增加了治理的难度,并带来许多新的问题,本地人与外地人、外地人与外地人及其相关事务、治安、计划生育、社会活动等已经远远超过农村治理的能力范围之外,需要相应管理主体的介入才能得以解决。

4. 农村发展过程中出现的新问题。随着人口流动,企业经济的发展以及中心镇的建立和规模的扩大,很多农村人口锐减,出现空巢老人、留守儿童、空心村现象。这些因素,加之山区、库区农村遭受自然灾害导致的搬迁等,使得村庄转型和变化:部分村庄转变为村镇,部分村庄整体搬迁乃至消亡,部分村庄衰落和空心化,出现职业分化、家庭搬到城镇、兼业家庭等现象;出现土地流转现象,常年流转、季节性流转和土地股份制

---

① 毛丹等:《村庄大转型:浙江农村社会的发育》,浙江大学出版社2008年版,第255—256页。

合作，土地转包、倒包、代耕、委托经营和建立农业车间等形式；出现企业经营的兼并、重组、扩大、倒闭，外向型经济以及各种合同纠纷等，这些问题的解决都需要多元合作和共治。

这些问题的出现，说明农民自治不完全是解决问题的出路。农民自治解决了很多问题，特别在提高农民积极性、自主性发展和治理方面发挥了突出的作用，但是瑕不掩瑜，在农民自治的基础上，必须还要有其他主体的介入，才能使农村发展更加和谐有序。发展要有新思路，改革要有新突破，开放要有新局面，各项工作开展要有新举措[1]。浙江在积极完善和创新村民自治的同时，不断完善其他主体特别是地方政府和民间社团组织参与农村治理的新方法和新路径。由此可见，农村发展需要发展农村的主体系统和辅助系统：一是路、水、电等公共基础设施，包括农田水利设施建设等；二是农民进入市场的中介组织，如合作社、专业协会、农村经纪人等；三是应由政府提供的公共服务，如教育、医疗、养老、社会保障等；四是由私人或公共机构提供的生产、生活资料服务，比如种子、化肥、农药等生产资料以及超市、体育、文化活动等生活辅助设施；五是技术研发、技术推广、资金、信息、专业人才等带有公共物品性质的生产发展服务。[2]

卓勇良在他的《解放思想：浙江改革发展的根本经验》一书中提到面对农村发展的现实问题，需要依据浙江省提出的"八八战略"和统筹发展战略要求，努力体现体制机制优势、区位优势、块状特色产业优势、城乡协调发展优势、生态优势、山海资源优势、环境优势、人文优势。努力做到几个统筹：一是统筹城乡发展，包括制度创新、打破体制性壁垒、剩余劳动力转移、平等权利和发展机会的保障、以城带乡、以工补农、城乡互动、工农联动、优化农业和农村经济结构、统筹城乡基础设施建设、提高农民的物质文化生活水平。二是统筹新农村基础设施建设，包括饮水工程、医疗健康、社会保障；道路基础设施、教育、商业网络布局；交通、电力、供水、排污、信息网络等；劳动就业、财政税收、居民户籍，

---

[1] 卓勇良：《解放思想：浙江改革发展的根本经验》，浙江大学出版社2008年版，第165页。

[2] 同上书，第269页。

创造生产环境、生态环境和生活环境。三是统筹区域发展，实现区域互动、发展规划衔接、交通对接、旅游联动、信息共享和科技、教育、环保、物流、质检、市场准入、商标保护、信息监管等领域合作。四是统筹和谐发展，追求人与自然的和谐。五是统筹协调发展，如内外开放、产业结构优化、提高竞争力，人才技术管理等。六是统筹全面发展，包括软硬环境建设如百亿基础设施、百亿信息化建设、百亿科教文卫建设、百亿生态环境建设、百亿帮扶致富建设工程。[①]

毛丹等人认为，浙江农村在善治方面已经取得了很大的进步，已经率先寻找农村的"善治"之路。所谓善治，是国家权力向社会回归，善治的过程还是一个还政于民的过程，"善治"表示国家与社会的良好合作，从全社会的范围看，善治离不开政府，但更离不开公民，善治有赖于农民自愿的合作和对权威的自觉认同。没有公民的积极参与及合作，至多是善政，而不是善治。善治的基本要素是合法性、透明性、责任性、法治、回应、有效。[②]

农村家庭联产承包责任制和农村企业经济的发展，公民社会的制度化建设，农村民主政治的发展和完善，村民自治组织体系不断完善，农村经济的市场化程度提高，使得村庄出现巨大转型，这些转型必然要求相应理论策略的改进与创新。

（三）推进农村"善治"的策略性建议

面对新的变化趋势，农民的自主性意识和依附性意识的共存，意味着农村的自治和共治并存，也意味着不仅需要完善村民自治组织、制度和治理环节，还要强化共治，以至于走向善治。善治首先需要面对共治的多元主体的互动组合问题、合作治理的方式问题以及面对治理的内容问题。就此而言，善治必须体现多元主体治理的网络化、治理方式的民主化和治理内容的精细化。

---

① 卓勇良：《解放思想：浙江改革发展的根本经验》，浙江大学出版社2008年版，第165—168页。

② 毛丹：《村庄大转型：浙江农村社会的发育》，浙江大学出版社2008年版，第181页。

1. 网络化治理

网络化治理是随着新公共管理的实践所带来的问题而提出的。新公共管理运动在世界范围内兴起以来，运用企业化、市场化、社会化和私有化的方式对政府进行改革，运用工商管理的方法实施管理，如通过合同外包、竞争招标、使用者付费等方式进行公共事务的管理和公共物品的供给。虽然调动了各方面参与政府和社会的治理的积极性，获得很大的反响和收益，但是新公共管理带来的最大问题就是使公共事务管理出现分割和部门碎片化现象，从而使信息互享、服务供给质量保障、部门协调等难题制约着公共物品供给和服务。

如何将多元主体协调起来，以通力合作共同致力于公共事务的治理，成为新的课题。于是，网络化治理应运而生。它首先出现在英国首相托尼·布莱尔签发的《现代化改革计划》中。"英国政府所面临的许多最艰巨挑战都无法轻松地适应我们传统的政府结构。""我们必须在政府之间进行更好地协调和更多的团队合作，才能应对新世纪的挑战。"[1] 后来，澳大利亚和美国等国家都提出了协同政府的管理模式。网络化治理虽然更多是从政府多角度提出，是善政的具体表现，但善政是善治的一部分。而且，网络化治理同样适用于在多元主体治理路径下的合作式治理。罗茨将之称之为是"政府与民间、公共部门与私人部门之间的合作与互动，是建立在信任和互利基础上的社会协调网络"[2]。斯蒂芬·戈德斯密斯和威廉·D. 埃格斯认为，网络化治理象征着世界上改变公共部门形态的四种有影响的发展趋势正在合流。一是第三方政府，长达几十年来一直不断加大利用私人公司和非营利性组织而不是政府雇员来提供公共服务，实现政策目标；二是不断倾向于联合若干政府机构，有时甚至多级政府一起提供整体化服务；三是数字化革命，目前的先进技术能够使组织用以往不可能的方式与外部伙伴进行实时合作；四是消费者需求，公民要求更多地掌控自身的生活，要求在政府服务中拥有更多的选择权，要求政府的服务更加

---

[1] Social Exclusion Unit, "What Is SUE?", http://www.socialexclusionunit.gov.uk/what_is_SUE.htm. January 2004.
[2] [美] 罗伯特·罗茨：《新的治理》，载俞可平：《治理与善治》，社会科学文献出版社2000年版，第86—106页。

多元化。这些不断上升的需求正好与私人部门已经繁殖的个性化（特制的）服务供应技术相吻合。①

网络化管理是基于多元治理主体的互动,治理边界模糊不清的现实而发展起来的,也是基于治理的实践经验以及技术革命的现实而发展起来的。从历史上讲,政府已经在很大范围内与私人公司、各种协会和慈善组织开展合作,实现其公共目标,并提供各种公共服务。技术的进步和更广泛的经济社会变革等因素却导致人们开始倾向于组织的网络化模式。虽然有政府的领导和管理,但第三方政府的服务递送模式,即政府机构之间的合同、商业化、公司伙伴关系、外包、特许协议和私有化等形式,都应该算作步入网络化治理的核心内容。包括医疗和卫生保健、环境清理与修复、扶贫项目、岗位培训、高速公路和污水处理等,都是通过公司伙伴关心进行管理的。②

立足于这些现实,浙江很多地区也开始出现网络化治理模式。如浙江舟山普陀区就开始实行"网络化治理、组团式服务"的管理模式,并于2007年试点推行,于2008年在全区范围推行。具体来说,它在乡镇（街道）、社区（村）大格局不变的情况下,把乡镇（街道）划分为若干个单元网络,组建相应服务团队,点对点、面对面地为群众提供服务,并紧密结合现代数字技术搭建管理服务平台,实现管理服务人性化和数字化的有机结合。它把全区12个乡镇（街道）,73个社区（村）,12.4万户共32万居民,划分成706个网络,全区居民被定位到单元网络中,每个网络配备一个服务团队,每个服务团队由1—2名乡镇机关干部、1—2名社区干部、一名医护人员、一名教师、一名民警等组成,服务团队的任务是主动发现区域内的问题,定期不定期联系群众,协调解决群众反映的问题和困难;明确管理事务、责任和管理流程,从而快速有效地解决问题③。

网络化管理不是替代村民自治和分治,而是在各种交叉性事务中,提供一种交叠管理的路径,使农村管理不留死角,是在高度自治理基础上的

---

① [美]斯蒂芬·戈德斯密斯,威廉·D.埃格斯:《网络化管理:公共部门的新形态》,孙迎春译,北京大学出版社2008年版,第8—9页。

② 同上。

③ 孟阿荣、黄俊英:《浙江农村基层的"网格化管理"探索——记浙江舟山普陀区》,《观察与思考》2008年第23期。

合作治理。自治理首先是高度的自治，包括高度组织化治理，即选举村"两委"以及发展自己的组织社团治理和内在化治理，即依其民间德行、教化、风俗和互信而产生的相互认同、适应、关照和协同治理。① 其次是合作式治理，包括依附型合作（主导主体和从属主体共治）、权力分享型的合作治理（分权、责任明确、治理内容界定明确等）和伙伴关系下的合作治理（契约、合同的平等协商式治理）。②

多拉德·凯特尔提醒我们，虽然通过网络模式创造出的公共价值会比通过层级模式创造的公共价值还要多。但我们也必须认识到实施这一新模式所带来的巨大挑战。③

这些风险的有些部分与组织结构和交易定制有关。必须保证更大众化的公共目标不会受到践踏，保证私人的参与是适当的，能够提高利用效度的。政府的组织、管理和人事制度是为等级制征服模式而不是为网络化政府模式设计的，因此，两种管理模式在实际运行中经常会发生冲突。应该说，管理一大堆供应商网络与管理政府雇员的方式肯定不一样，它要求一种完全不同于政府及其公民已经习惯了上百年的公共管理模式。政府不应该通过伙伴关系来回避自己对公共服务质量和是否提供服务等问题所承担的最终责任。④ 管理中主要包括目标一致的困难、协调和监督的困难、能力不足和问责问题。

因此，斯蒂芬·戈德斯密斯和威廉·D.埃格斯认为，网络化治理需要围绕以下几个问题进行组网。即"1. 政府希望实现的目标是什么？2. 形成和激活网络时会利用什么样的工具？3. 谁会是能够帮助政府完成其目标的最合适的合作伙伴？4. 应该怎样针对既定的公开目标来设计网络？5. 应该如何管理和治理网络"。⑤

以此思路来共同提出问题，确定重要的公共价值观，明确治理目标；

---

① 敬义嘉：《网络时代的公共管理》，上海人民出版社2011年版，第43—45页。
② 同上书，第40—42页。
③ Donald Kettl, Sharing Power: Public Governance and Private Markets (Brookings, 1993), pp. 20—40.
④ [美] 斯蒂芬·戈德斯密斯，威廉·D.埃格斯：《网络化管理：公共部门的新形态》，孙迎春译，北京大学出版社2008年版，第19—20页。
⑤ 同上书，第52页。

选择正确的合作伙伴，具体要从文化的兼容性、经营能力、亲近顾客、邻里纽带和合法性等方面来选择；确定正确的网络类型，通过政府的参与程度，由低到高分别确立网络类型，包括服务合同、供应链网络、专门类型、渠道性伙伴关系、信息传播、联结交换台；建立网络的联系，包括建立沟通渠道，协调各种活动，建立关系和共享知识；明确治理的责任，形成网络的责任框架，在网络中实现结果，构架激励机制、共担风险，测评网络绩效，适应管理变化；强化网络化治理的能力，包括宏观思考、教练、调解、谈判、风险分析、合同管理、处理非传统问题的能力、人际沟通、项目与商业管理和团队建设等方面的能力训练。①

2. 民主化治理

农民自主性意识和依赖性意识的形成，从以下方面增强了农民的民主化诉求。第一，农民开始重视自身利益，从而使以往的义务本位让位于权利本位，积极主动去捍卫自己的权益。第二，农民深深意识到外部诸要素的嵌入同样可以影响自己的利益（或好或坏），但无论如何，这都促使人们积极参与到公共事务中去，去干预或者影响公共决策和管理方式，以保护自己的生存和发展性利益。第三，几十年农村自治的民主化实践，也不断培育和锻炼了农民的民主意识和实践能力。同时通信科技的进步，农民自身素质的不断提高，以及外部的示范效应，也对农民的民主觉醒意识起到了传播和渲染的效应。

民主化已经成为农村和谐有序发展实践中非常重要的治理路径，提供了各方治理的合法性路径。传统上，对于农村的治理，主要是行政指令性安排，农民表现为顺从性安排，缺乏广泛的自主性，但是随着改革开放以来的实践，农民对于自身事务有着高度的自觉性和自主性，对于外部的安排保持高度的敏感性，从而使得传统的行政指令性安排开始向着民主管理的路径转化。民主治理，是在各方参与、协商讨论的安排下，对于利益的获得和风险的共担达成共识，有利于农村和谐有序的治理。

浙江农村在民主化治理方面有重要的创新和贡献，除了闻名遐迩的温

---

① [美] 斯蒂芬·戈德斯密斯，威廉·D. 埃格斯：《网络化管理：公共部门的新形态》，孙迎春译，北京大学出版社 2008 年版，第 53 页。

岭恳谈和枫桥经验之外。自 2000 年举办地方政府创新奖以来，浙江获得很多地方政府创新奖，具体包括第一届的"浙江省金华市"干部经济责任审计；第二届的浙江省湖州市"户籍制度改革"、浙江省椒江区"县（市、区）党的代表大会常任制"、浙江省台州市"乡镇（街道）团委书记直选"、浙江省温岭市"民主恳谈"；第三届的浙江省绍兴市"政府办公室导入 ISO 9000 质量管理体系"、浙江省温州市政府的"效能革命"、浙江省长兴县教育局的"教育券制度"、浙江省武义县委县政府的"村务监督委员会"；第四届的浙江省义乌市总工会的"工会社会化维权模式"、浙江省宁波市海曙区人民政府的"政府购买居家养老服务"、浙江省瑞安市人民政府的"农村合作协会"、浙江省庆元县委组织部的"技能型乡镇政府建设"；第五届的浙江省杭州市政府的"开放式决策"、浙江省湖州市委组织部的"干部考核机制创新"、浙江省松阳县委县政府的"农村宅基地换养老"；第六届的浙江省慈溪市委市政府的"基层组织和社会组织协同治理是模式"、浙江省绍兴市人民政府的"中心镇权力规制"、浙江省温岭市的"工资集体协商制度"、浙江省杭州市综合考评委员会办公室的"公民导向的综合考评"、浙江省乐清市人大常委会的"人民听证制度"。

这些创新和成果虽然更多是从政府的角度出发，但却是浙江农村治理网络化主体互动共商的结果，体现了民主化治理方式，主要体现在民主选举、民主决策、民主管理、民主监督等环节上，确保了民众的知情权、决策权、参与权、表达权和监督权。对于农村事务的治理努力做到问情于民、问需于民、问策于民、问计于民，从而实现农村治理效益的最大化和管理的最优化。其民主化治理必须做好以下几个方面的工作，即关于权力构成的民主选举制度的完善、关于民主决策的民主协商机制的完善、关于民主管理的公民参与制度的完善、关于民主监督的信息公开、透明、责任制度的完善。

1. 探索权力构成的民主选举制度

随着农村自治的不断深入，农民政治参与诉求不断高涨，其自我服务和展示自我的政治抱负等方面的诉求，以及对权力的渴望决定了农村基层选举必须要进行完善。就浙江而言，自荐海选、公推海选、海推直选、组阁海选、承诺海选等新形式不断出现，甚至还出现竞选承诺兑现制度和委托选举制度等，确保选举公正、防止贿选发生等。

2. 协商民主的民主决策机制

民主协商大事是公民理性、制度理性和社会理性的综合体现，表现在公共事务中确保村民的平等权、知情权、参与权、话语权以及对决策的最终控制权，公民协商使得公共事务服从于理性思考和妥协性安排，从而有利于事务管理的有序化和可协调性。因此需要不断制度规划，使运行机制有序。近年来，浙江各地不断探索，创新出很多公民协商的民主模式，如温岭的民主恳谈、义乌的"901"工作室、杭州的开放式决策等，公民协商的民主决策机制因此获得很大的发展，充满活力。

3. 民主管理的参与机制

在农村事务管理中，除了村民自治以外，对于农村的很多事务，村民参与管理有利于农村事务管理的和谐有序，如许多民营企业，成立了工会，参与企业管理并邀请企业职工献计献策；农村治安的村民配合警察成立了巡视员；公共事务管理中，村庄有声望的人士参与协调，成立村级事务的农民监督员等，都对农村事务的和谐、有序、健康的发展提供了有效的治理模式。

4. 公共权力的民主监督制度

权力的合法正当的使用，是农村事务管理和谐有序的必要条件，而如果没有民主监督程序的保障，则权力可能会出现不正当的使用，从而扭曲农村资源配置，出现贪污腐化等。因此确保公共权力的民主监督是农村管理中必要的组成部分。

因此，从国家到地方都十分重视农村民主监督的制度化建设和运行机制建设。1998年中共中央发布《关于在农村普遍实行村务公开和民主管理制度的通知》，同年9月，中共浙江省委办公厅、浙江省人民政府办公厅转发省委组织部、省民政厅《关于在浙江省农村普遍实行村务公开和民主管理制度的实施意见》，其中，村务公开包括财务账目公开、干部报酬公开、集体资产经营状况公开、村民宅基地审批情况公开、转工转非和计划生育指标安排情况公开等"阳光工程"。

在地方民主监督过程中，更多地表现了财务公开和村务公开制度，出现武义的民主监督管理方法、杭州余杭的"双述双评制度"等。如杭州余杭区的"双述双评制度"，于2000年开始试点。所谓"双述双评"，是上级党委对村干部年度工作目标责任制实行"上考"与本村党员群众对村干部的"下评"的有机结合。其程序是先由各受评村干部就一年的工作业绩及不足进行述职汇报，参评者就其道德品质、勤政廉政、"双带"能力、遵纪守法、服务态度、工作实绩、综合评议7个方面，结合村干部的"双述"情况，以无记名方式进行评议。在此基础上，开展民主评议村干部的应得报酬，计算时去掉最高数和最低数，余下的平均值就是村干部的应得报酬。由于其效果良好，"双述双评"制度于2004年全面铺开。

"双述双评"制度的实施，改变了以往村干部报酬标准的"上定下发"和"自定自发"的做法，将群众的知情权、议事权和监督权真正落到实处，强化了村干部的民主意识、责任意识和廉洁自律意识，有助于解决长期以来困扰农村基层民主自治中易产生的腐败迹象。这一管理制度的优点是提高了村级班子的整体工作合力，激发了村干部的生机和活力。密切了党群、干群关系。[①]

俞可平认为，善治需要体现这样几个要素，即"合法性、透明性、责任性、法治、回应、有效"。[②] 民主化的治理路径在这几个方面，满足了善治的需求，因而成为农村治理的必要手段。但是民主化治理的完善必须注意以下一些问题的处理：一是民主选举的贿选、暗箱操纵以及暗中威胁、暴力冲突等事件的发生，以及民主选举产生不胜任人退出机制的制度化约束；二是民主决策过程中的公民不胜任问题，关于政策的可接受性和可执行性，公民的民主化参与协商，有利于公共事务的治理，但是涉及决策的质量以及事务的紧迫性处理时，公民的过度参与协商往往不合时宜；三是民主的过度参与，往往会降低公共事务管理的效率；四是民主监督的保护措施、法治化监督和回应机制的建立也需要不断完善。

3. 精细化治理

农村事务事无巨细，包括一个社会治理的方方面面。仅就新农村建设

[①] 毛丹：《村庄大转型：浙江农村社会的发育》，浙江大学出版社2008年版，第170—171页。

[②] 俞可平：《治理与善治》，社会科学文献出版社2000年版，第9—11页。

而言，毛丹认为，农村建设包括有形公共物品建设和无形公共物品建设，有形公共物品建设包括基础设施建设、文体娱乐设施建设、生活服务设施建设等；无形公共品建设包括休闲、娱乐等精神文化生活的建设。新型农村社区体系建设包括救助体系、服务体系和组织管理体系，这些体系可进一步细化。如新型的社会救助体系包括最低生活保障、敬老院、医疗救助制度；服务体系建设包括卫生服务、警务战略、就业服务、农技服务、老年福利服务、法律援助服务社区服务中心。[①] 萨瓦斯从物品分类的角度，将公共事务管理中物品和服务的生产和供给分为个人物品、共用资源、可收费物品、集体物品等，包括农业经济发展、农业收入补贴、培训和就业、社会服务、医疗服务、医疗补助、失业救济、社会治安、社会保障等。

通过我们在杭州余杭区公共服务满意度测评中，也可以看出农村公共事务的广泛性，具体包括：1. 生产类公共服务：农田水利建设、金融信贷服务、劳动就业服务、农业科技服务、农业信息服务、农产品营销服务。2. 生活类公共服务：人居环境和生活设施、资源保护和环境整治、文化娱乐服务、治安环境。3. 保障类公共服务：义务教育、医疗卫生服务、计划生育服务、社会保障服务。4. 公共服务的保障条件：四个民主、村务公开、落实惠农政策、基层政府服务、社会组织服务、村民参与情况、村"两委"班子、民情联络员。

农村事务范围的广泛和每项事务管理的深化，决定了对于农村事务善治的精细化，否则任何一个环节的治理不当，都会引发"蝴蝶效应"。"人民利益无小事"，因此对于农村社会和谐有序发展而言，要实行精细化管理。

温德成认为，精细化管理强调精、准、细、严。精，是目标，把日常工作、服务于管理做精，追求最好、最佳、最优化；准，指信息情报准确无误，对人、对事、对社会判断准确，决策、计划、政策制定准确，指令传递、执行、汇报准确，计量、统计数据准确，工作时间、衔接时间准确无误；细，指工作、服务和管理做细，操作细化、管理细化和执行细化；

[①] 毛丹：《村庄大转型：浙江农村社会的发育》，浙江大学出版社 2008 年版，第 141—145 页。

严,指严格执行标准、严格监管、严格控制偏差。①

在精细化管理方法上,强调细化:把管理工作做细的方法;量化:管理工作定量化、数据化;流程化,高效管理需要建立流程和改进流程;标准化:有标准,才能执行到位;协同化:协同配合、才能提高整体效能;经济化:节约成本是效能的另一半;实证化:精细化管理,需要求真务实;精益化:精益求精,不断改进。②

对于农村公共事务来说,要按照精细化管理的价值目标和管理方法,有针对地对农村事务进行精细化治理的技术设计和方法运用。

(四)结语

农民自主性意识和依赖性意识的生成,对于农村社会和谐有序的发展,有着积极和消极的影响,同时意味着农村的发展呈现了农民自主和他者自主的多元格局,农村的发展不完全是自治和分治所能解决的,必然是在自治和分治基础上的共治,这意味着农村的发展出现了自治、分治和共治并存的格局。要想使农村的发展和谐有序,既要关注治理主体的认知性诉求,又要关注治理的方式和治理的内容。农村的发展,不仅要善于自治,还要善于分治和共治。因此,善治需要对治理主体、治理方式和治理内容进行科学、有效的合理安排。时代的发展以及农民自主发展意识的生成,体现了多元主体通力合作的网络化、治理手段的民主化、公共物品提供和服务的精细化,以使农村走上和谐有序的发展路径。

需要注意的是,善治需要根据情景的变化和农民利益诉求的变化以及权利发展和生活多样化的特征,进一步微观深化地研究。

总的说来,农村和谐有序的发展,需要多元主体合作参与的有序,各种资源优化配置的有序,各项政策制度成龙配套方面的有序,治理策略和手段方面的有序,公共物品和服务提供的有序、基层民主政治建设安排和公民参与的有序,农民在市场化、城市化方面自由流动的有序、整合农民信仰与意识形态社会化方面有序,来建构中国有序发展的新路径。无论如

---

① 温德成:《政府精细化管理》,新华出版社2007年版,第20—23页。
② 温德成:《政府精细化管理》,新华出版社2007年版,第27页。

何，这种有序发展的路径应该体现"政府主导+市场推进+社会合作+政策调控+有序参与+有效认同"的新型的网络化治理、民主化治理和精细化治理的模式，保证农村又好又快地科学发展。

参考文献

1. **著作类**

[1] 蔡昉主编：《中国人口与劳动问题报告 No.11》，社会科学文献出版社2010年版。

[2] 车裕斌：《浙江山区村落经济社会变迁研究》，中国社会科学出版社2007年版。

[3] 陈吉元、陈家骥、杨勋主编：《中国农村社会经济变迁（1949—1989年）》，山西经济出版社1993年版。

[4]《邓小平文选》（第1—3卷），人民出版社1994年版。

[5]《建国以来重要文献选编》第3册，中央文献出版社1992年版。

[6] 费孝通：《费孝通选集》，天津人民出版社1988年版。

[7] 顾益康：《农民创世纪：浙江农村改革发展实践与理论思考》，浙江大学出版社2009年版。

[8] 国家统计局编：《中国统计年鉴（2011）》，中国统计出版社2011年版。

[9] 胡如雷：《中国封建社会形态研究》，生活·读书·新知三联书店1979年版。

[10] 黄宗智：《华北的小农经济与社会变迁》，中华书局2006年版。

[11]《江泽民文选》（第1—3卷），人民出版社2006年版。

[12] 敬乂嘉：《网络时代的公共管理》，上海人民出版社2011年版。

[13] 康来云：《中国农民价值观的变迁》，河南人民出版社2008年版。

[14] 李文：《中国土地制度的昨天、今天和明天》，延边大学出版社1997年版。

[15]《列宁全集》(第1—60卷),人民出版社1985—1990年版。

[16] 刘亚伟:《无声的革命:村民直选的历史、现实和未来》,西北大学出版社2002年版。

[17] 卢福营、刘成斌:《非农化与农村社会分层——十个村庄的实证研究》,中国经济出版社2005年版。

[18] 卢福营:《当代浙江乡村治理研究》,科学出版社2008年版。

[19] 卢福营:《农民分化过程中的村治》,南方出版社2000年版。

[20] 卢福营:《乡村社会变迁与乡村治理》,中国农业出版社2006年版。

[21] 陆学艺:《"三农论"——当代中国农业、农村、农民研究》,经济管理出版社2002年版。

[22] 陆益龙:《嵌入性政治与村落经济的变迁——安徽小岗村调查》,上海人民出版社2007年版。

[23]《马克思恩格斯全集》(第1—50卷),人民出版社1956—1985年版。

[24] 毛丹:《村庄大转型:浙江农村社会的发育》,浙江大学出版社2008年版。

[25]《毛泽东选集》(第1—4卷),人民出版社1991年版。

[26] [美] 莫里斯·迈斯纳:《毛泽东的中国及后毛泽东的中国:人民共和国史》,杜蒲、李玉玲译,四川人民出版社1990年版。

[27] 戚学森:《农村社区建设理论与实务》,中国社会出版社2008年版。

[28] 秦晖:《农民中国:历史反思与现实选择》,河南人民出版社2003年版。

[29] 秦兴洪等:《中国农民的变迁》,广东人民出版社1999年版。

[30] 沈迪云主编:《萧山市志(简本)》,方志出版社2001年版。

[31] 王伟光:《利益论》,人民出版社2001年版。

[32] 王禹:《我国村民自治研究》,北京大学出版社2004年版。

[33] 王自亮、钱雪亚:《从乡村工业化到城市化——浙江现代化的进城、特征与动力》,浙江大学出版社2003年版。

[34] 温德成:《政府精细化管理》,新华出版社2007年版。

[35] 夏勇等：《走向权利的时代》，社会科学文献出版社2007年版。

[36] 徐勇：《现代国家、乡土社会与制度建构》，中国物资出版社2009年版。

[37] 徐勇：《中国农村村民自治》，华中师范大学出版社1997年版。

[38] 衙前镇志编纂委员会：《衙前镇志》，方志出版社2003年版。

[39] 俞可平：《治理与善治》，社会科学文献出版社2000年版。

[40] 张厚安、徐勇、项继权等：《中国农村村级治理——22个村的调查与比较》，华中师范大学出版社2000年版。

[41] 章敬平：《浙江发生了什么：转轨时期的民主生活》，东方出版社2006年版。

[42] 张乐天等：《当代浙北乡村社会文化变迁》，上海远东出版社1995年。

[43] 张英洪：《农民权利论》，中国经济出版社2007年版。

[44] 赵鼎新：《社会和政治运动讲义》，社会科学文献出版社2006年版。

[45] 中共萧山市委党史办公研究室编：《历史的回顾——建国头七年中共萧山地方党史若干专题》，萧山市文联印刷厂1995年版。

[46] 《中国农村的社会主义高潮》，人民出版社1956年版。

[47] 周晓虹：《传统与变迁：江浙农民的社会心理及其近代以来的嬗变》，生活·读书·新知三联书店1998年版。

[48] 卓勇良：《解放思想：浙江改革发展的根本经验》，浙江大学出版社2008年版。

[49] ［德］斐迪南·滕尼斯：《共同体与社会》，商务印书馆1999年版。

[50] ［美］E. S. 萨瓦斯：《民营化与公司部门的伙伴关系》，中国人民大学出版社2002年版。

[51] ［美］R. 麦克法夸尔、费正清编：《剑桥中华人民共和国史——中国革命内部的革命（1966—1982年）》，俞金尧等译，中国社会科学出版社1992年版。

[52] ［美］阿尔蒙德等：《比较政治学：体系、过程和政策》，上海译文出版社1987年版。

[53] [美] 查尔斯·蒂利:《欧洲的抗争与民主（1650—2000 年）》，上海人民出版社 2008 年版。

[54] [美] 戴维·A. 斯诺等:《主框架和抗议周期》，载艾尔东·莫里斯等:《社会运动理论的前沿领域》，北京大学出版社 2002 年版。

[55] [美] 黄宗智:《长江三角洲小农家庭与农村发展》，中华书局 2000 年版。

[56] [美] 加布里埃尔·A. 阿尔蒙德，西德尼·维巴:《公民文化：五个国家的政治态度和民主制》，东方出版社 2008 年版。

[57] [美] 加里·S. 贝克尔:《人类行为的经济分析》，上海人民出版社 1999 年版。

[58] [美] 利普赛特:《政治人：政治的社会基础》，商务印书馆 1993 年版。

[59] [美] 罗伯特·罗茨:《新的治理》，载俞可平:《治理与善治》，社会科学文献出版社 2000 年版。

[60] [美] 罗伯特·帕特南:《使民主运转起来》，江西人民出版社 2001 年版。

[61] [美] 迈克尔·豪利特、M. 拉米什:《公共政策研究：政策循环与政策子系统》，生活·读书·新知三联书店 2006 年版。

[62] [美] 曼瑟尔·奥尔森:《集体行动的逻辑》，上海三联书店 1996 年版。

[63] [美] 塞缪尔·亨廷顿:《变化社会中的政治秩序》，生活·读书·新知三联书店 2008 年版。

[64] [美] 塞缪尔·亨廷顿:《第三波：20 世纪后期民主化浪潮》，上海三联书店 1998 年版。

[65] [美] 斯蒂芬·戈德斯密斯、威廉·D. 埃格斯:《网络化管理：公共部门的新形态》，北京大学出版社 2008 年版。

[66] [美] 詹姆斯·S. 科尔曼:《社会理论的基础》，社会科学文献出版社 1999 年版。

[67] [美] 詹姆斯·斯科特:《农民的道义经济学：东南亚的反叛与生存》，译林出版社 2001 年版。

[68] [美] 詹姆斯·斯科特:《弱者的武器》，凤凰出版传媒集团

2007年版。

［69］Daniel Little, *Understanding peasant China : case studies in the philosophy of social science*, New Haven: Yale University Press, 1989.

［70］David Blandford and Berkeley Hill, *Policy reform and adjustment in the agricultural sectors of developed countries*, Oxfordshire, UK: Cambridge, MA: CABI Pub., 2006.

［71］Donald Kettl, *Sharing Power: Public Governance and Private Markets* (Brookings, 1993).

［72］Goffman Erving, *Frame Analysis: An Essay on the Organization of Experience.* Cambridge, Mass.: Harvard University Press. 1974.

［73］Khan, Azizur Rahman and Carl Riskin, *Inequality and Poverty in China in the Age of Globalization*, Oxford University Press, 2001.

［74］Wang Gungwu, John Wong, *China: two decades of reform and change*, Singapore: Singapore University Press; Singapore; New Jersey: World Scientific, 1999.

2. 期刊类

［1］曹新向、安传艳等:《我国农民旅游研究评述》,《桂林旅游高等专科学校学报》2007年第1期。

［2］陈勇:《乡风文明及其主体培育研究——围绕上海市金山区、浙江省宁波市江北区的调查与思考》,《上海党史与党建》2007年第2期。

［3］丁越华:《中国农民精神共同体历史演进及形成路径》,《人民论坛》2012年第5期。

［4］董欢:《乡风文明:建设社会主义新农村的灵魂》,《兰州学刊》2007年第3期。

［5］龚德汉、董莉莉:《农村生产性公共产品供应机制的思考》,《湖南农业大学学报》2006年第2期。

［6］顾益康:《又好又快推进浙江新农村建设》,《浙江经济》2007年第22期。

［7］韩玲梅、黄祖辉:《近年来农村组织及其关系的研究综述》,《中国农村观察》2006年第4期。

[8] 何绍辉：《隐性维权与农民全体性利益表达及困境》，《人文杂志》2008 年第 11 期。

[9] 胡国强：《草根民主渐成大势》，《浙江人大》2005 年第 6 期。

[10] 焦静宜：《浅析民初华北农村社会习俗变化中的逆向势力》，《南开学报》1996 第 1 期。

[11] 金姗姗、卢福营：《村民自治：中国特色的农村基层群众自治制度》，《浙江师范大学学报》2008 年第 1 期。

[12] 李果仁：《新农村建设：可借鉴的国际经验及我国政策选择》，《唯实》2007 年第 2 期。

[13] 李学昌：《20 世纪江浙沪农村婚姻状况与社会经济变迁》，《历史教学问题》2002 年第 5 期。

[14] 李一平：《城郊农民集体维权行动的起源、方式与机理分析》，《中共中央党校学报》2005 年第 3 期。

[15] 梁胜初：《当代中国人的精神文化需要》，《前沿》2005 年第 12 期。

[16] 梁文：《从农民务工称谓的变化看工会维权》，《工会博览》2008 年第 31 期。

[17] 林聚任：《村庄合并与农村社区化发展》，《人文杂志》2012 年第 1 期。

[18] 卢福营、孙琼欢：《村务监督的制度创新及其绩效》，《社会科学》2006 年第 2 期。

[19] 卢福营、孙琼欢：《论现阶段农村基层政治生活中的派系》，《天津社会科学》2005 年第 1 期。

[20] 卢福营：《尝试制度创新 促进民主监督——对航埠镇"两监督一赔偿"制度的分析》，《山东科技大学学报》2003 年第 5 期。

[21] 卢福营：《构建合理的村民自治权利救济机制》，《福建论坛》2007 年第 7 期。

[22] 卢福营：《农村私营企业主的崛起与参与——以浙江永康市 4 个村为例》，《社会主义研究》2007 年第 6 期。

[23] 卢福营：《社会主义初级阶段阶级阶层划分再探——现阶段我国社会阶层结构之多维分析》，《浙江师范大学学报》1991 年第 3 期。

[24] 卢福营：《转型时期的大陆农民分化》，《中国社会科学季刊》（香港）2000年春季卷。

[25] 孟阿荣、黄俊英：《浙江农村基层的"网格化管理"探索——记浙江舟山普陀区》，《观察与思考》2008年第23期。

[26] 宋徽瑾：《农民对待农业合作化运动的心态分析》，《绥化师专学报》2004年第3期。

[27] 汪玉奇：《试论八十年代耐用消费品消费对社会的若干要求及满足途径》，《经济科学》1983年第4期。

[28] 王彩芳：《农民私力救助维权途径之思考》，《改革与发展》2006年第10期。

[29] 王立胜、田克勤：《农村社会基础再造——社会主义新农村建设的着力点》，《国家行政学院学报》2007年第1期。

[30] 卫龙宝：《从工业化、城市化进程看新农村建设的缘起、思路与策略》，《中国城市化》2006年第6期。

[31] 县域经济观察员：《怎样将农村社区建成社会生活共同体》，《领导决策信息》2011年第7期。

[32] 肖红军、秦在东：《中国农民精神共同体的特点及其形成背景研究》，《学校党建与思想教育》2011年第6期。

[33] 杨茂奎：《社会主义新农村建设中的乡风文明》，《山东省农业管理干部学院学报》2006年第2期。

[34] 杨秀莲：《现代文化冲击下农村婚姻观念的变迁及特征》，《吉林省教育学院学报》2005年第3期。

[35] 于建嵘：《农民维权与底层政治》，《东南学术》2009年第3期。

[36] 于建嵘：《土地问题已成为农民维权抗争的焦点》，《调研世界》2005年第3期。

[37] 张帆：《张思之：律师何为？》，《中国改革》2012年第7期。

[38] 张利庠：《韩国、日本经验对我国社会主义新农村建设的启示》，《生产力研究》2006年第2期。

[39] 张清霞：《农村工业化进程中妇女经济地位的变迁——以杭州市萧山区部分乡镇为例》，《湖南农业大学学报》（社会科学版）2006年

第 6 期。

[40] 张艳国:《"社会生活共同体"论断的内涵与意义》,《学习月刊》2007 年第 23 期。

[41] 章立:《衣食住行看巨变》,《共产党人》2008 年第 9 期。

[42] 周绍斌、李建平:《浙江农村老年人精神需求与精神文化生活状况的调查研究》,《中国老年学杂志》2008 年第 11 期。

[43] 朱冬亮:《建国以来农民地权观念的变迁》,《马克思主义与现实》2006 年第 6 期。

[44] Bruckmeier K., Tovey H., "Knowledge in sustainable rural development: From forms of knowledge to knowledge Processes", *Sociologia Ruralis*, Vol. 48, No. 3, 2008.

[45] Douglas D. J. A, "The restructuring of local government in rural regions: A rural development perspective", *Journal of Rural Studies* Vol. 21, No. 2, 2005.

[46] Matiki R. E, "A new rural development strategy for rapid and sustainable development in developing countries", *Journal of Rural Development*, Vol. 27, No. 3, 2008.

[47] Schreiner D. F., "Rural development: Toward an integrative policy framework", *Journal of Regional Analysis and Policy*, Vol. 26, No. 2, 1996.

[48] Snow David A., E. Burke Rochford Jr., Steven K. Worden and Robert D. Benford, "Frame Alignment Processes, Micromobilization and Movement Participation", *American Sociological Review*, Vol. 51, No. 4, 1986.

后　记

马克思在《〈黑格尔法哲学批判〉导言》中说，"理论在一个国家实现的程度总是决定于理论满足这个国家的需要的程度。"社会科学理论研究的生命力取决于它能否满足时代发展对理论的需求，能否回答广大人民群众最关注的重大现实问题。2009年12月，杭州师范大学政治与社会学院课题组承担了申报国家重大招标项目的重任，课题组申报的《中国特色社会主义道路：基于农民思想变迁的农村和谐有序发展研究》最终被国家社科规划办批准为重点项目，学校也实现了建校历史上国家重点项目的首次突破。呈现在读者面前的《当代中国农民思想变迁与农村和谐有序发展》（新疆篇）、（江西篇）、（浙江篇），是该项目的结题成果。

课题申报成功后，课题组立即投入紧张的运作中。面对的首要工作是到相对比较陌生的西部新疆乡村进行艰难的问卷调研和资料收集。2010年7月9日—25日，我和课题组成员王光银教授、赵定东教授、龚上华副教授、张孝廷博士、宋桂全老师按照课题规定的调研计划，采用了汉、维两种文字问卷，对新疆维吾尔自治区伊犁哈萨克自治州所属的伊宁县、特克斯县、察布查尔锡伯族自治县和新疆生产建设兵团所属的农四师62团、66团等地区的农民进行了抽样调查，共发放问卷800余份，其中汉文问卷600份，维吾尔文200份，回收有效问卷750份。调查对象涉及汉族、维吾尔族、哈萨克族、锡伯族、东乡族、回族等多个民族。同时，课题组还深入到英塔木乡、察布查尔镇等乡镇的村庄、牧区以及工地和新疆建设兵团第62、66兵团农场的多个下属连队，采取了问卷发放、个案访谈、集体座谈等方式，掌握了关于新疆维吾尔自治区农民思想、农村生活大量的第一手资料。在当地人民武装部、县乡政府、公安部门、兵团等党政军部门的密切配合和大力帮助下，课题组克服了环境不熟、交通不便、语言不通、民族习俗不同等实际困难，顺利完成了调研任务。2010 年 8 月 11 日—17 日，团队又马不停蹄地来到江西进行调研，课题组借鉴新疆调研的经验，又根据当地的实际情况，制订了严密的调研方案。在当地党政部门的密切配合和广大村民的帮助下，克服了时间紧、任务重等方面的实际困难，获得了宝贵的原始材料。而此前已经开始的浙江乡村的调研业已基本完成，王光银教授、赵定东教授组织完成的"萧山区衙前镇农民思想变迁"；卢福营教授负责的"永康市的四村调查"，彭伟斌副教授负责的"县市的中心镇调查"，这一系列调查为团队对发达地区农民思想的研究打下了坚实的材料基础。

"其作始也简，其将毕也必巨"，经过三年多的艰辛努力，科研团队如期完成了国家课题的基本要求，在《马克思主义研究》《社会学研究》等重要学术期刊发表前期学术论文 25 篇，最终分析形成了 10 万字的总报告和 60 余万字的三个分报告，从政治、经济、社会、文化多学科的角度，对新中国成立以来不同地域农村农民变迁作了富有新意的细致考察。举其荦荦大端，主要形成以下看法：

● 浙江、江西、新疆三地农民思想变化的差异性，主要表现为：一是农民思想中的利益观念变迁方面的差异体现为"我者"与"他者"手段不同；二是农民政治意识变迁方面的差异体现为"积极"与"消极"动力不同；三是农民族群意识变迁方面的差异体现为"公利"与"私欲"目标不同；四是农民合作意识变迁方面的差异体现为"生存"与"发展"机制不同。

● 浙江、江西、新疆三地农民思想变迁的共同性特点：一是在农民利益诉求与经济意识变迁方面，表现为土地情感的复杂性、经济观念的现代化、经济行为的个体性、利益诉求的多元化。二是在民主政治权利与政治意识变迁方面，表现为政治认同意识强化、政治权利的敏感性、民主参与的主动性、维权意识的自觉性。三是在精神生活意识的变化则表现为生活观念的品质化追求、公共服务的均等化诉求、休闲方式的市民化、精神文化低层次化。

● 随着工业化、市场化、城市化和信息化向农村的扩散，农村经济社会发生转型，农民进入国家现代化进程的中心地带。农民的各种观念一方面深受环境变迁的影响；另一方面，也影响着农村和谐有序发展的现代化进程，影响其生产和生活方式以及参与国家政治社会生活的风向标，成为制定和变革农村社会转型政策的重要考量性指标。当前的嬗变具体体现在以下几个方面：土地情感的高度认同、经济行为的个体化、经济理性和利益观念的强化。

● 土地作为农民最基本的生产和生活要素，农民对土地的依附依赖的心理感受，始终是其经济观念的核心。农民历经土地的拥有、土地的使用与土地失去的情感流变，农民对土地情感的根本问题还在于权利问题。农民通过各种途径维护土地使用权，同时希望实现土地处理权的利益最大化。在城市化和小城镇建设的进程中，农民对土地的复杂情感以及维权过程中有时出现的一些过激行为，也不可避免引发矛盾；另外，地方政府征地利益和农村土地集体所有尤其是农民个体土地使用权之间的冲突、土地的流转和使用权之间的冲突也是当前农村社会发展过程中急需注意的问题。

● 随着经济和社会的转型，乡村传统的亲缘、地缘和业缘关系构成的人伦"差序格局"正在转向个体主义，即以个人经济利益作为自己行为的主要依据。个人主义、理性主义等是现代农民基本的价值取向。农民的经济行为，基本上是以利益为坐标进行导向的。

● 农民利益诉求多元化。在经济利益之外，政治参与的诉求增强，精神文化需求增加，因而对农民基层民主建设、政府公共服务提供能力的要求越来越高。农民政治意识变迁主要体现在以下方面：政治认同的功利化、政治权利的敏感性、政治参与的主动性、维权意识的自觉性。农民的经济利益诉求和政治利益诉求具有融合性特征，存在从生存利益诉求向发展利益诉求的深化，存在利益获取的自主性诉求与依赖性诉求并重等现象，但是这些利益诉求的表象背后都隐含一个稳定的偏好，即一以贯之以个人利益诉求的满足为标准，对于农村和谐有序发展的制度的安排不仅要关注利益诉求的表象，更要关注个人利益诉求的本质。

● 农村政治意识不断觉醒，公共参与意识和维权意识不断增强。发达地区农村蕴含着非常丰富的民主社会资本、文化底蕴和策略性互动方式，农村公共事务的运作机制包含主动性参与和动员性参与，呈现出公益主动型、功利主动型、公益动员型和功利动员型四类人群，因此在民主化推动以及维权方面表现不同的路径选择。

- 外在世界的冲击引发农民思想变迁并影响到农民的精神文化生活。现代农民在物质生活方式方面发生的变化体现为市民化的倾向，衣食住行堪与城里人相媲美，追求生活品质，提升幸福指数的意愿明显。农民对自身居住环境、社会环境、农村发展和治理提出了新的要求，对公共服务均等化的诉求越来越强烈。

- 对大多数农村来说，在看到积极方面的同时，我们也不能否认农民精神文化生活的匮乏。农民的精神文化意识有待提高。首先，优秀传统文化式微；其次，农民获取信息渠道有限；再次，农民精神世界匮乏，休闲娱乐方式低层次化；最后，没有文化的滋养，农村传统美德、公德意识正在削弱。

"哲学家们只是用不同的方式解释世界，而问题在于改造世界"（马克思《关于费尔巴哈的提纲》）。本课题在农村和谐有序发展对策方面形成以下基本观点：

- 确保农民的正当土地收益，给农民土地"确权"。通过农村土地产权的制度设计和创新，使农民能够获得土地承包权的自由处置权。农民可以通过土地流转使自己所承包的土地转化为经营资本，还可以通过流转进行重新配置，得到合理利用，这使农民对土地的价值获得了再认识。同时，实现社会保障和公共服务的均等化，解决农民后顾之忧。

- 引导农民合作，避免极端逐利化和个人主义，避免农村出现严重的两极分化。发展农村中介组织，主要通过农村集体组织引导和帮助农户走上专业化、社会化、一体化、集约化经营之路，防范自然风险、市场风险和社会风险。在农民合作和组织化过程中，注意发挥党员干部的引领作用。实现城乡一体化，关键在于从制度层面上解决利益失衡。

- 建构政府主导型的农村协商治理结构，改良农村政治生活、优化农村社会治理，实现农村有序发展。农村协商治理结构的发展趋向是在政府主导的基础之上，完善村民自治制度，发掘农村治理人才和资源，培育农村社会自治能力，实现"四个民主"与"三个自我"，即民主选举、民主决策、民主管理、民主监督、自我管理、自我教育和自我服务。因此，协商治理结构需要理顺基层政权与政党组织与村民自治组织的关系，切实放权、赋权于民，处理好政府主导和政府主体的关系，行政力量逐渐退出乡村政治舞台；促进乡村社会的组织化建设，加强多元利益的整合与凝聚，激发村民参与；吸纳传统治理资源，协调乡村精英与普通民众关系，实现乡村多元合作治理。

●开发农村治理资源，发挥村庄精英作用。村民自治既是大众参与的过程，也是乡村精英主导的过程，更是一个多元互动的过程。村庄精英在农村治理中发挥着重要作用。农村基层干部是村庄精英的主体。村民自治的发展相当程度上需要我们面对现实，积极吸纳各种社会精英，发挥社会志愿者等在乡村管理中的主导作用。

●建构精神共同体，再现文明乡风。乡村文明的建设和农村社会的和谐有序发展，主要依赖于新的乡村生活共同体精神的发育和成熟。从生活共同体提升为精神共同体，将是未来农村乡村文明建设的方向。具体措施包括提升农村公共文化服务，多种途径开展对农民的教育，培养现代农民；将农民组织起来，进一步强化农民的精神文化活动参与意识。

●总的来说，农民对于自身的生存与发展具有自主性意识和依赖性意识，它们对于农村社会和谐有序的发展起着积极与消极双重影响，这意味着农村的发展呈现出农民自主和他者自主的多元格局。农村发展已不完全是自治和分治所能解决的，必然是在自治和分治基础的协同共治，这种格局意味着对善治的迫切诉求。善治不仅体现对治理主体的要求性理解，更体现对治理方式和治理内容上的要求。有鉴于此，善治要求对治理主体、治理方式和治理内容进行科学、有效的合理安排，具体表现为多元主体通力合作的网络化治理、方法手段的民主化治理、公共物品提供和服务的精细化治理，以使农村走上和谐有序的发展路径。

●农村社会存在多元主体（政府、农民和第三方组织等）的互动，而且利益各不相同，因此对农村事务要实行网络化治理，以提供一种交叠管理的路径。网络化治理表现为在高度自治理基础上的合作治理。具体包括自治理和合作式治理，自治理是高度的自治，包括高度组织化治理，即选举村"两委"以及发展自己的组织社团治理和内在化治理，即依其民间德行、教化、风俗和互信而产生的相互认同、适应、关照和协同治理。合作式治理包括依附型合作（主导主体和从属主体共治）、权力分享型的合作治理（分权、责任明确、治理内容界定明确等）和伙伴关系下的合作治理（契约、合同的平等协商式治理）

●为了达到和谐有序共识的农村发展道路的建构，有必要在农村实行民主化治理。主要体现在民主选举、民主决策、民主管理、民主监督等环节上，以确保民众的知情权、决策权、参与权、表达权和监督权。对于农村事务的治理努力做到问情于民、问需于民、问策于民、问计于民，从而实现农村治理效益的最大化和管理的最优化。民主化治理必须做好以下几个方面的工作：一是关于权力构成的民主选举制度的完善；二是关于民主决策的民主协商机制的完善；三是关于民主管理的公民参与制度的完善；四是关于民主监督的信息公开、透明、责任制度的完善。

●农民表象意识和本质意识依附并体现在农村复杂多样的事务之中。因此，农村和谐有序发展的治理路径需要对农村事务进行精细化管理。精细化管理是在公共物品理论的基础上对农村事务进行分类（如公共物品、集体物品、可收费物品和个人物品），确定相应的治理主体和手段，优化农村事务管理的模式和策略。精细化管理强调管理工作的细化、量化、标准化、协同化、经济化和实证化，做到管理的精、准、细、严。

书稿由团队成员赵定东、龚上华、张孝廷、赵光勇、赵宬斐和我共同撰写完成。在项目的完成过程中，卢福营教授、康胜教授、彭伟斌博士、刘成斌博士分别在《社会学研究》《学术月刊》等重要期刊发表相关学术论文，宋桂全做了大量的文献整理，张旭升博士对数据进行了认真的统计与分析，他们的成果也相应被吸收到结题报告和书稿中。

在本书将要付梓之时，我的思绪又回到2009年的那个冬季，我和团队的伙伴们开始了国家重大招标项目的征途。无数个夜晚，团队的成员围拢在一起，没有领导与被领导之分，没有权威与职称之别，有的是智慧的碰撞和坦诚的交流；无数个深夜，团队成员能够累到坐在椅子上都能睡着，累到需要在腰部贴上活血止痛膏继续战斗，累到团员之间进行并不职业的背部按摩。那时我们每个人的日常必备品是风油精、滴眼液和咖啡，从框架设计到字句推敲，都倾注了团队每个成员的汗水和心血。当时龚上华博士的小孩刚出生两个月，孝廷博士的小孩也刚满一周岁，孝廷博士的小孩还因为过敏性哮喘每周都要去医院检查，凌晨四点得赶赴医院为孩子挂号后再把看病的任务"无情"地甩给妻子，然后搭车走一个多小时的路程参与团队的论证。他们都把团队的项目当成了自己的初生儿一般用心地呵护着。这样的团队温馨而优雅，脱俗而纯洁。在新疆和江西调研的路上，团队在艰难跋涉中经过了一个又一个乡镇，时常还没有来得及放下行囊观望路边的风景，又开始寻找起下一个驿站……幽香四溢的往事，年复一年，成为我生命中一份厚重的奢侈品，我怀着浓浓的感恩之情将之小心珍藏。

感谢新疆伊犁军分区李绍龙司令员的大力支持，2009 年正是新疆社会秩序严重不安的时刻，在李司令的细心安排下，课题组成员一路安全顺利；感谢新疆伊犁州政协李兴华主席的一路呵护，让我们团队在新疆有了家的温暖，尤其是问卷中维文的翻译，也是他亲自完成的；感谢新疆伊犁州教育局侯处长等周到的安排，感谢新疆生产建设兵团 66 团政委、特克斯县公安局政委和局长、中国人民解放军霍尔果斯会谈会晤站的丰收大哥、伊犁州商检局副局长徐斌等的无微不至的关怀。

感谢江西省吉安市相关的区、县（市）党委、政府以及相关部门的领导和群众的支持和合作，尤其要感谢吉安县政法委张迪俊书记，青原区政府办邹鹏飞主任，他们为团队调查提供了各种方便；此外，要感谢龚达民、龚伏逊、袁洪生、龚武庆、罗忠华、段学庆、曾澄海、阮继文、龚振吾，他们也为江西社会调查提供了各种方便。

感谢萧山区党史办沈迪云主任策划并委托我院实施的"萧山区农民思想状况调研"，该项目在国家重大课题申报前已经初步完成，近 80 万字的有关萧山区农民思想状况的调研报告也让国家规划办看到了我院课题组完成重大课题的可能性与可行性。

感谢杭州师范大学杨磊副校长让"最有科研潜力"的我院接受学校百年历史以来从未有过的申报国家社科基金重大招标课题的任务，否则国家重点课题也不会花落我家，也不会形成学院团队合作、内聚力喷薄而出的"政社模式"。感谢科研处徐辉老师为项目的申报和完成所做的细致又耐心的工作。感谢杭州师范大学关心和帮助过我们的所有领导和同事们。

感谢杭州师范大学人文振兴计划对该成果出版的资助；中国社会科学出版社冯春凤女士为书稿的出版付出了大量艰辛校稿工作。

科学探索从来都是从已知向未知的过渡，全面研究农民思想变迁与农村社会和谐有序发展是一项重大的研究课题，书稿的出版也只是对我们阶段性成果的认定。我们认识到尚有许多未涉及、或需要细化的研究领域，许多结论还需要通过实践来证明其合理性。团队将在东、中、西部地区分别建立长期观察点，在此基础上总结不同地域农民思想的变迁趋势，不断丰富对农村和谐有序发展道路问题的研究。

朱俊瑞

2016 年 10 月杭州师范大学仓前校区